2.ª edición

Mejorando la producción con lean thinking

MLVJ-2015

JAVIER SANTOS
PROFESOR TITULAR DE ORGANIZACIÓN DE EMPRESAS
DE LA UNIVERSIDAD DE NAVARRA

RICHARD A. WYSK
PROFESOR EMÉRITO EN INGENIERÍA DEL DEPARTAMENTO DE INGENIERÍA
INDUSTRIAL Y DE FABRICACIÓN DE PENN STATE UNIVERSITY

JOSÉ MANUEL TORRES
INGENIERO POR LA UNIVERSIDAD DE PENN STATE Y DOCTOR POR TECNUN

2.ª edición

Mejorando la producción con lean thinking

EDICIONES PIRÁMIDE

COLECCIÓN «ECONOMÍA Y EMPRESA»

Director:
Miguel Santesmases Mestre
Catedrático de la Universidad de Alcalá

Título original: *Improving Production with Lean Thinking*

Ilustraciones: Pablo Callejo

Diseño de cubierta: Anaí Miguel

Juan Ignacio Luca de Tena, 15. 28027 Madrid
Teléfono: 91 393 89 89
Depósito legal: M. 32.441-2014
ISBN: 978-84-368-3282-2
Printed in Spain

Índice

Prólogo

El paradigma de la fabricación está sufriendo una importante evolución en todo el mundo. El uso de ordenadores y de Internet ha cambiado la forma en la que se diseñan y fabrican productos. Según las últimas tendencias en fabricación, los productos están sujetos a tiempos de vida cada vez más cortos, frecuentes cambios de diseño, producción en pequeños lotes y restricciones para mantener bajos los niveles de inventario en proceso.

El diseño asistido por computador (CAD) y la fabricación asistida por ordenador (CAM) se han convertido en estándares en el diseño y fabricación de productos sofisticados. Hoy en día, se emplea el CAD de forma rutinaria para diseñar productos, que se fabrican en células de producción flexible asistidas por ordenador (CAM). Gestionar de forma eficiente los sistemas de producción se ha convertido en un proceso tan crítico como utilizar la tecnología apropiada para diseñar los componentes. Reducir los despilfarros en todos los aspectos relacionados con la ingeniería y producción se ha convertido en un aspecto vital para la supervivencia de los negocios.

Mejorando la producción con lean thinking tiene su origen en los libros de producción tradicionales. El libro puede ser empleado en cursos como «Control de producción», «Dirección de operaciones», «Sistemas de producción» o «Gestión de producción», y pretende ofrecer a las empresas un punto de vista comprensible relacionado con esta área. Su principal enfoque se sitúa en los principios de la ingeniería de *lean manufacturing*. Este libro está repleto de ejemplos prácticos de cómo el *lean thinking* puede ser aplicado eficientemente a los sistemas de producción.

Desde que Henry Ford fuera pionero en el desarrollo de nuevos sistemas de flujo de producción y Fredrick Taylor escribiera sobre gestión científica, el mundo empezó a cambiar para acercar productos de alta tecnología a las vidas de las personas. Nuestra habilidad para fabricar productos de calidad ha elevado el estándar de vida por todo el mundo. Volviendo a los inicios de la revolución industrial, Henry Ford duplicó los salarios de sus trabajadores mientras reducía a la mitad los costes de producción de sus automóviles. Esto cambió la sociedad para siempre, incrementando la riqueza y haciendo los productos más disponibles. Hoy en día estamos sufriendo la misma reducción de costes de los dispositivos electrónicos debido a las buenas prácticas en la ingeniería de productos y en la gestión científica de la empresa. En nuestra sociedad globalizada, resulta más importante que nunca contar con métodos de producción eficiente.

Durante prácticamente un siglo, los Estados Unidos fueron los líderes en la producción de coches. Hoy, sin embargo, el sistema de producción de Toyota se presenta como el modelo de producción más eficiente. Curiosamente, el creador de esta filosofía, Taiichi Ohno, reconocía que el estímulo de sus ideas estaba en la lectura minuciosa de las ideas de Ford. Gracias a este redescubrimiento, algunos términos empleados para describir los principios de Ford, que primeramente se basaban en palabras japonesas, se extendieron por todo el mundo empresarial. Palabras como *kanban, kaizen* o *jidoka* se utilizan de forma rutinaria para describir aproximaciones que reducen el despilfarro y hacen la producción más eficiente. El señor Ohno, el señor Shingo y otros ingenieros japoneses desarrollaron una propuesta para implementar buenas prácticas que volvían a principios de 1900. Sin embargo, cada día se hace más importante sistematizar el pensamiento *lean (lean thinking)* porque la complejidad de los productos aumenta día a día, mientras que su vida media se reduce constantemente.

La ingeniería de producto afecta a nuestras vidas cada día. Nuestra habilidad para producir productos de calidad de forma económica afecta a nuestros estándares de vida. Un enfoque constante de este libro consiste en una aproximación sistemática a la mejora de producción empleando herramientas *lean.* Creemos sinceramente que el éxito en la gestión y en el desarrollo del futuro necesitará la comprensión y uso de estas técnicas en las actividades diarias, y por eso nos centramos en ellas en el libro.

A diferencia de otros libros de control de producción, este libro pretende centrarse en un punto de vista práctico, junto con los fundamentos científicos y analíticos para la mejora, el control y diseño de la producción. Este libro es una referencia profesional fantástica y, al mismo tiempo, un excelente libro de texto para instructores de ingeniería y escuelas de negocio.

El libro se acompaña de un manual del instructor que incluye las diapositivas y la solución detallada de los problemas.

La elaboración de este libro ha probado que los desafíos de producción son similares por todo el mundo. Javier Santos y José Manuel Torres trabajan en la Universidad de Navarra (España), y Richard Wysk es profesor en la Universidad de Penn State (EE.UU.). Por lo tanto, el libro incluye propuestas europeas y americanas sobre *lean thinking*.

Este libro marca el final de incontables horas de los autores tratando de redefinir los temas tradicionales para «engancharlos» con otras propuestas científicas en ingeniería. Algunos de nuestros colegas y otros revisores del manuscrito nos han proporcionado sugerencias y contribuciones inestimables. Entre ellos están el doctor Sanjay Joshi de la Universidad de Penn State, el doctor Matthew Frank de la Iowa State University y Bertan Altuntas. Queremos dar las gracias de forma especial a Pablo Callejo, autor de las figuras del libro. Finalmente queremos dar las gracias a nuestras familias por soportarnos en los momentos difíciles de nuestro trabajo cuando escribíamos el libro.

1 Herramientas de mejora continua

La cultura oriental ha impactado fuertemente en el resto del mundo. Otras culturas han aprendido y adaptado numerosas palabras orientales, utilizadas habitualmente en el lenguaje diario, relativas a las artes marciales, la religión o la comida.

En el entorno empresarial, Japón ha contribuido, de forma importante, con conceptos que representan herramientas de mejora continua (herramientas *kaizen*) y con filosofías de producción, como el *just in time* (JIT), que también es conocida como producción ajustada *(lean production)*. En este primer capítulo se presentan y comparan ambas filosofías.

Otra filosofía de mejora que se estudiará en este libro es la desarrollada por un consultor japonés llamado Iwao Kobayashi. Está basada en una metodología fundamentada en veinte claves que conducen a la empresa por el camino de la mejora continua *(kaizen)*. Las veinte claves también se presentarán en el capítulo.

Finalmente, en este capítulo de introducción también se analizarán los elementos clave del área de producción en que se centran las mejoras. Además, se explicará un indicador empleado en los recursos productivos para medir el impacto de las mejoras.

1.1. MEJORA CONTINUA

La *mejora continua* es una filosofía de dirección basada en las sugerencias de los trabajadores que fue desarrollada en Estados Unidos a finales del siglo XIX. Sin embargo, algunas de sus aportaciones más importantes tuvieron lugar cuando esta filosofía llegó a Japón, donde ya se empleaban círculos de calidad. Cuando los gestores japoneses juntaron ambas ideas nació el *kaizen*.

Antes de profundizar en el concepto del *kaizen,* es importante remarcar una contribución de Henry Ford, que, en 1926, escribió:

> Estandarizar un método consiste en elegir y utilizar, de entre muchos métodos, el mejor. La estandarización no tiene sentido mientras no implique mejorar el estándar.
>
> Los estándares de hoy, en lugar de ser una barrera frente a la mejora, son la base necesaria para soportar la mejora de mañana.
>
> Si se piensa que «estandarización» es fijar lo mejor que se sabe hacer hoy, pero que será mejorado mañana, se podrá avanzar. Pero si se piensa que estandarizar es restringir, el progreso parará.

Crear un estándar útil y valioso es clave para el éxito de cualquier empresa. No es la solución final, pero es un objetivo intermedio en el que centrarse. En las empresas se deben emplear dos tipos de mejoras para alcanzar y mantener ese estándar: las que suponen una revolución en la forma de trabajar y las pequeñas mejoras cuyos beneficios son menores, pero no por ello menos importantes. Ambos se muestran en la figura 1.1.

Los cambios rápidos y radicales se emplean en ocasiones como precursores de actividades *kaizen.* Estos cambios radicales se denominan en japonés *kaikaku* y se llevan a cabo mediante técnicas como la reingeniería de procesos o importantes cambios en el diseño de producto. Suelen suponer fuertes inversiones y se basan, en muchos casos, en la automatización de los procesos. En los Estados Unidos, estas actividades radicales se denominan *kaizen blitzes.*

Si el proceso se mejora continuamente, como se muestra en la figura 1.2 (línea continua), el esfuerzo de innovación requerido para llevar a cabo un cambio radical disminuye (línea punteada a la izquierda). Ésta es una de las consecuencias del *kaizen*, ya que de lo contrario el esfuerzo para alcanzar el estándar requiere una mayor inversión (línea punteada a la derecha).

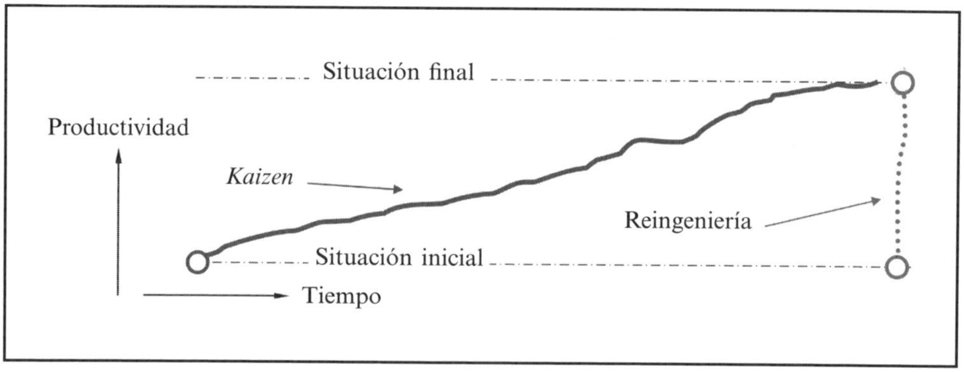

Figura 1.1. Mejora continua versus reingeniería.

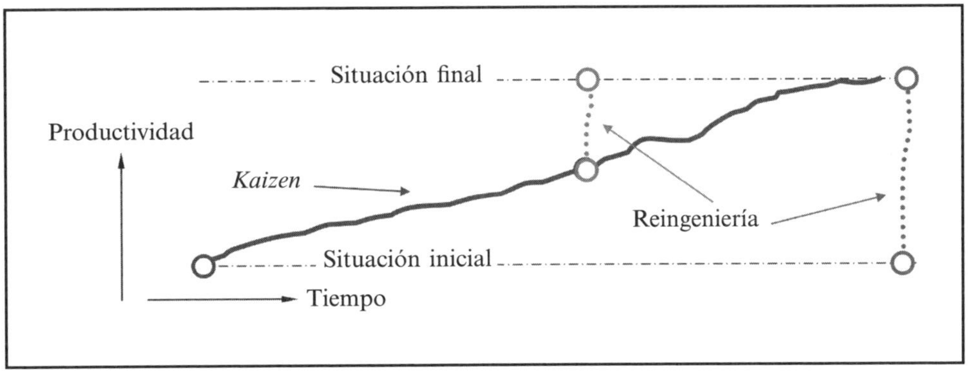

Figura 1.2. La mejora continua reduce el esfuerzo y tiempo requeridos para los cambios radicales.

Este libro presenta distintas herramientas de mejora, la mayoría fundamentadas en el *kaizen,* que, como se ha comentado, se basa en sugerencias de los empleados, por lo que se espera que todos los trabajadores participen.

1.2. FILOSOFÍAS Y METODOLOGÍAS DE MEJORA

Para mejorar las actividades de producción lo primero es conocer qué fuentes de problemas existen, pero incluso antes es preciso comprender el origen y alcance de los problemas. En este sentido resulta vital conocer la variabilidad que afecta a indicadores como la productividad o la calidad.

Se entiende por problema cualquier desviación respecto al valor estándar de la variable que se estudia (por ejemplo, calidad o productividad). Es preciso saber cuáles son el objetivo (estándar deseado) y la situación de partida (situación actual) para proponer metas realistas. Existen tres factores principales que los gestores de producción temen de forma especial: 1) pérdidas de calidad, 2) incremento de costes y 3) aumento del *lead time* (tiempo de maduración de los pedidos). Estos tres factores son síntomas de una mala gestión de la producción. La mejora de la producción se centra en los procesos que tienen lugar en el área de trabajo y en las operaciones, en los que los problemas pueden aparecen en cualquiera de los elementos básicos que la componen (figura 1.3).

Algunos problemas que pueden citarse como ejemplo son: materiales defectuosos, métodos de trabajo obsoletos, despilfarros de energía, operarios poco entrenados, bajas tasas de rendimiento en máquinas y materiales.

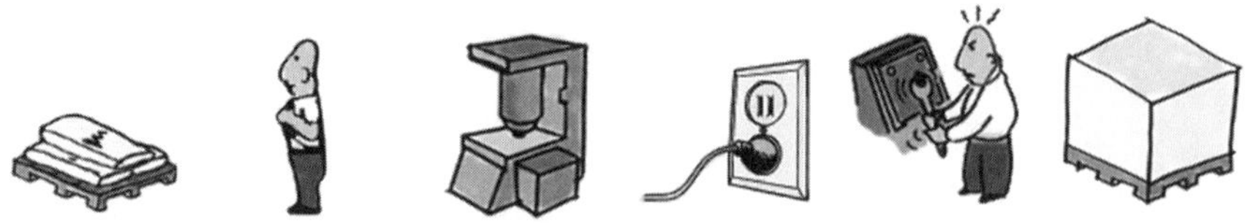

Figura 1.3. Recursos que deben ser gestionados de forma efectiva.

Analizando la historia de la gestión de la producción, se pueden identificar algunas aproximaciones de mejora. En este libro se han elegido como referencia dos de las más conocidas: *just in time* (conocido en occidente como *lean manufacturing* o sistema de producción de Toyota) y las *veinte claves para mejorar el área de trabajo* desarrolladas por Kobayashi.

Ambas aproximaciones son japonesas, y el éxito de su aplicación se ha demostrado desde mediados del siglo pasado. Las claves del éxito de las filosofías japonesas de mejora son:

- Metodologías sencillas.
- Respeto hacia los trabajadores e implicación de éstos.
- Trabajo en grupo.

A continuación se explican brevemente ambas filosofías. En capítulos posteriores se profundizará en sus herramientas concretas.

1.3. *JUST IN TIME* (JIT)

Según el principio de la filosofía *just in time,* no se fabrica nada hasta que no sea necesario, cumpliendo así con las expectativas del cliente: «lo necesito hoy, ni ayer, ni mañana». En el límite de este principio, sólo al retirar un producto se fabricaría uno nuevo.

La flexibilidad que se exige a la planta de producción para responder de esta forma a la demanda es total, y nunca se consigue plenamente. Sin embargo, hoy en día resulta vital minimizar el inventario, debido a la obsolescencia de los productos, que puede hacer inservibles en poco tiempo el inventario en proceso y el de productos terminados.

En 1949 Toyota se encontraba al borde de la bancarrota. En Estados Unidos (gracias a las invenciones de Henry Ford) la fábrica de automóviles de Ford era, al menos, ocho veces más eficiente que Toyota. El presidente de Toyota, Kiichiro Toyoda, planteó un desafío a los miembros de su equipo directivo: «Alcanzar los ratios de producción de los Estados Unidos en un plazo de tres años».

Taiichi Ohno, vicepresidente de Toyota, aceptó el desafío e, inspirado en el funcionamiento de un supermercado americano, «inventó» el *just in time* (con la ayuda de otras importantes figuras japonesas revolucionarias en el ámbito industrial, como Shigeo Shingo e Hiroyuki Hirano).

Ohno y Shingo fijaron su meta por escrito: «Entregar el material adecuado, en la cantidad justa, con calidad perfecta, en el sitio correcto y un poco antes de ser necesario». Para lograr esta meta, desarrollaron junto a otros distintas metodologías que mejoraban el funcionamiento de la empresa. Las principales se ilustran en la figura 1.4.

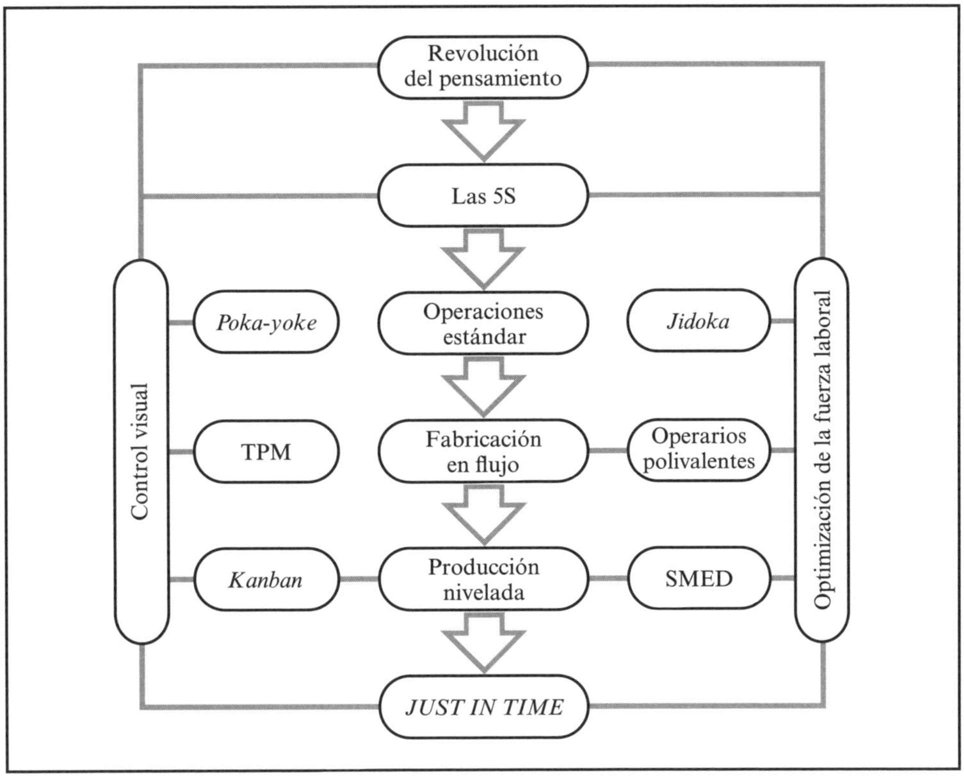

Figura 1.4. Principios del *just in time*. Reproducido con permiso de JIT Factory Revolution: A pictorial guide to factory design of the future. © 1988 by Productivity Press a division of Kraus Productivity. Ltd. www.productivitypress.com.

Todas esas metodologías (además de la *revolución del pensamiento,* que no puede considerarse una herramienta) se estudiarán en este libro. La aplicación sistemática de todas las metodologías y herramientas que recoge el *just in time* trae como consecuencia una nueva filosofía de gestión. Pero lo que realmente aporta valor a la empresa es el conocimiento adquirido en el proceso de implantación.

Sin embargo, no siempre son aplicables todos los principios del *just in time* e incluso, en algunas empresas, su implantación es innecesaria o imposible.

La filosofía desarrollada en Toyota no recibió elogios hasta avanzada la década de los sesenta. Japón se benefició de la crisis del petróleo de 1973 y comenzó a exportar coches de consumo eficiente de gasolina a Estados Unidos. Entonces, las empresas norteamericanas comenzaron a reducir los costes de fabricación, pero ya era demasiado tarde para recuperar el mercado perdido. Desde los setenta, Japón sigue siendo pionero en metodologías de mejora del trabajo.

1.3.1. Revolución del pensamiento

En los años en que comenzó a desarrollarse el *just in time,* en Occidente, se empleaba la siguiente fórmula para obtener el precio de un producto:

$$\text{Precio} = \text{Coste} + \text{Beneficio}$$

En la fórmula, si los costes aumentaban, el camino fácil para mantener el mismo beneficio era elevar el precio, manteniendo el mismo valor añadido en el producto.

En Japón, más concretamente en Toyota, comenzaron a emplear la siguiente expresión:

$$\text{Beneficio} = \text{Precio} - \text{Coste}$$

En este caso, si el mercado fija el precio, el único modo de conseguir un beneficio es reducir los costes. Hoy en día esta fórmula se emplea en todo el mundo, pero en aquellos tiempos supuso toda una revolución en la forma de gestionar las empresas.

Para conseguir que Toyota funcionara de la misma forma que un supermercado (con productos perecederos que no pueden mantenerse mucho tiempo) se adoptó una nueva filosofía: cuando se retira un producto de una estantería, se debe reponer en un plazo breve, para que el sistema no esté «hambriento». Como consecuencia, era preciso identificar, y eliminar de forma sistemática, todos los despilfarros de la empresa.

Los siete tipos de despilfarros

En Toyota, los gestores tienen un principio: «El verdadero coste es sólo del tamaño de una semilla de ciruelo». Uno de los principales problemas de los gestores de producción es identificar el valor real del coste.

En algunos casos, los gestores dejan crecer la semilla (coste) hasta convertirla en un frondoso árbol. Desafortunadamente, cuanto mayor sea el coste, mayor es el esfuerzo necesario para reducirlo. Algunas veces, para intentar reducir los costes, se podan algunas ramas. Este proceso es equivalente a mejorar aquellas tareas que añaden valor al producto.

En realidad, resulta más eficaz eliminar tareas que no añaden valor al producto. En este caso, reducir el tamaño del árbol es equivalente a plantar una semilla y no dejarla crecer. En otras palabras, encontrar el coste real de producción es difícil, pero necesario.

El objetivo de los ejecutivos de Toyota fue encontrar los árboles, trabajar para reducir su tamaño hasta el de la semilla y no dejarlos crecer. Para ello debían eliminar todas las tareas que no añadían valor al producto.

Hiroyuki Hirano define *despilfarro* como «cualquier cosa que no sea el mínimo absolutamente esencial». Esta definición supone que pocas operaciones se salvarán de ser eliminadas, y así ocurrió en Toyota. Hirano también define *trabajo* como «todo aquello que aporta valor al producto». En otras fábricas de Toyota fuera de Japón se empleaban entre cinco y diez veces más operaciones para montar el mismo coche. Esta eliminación de despilfarro y la reducción de ineficiencias en producción convencieron rápidamente a los gestores de Toyota de que esta filosofía iba a ser un éxito.

Se concluye, por tanto, que el objetivo de los gestores de Toyota era cambiar los métodos de trabajo y no intentar hacer las operaciones más rápido.

Shigeo Shingo identificó siete tipos de despilfarros comunes a las fábricas:

- **Sobreproducción:** producir productos innecesarios, cuando no se necesitan y en cantidades mayores de las requeridas.
- **Inventario:** materiales almacenados en forma de materias primas, productos semielaborados y productos finales.

— **Movimientos:** traslados internos de productos de una sección a otra.
— **Defectuosos:** productos incorrectos que impactan en la productividad e interrumpen el flujo normal de productos.
— **Procesos:** procesos aceptados como necesarios.
— **Operaciones:** operaciones que no añaden valor al producto.
— **Inactividades:** tiempos muertos de la máquina o del operario.

De todos estos tipos de despilfarro, el inventario es el que tiene un mayor impacto. El inventario es un síntoma de una fábrica enferma, ya que oculta sus auténticos problemas, como muestra la figura 1.5.

Por ejemplo, para paliar las consecuencias de los rechazos de productos debido a su mala calidad, se aumenta el tamaño de las series de fabricación y se acumulan piezas en el almacén que, en muchos casos, no volverán a

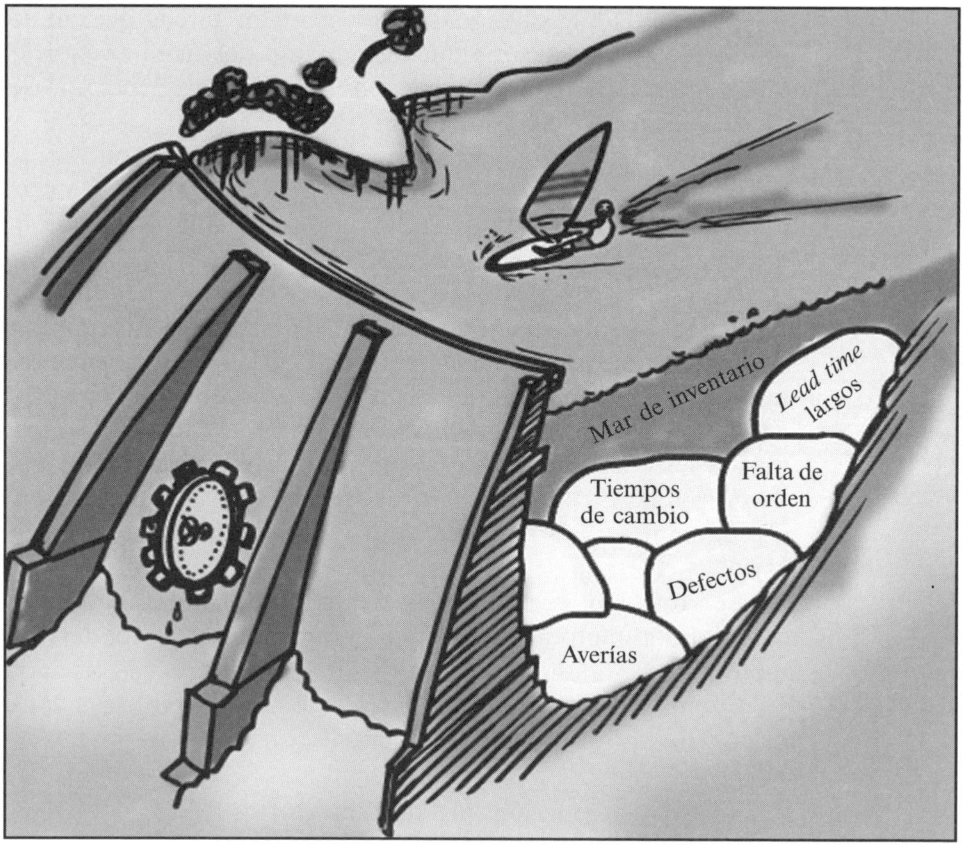

Figura 1.5. El inventario puede ocultar ineficiencias de producción y frenar las mejoras.

emplearse nunca. Si se soluciona el problema que ocasiona esa calidad deficiente (equivalente a romper las rocas del fondo del agua de la figura), se debería reducir el inventario sin afectar al servicio.

En ocasiones, por la resistencia al cambio, el nivel del inventario no se reduce después de la mejora. Entonces, será necesario forzar su bajada (equivalente a abrir la compuerta de la presa de la figura).

Además, el coste de posesión del inventario se subestima porque no se incluyen costes como el mantenimiento y reparación de elementos de almacenaje.

1.3.2. *Lean manufacturing* (producción ajustada)

Lean manufacturing es una filosofía que consiste, básicamente, en la eliminación sistemática de todo tipo de despilfarro, conocida con el nombre de *muda.* Como su nombre indica, *lean* se centra en la eliminación de la «grasa» de los sistemas de producción, aunque también se ha aplicado con éxito a procesos administrativos y de ingeniería. A pesar de que el término *lean manufacturing* es relativamente reciente, muchas de sus herramientas pueden atribuirse a Frederick Taylor, Henry Ford y los Gilbreth a comienzos del siglo XX. Los japoneses sistematizaron y evolucionaron esas herramientas. De hecho, la producción ajustada es otra forma de definir el sistema de producción de Toyota. El *lean* está soportado por tres herramientas: JIT, *kaizen* y *jidoka*. Pero JIT, en la propuesta del *lean manufacturing*, se refiere al sistema de suministro justo a tiempo *(just in time)* y no a la filosofía completa representada en la figura 1.4.

Jidoka es una palabra japonesa que se traduce como «autonomatización», una forma de automatización en la que las máquinas inspeccionan los productos después de procesarlos y notifican si se produce un defecto. El *jidoka* se explica en el capítulo 9.

Toyota amplía el significado de *jidoka* incluyendo la responsabilidad de todos los trabajadores de trabajar de forma similar, es decir, controlar todos los productos que fabrican y, si se detecta un defecto, dejar de fabricar hasta que la causa del defecto haya sido identificada y corregida.

Según la filosofía *lean,* la aproximación tradicional para mejorar el *lead time* de los productos se basa en reducir el despilfarro en las actividades que añaden valor (VA), como se muestra en la figura 1.6.

Por el contrario, la filosofía *lean* reduce el *lead time* eliminando operaciones que no añaden valor al producto *(muda).* Según la producción ajustada, el *lead time* no debería ser mayor que diez veces el tiempo de trabajo útil (aquel que añade valor al producto).

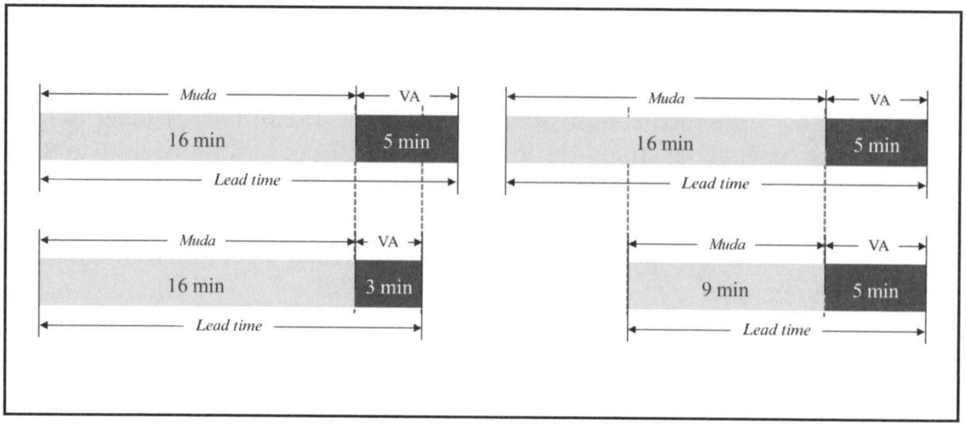

Figura 1.6. Ahorrar tiempo significa eliminar despilfarro.

1.3.3. Veinte claves para mejorar el área de trabajo

Iwao Kobayashi, en 1988, publicó un libro en el que se explicaban veinte claves para mejorar el área de producción. Su aplicación es un ejemplo de modelo de mejora continua.

Las veinte claves están dispuestas en un círculo (figura 1.7) que muestra la relación entre claves y su influencia en los tres factores mencionados de calidad, coste y *lead time.* Sin embargo, su clasificación no es categórica, y algunas claves ofrecen beneficios en más de un factor.

Cuatro de las claves están fuera del círculo. Tres de ellas (claves 1, 2 y 3) deben comenzarse a implantar antes que el resto, y la clave 20 es el resultado de implantar las otras 19 claves.

Kobayashi dividió cada clave en cinco niveles y fijó unos criterios para el paso de un nivel a otro. El primer paso de la metodología consiste en determinar el nivel en que se encuentra la empresa y el nivel que quiere alcanzar. Kobayashi ofrece los pasos que la empresa debe seguir para lograr el nivel final de forma gradual, en lugar de intentar alcanzar la cima de forma directa (figura 1.8).

Por otro lado, para mostrar la evolución de la empresa, Kobayashi presenta un gráfico radar (figura 1.9) donde se refleja la puntuación en cada una de las claves.

Kobayashi recomienda mejorar todas las áreas al mismo ritmo, de forma que, en el gráfico radar, la valoración de la empresa se va acercando al exterior de forma concéntrica.

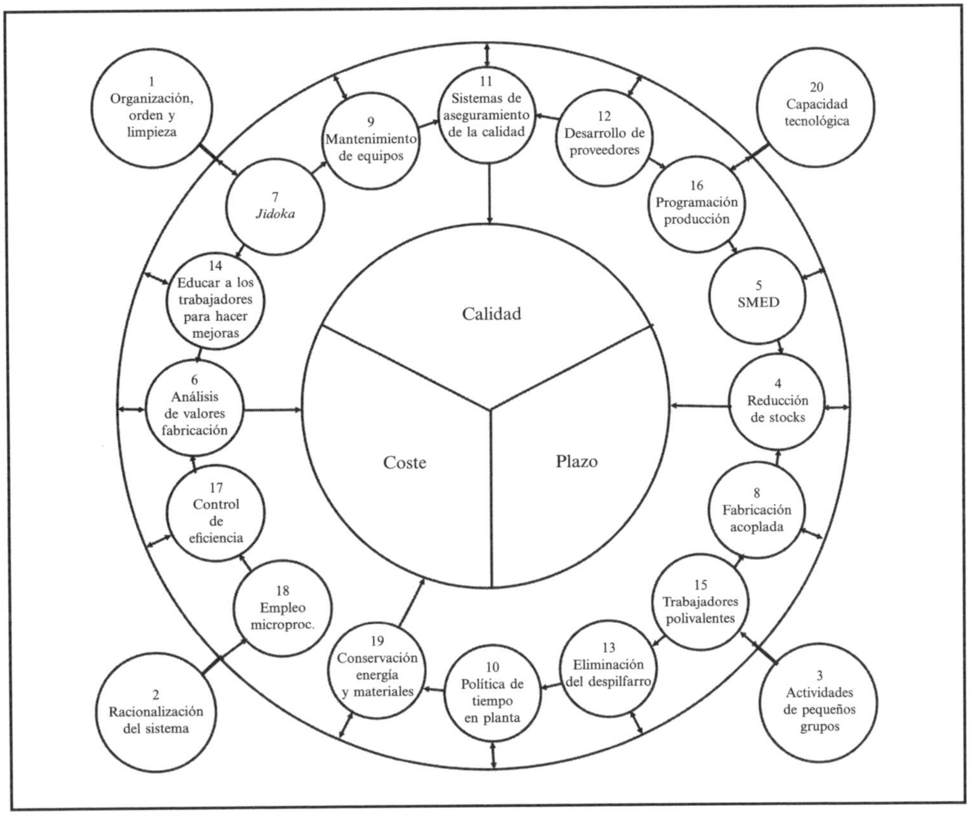

Figura 1.7. Las veinte claves para mejorar el área de trabajo. Reproducido con permiso de 20 Keys to Workplace Improvement. © 1995 by Productivity Press a division of Kraus Productivity. Ltd. Traducido por Bruce Talbot. Apéndice A traducido por Miho Matsubara. Apéndice C traducido por Warren Smith. www.productivitypress.com.

Figura 1.8. Evaluar el nivel actual y el objetivo resulta vital para el éxito.

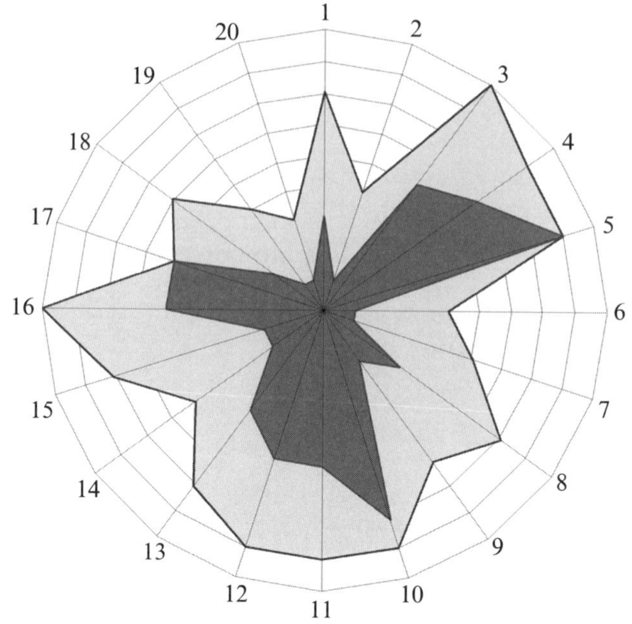

Figura 1.9. Gráfico radar para cada clave.

1.4. MIDIENDO Y PRIORIZANDO LAS MEJORAS

Hoy en día nadie duda de la utilidad de estas metodologías porque han sido implantadas con éxito en numerosas empresas. Sin embargo, existen problemas al tratar de priorizar la importancia de una implantación y también al establecer métricas para medir cuánto ha mejorado la empresa. En este libro, se emplea una clasificación de las herramientas de mejora basada en un indicador conocido: la eficiencia global de un equipo.

Eficiencia global de un equipo

Para mejorar la productividad de un equipo, es imprescindible conocer cuál es su estado a través del análisis de sus indicadores actuales. Nakajima resumió las pérdidas de tiempo de un equipo en tres indicadores fundamentales.

Considerando el tiempo disponible para trabajar, es decir, el tiempo de calendario, existe un porcentaje fijado para paradas programadas con el fin de realizar mantenimiento preventivo, descansos, etc. (figura 1.10). El resto del tiempo se considera *tiempo de carga.*

Este tiempo de carga puede reducirse debido a seis grandes pérdidas que reducen el tiempo de operación real que tiene el equipo y que afectan a la productividad de la máquina:

- *Averías,* es decir, el tiempo que la máquina está parada por reparaciones (mantenimiento correctivo).
- *Preparación de máquina,* que corresponde al tiempo de cambio entre productos.
- *Paradas menores*, que se refieren a inactividades ocasionadas por la aleatoriedad de los procesos o la complejidad del ciclo de trabajo operario-máquina.
- *Reducción de velocidad,* causada por el desgaste de componentes.
- *Defectos y retrabajos,* es decir, productos de mala calidad.
- *Defectos en el arranque,* ya que, hasta alcanzar el estado estable de funcionamiento después de una preparación, se producen unidades defectuosas.

La figura 1.11 muestra cómo se agrupan estas seis grandes pérdidas, reduciéndose el tiempo de carga hasta alcanzar el valor real de operación del equipo (tiempo útil).

Además, las agrupaciones de las pérdidas anteriores posibilitan obtener tres indicadores fundamentales: la **disponibilidad,** el **rendimiento** y la **calidad.** Aunque Nakajima no lo propone, se podría añadir un cuarto indicador, denominado **utilización,** para cuantificar el efecto de las paradas programadas sobre el tiempo de calendario. Sus expresiones se presentan en la figura 1.12.

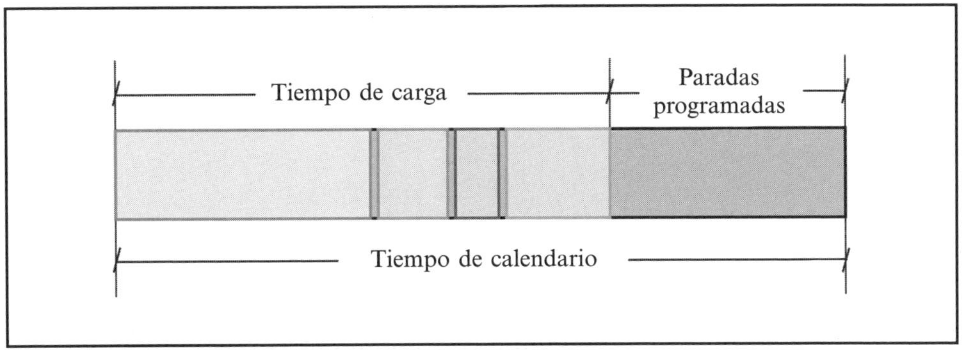

Figura 1.10. Plan de trabajo típico utilizado en producción.

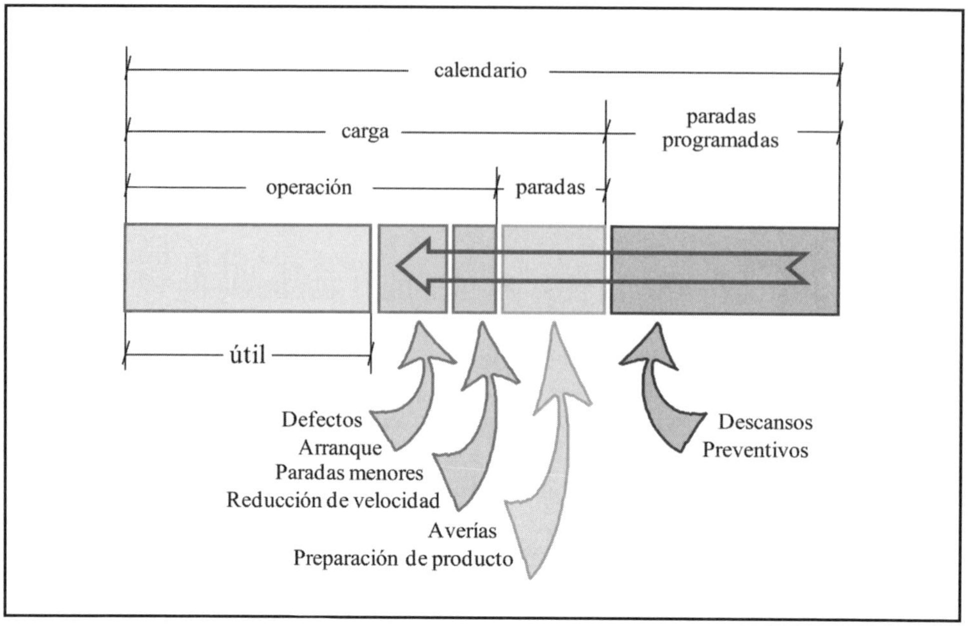

Figura 1.11. Agrupación de las pérdidas hasta alcanzar el tiempo útil.

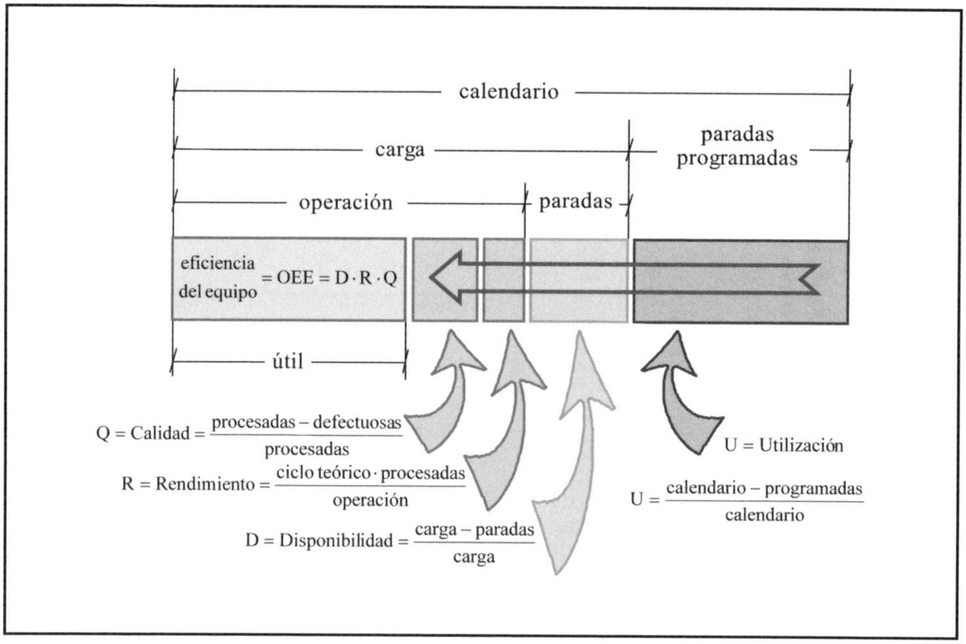

Figura 1.12. Medición de las pérdidas de un equipo.

Por último, se muestra también en la misma figura la expresión de la **eficiencia global del equipo** (denominado **ratio OEE-O**verall **E**quipment **E**fficiency). Se trata de un indicador que engloba todas las pérdidas que puede tener un equipo y que, como se explicará en este libro, permite priorizar las acciones de mejora.

Los objetivos previstos por Nakajima en cada uno de los indicadores son: más del 90 por 100 en la disponibilidad, más de un 95 por 100 en la tasa de rendimiento y más del 99 por 100 en la tasa de calidad. Sin embargo, la principal consecuencia de la implantación de los indicadores establecidos por Nakajima es que se puede comprobar cómo las mejoras llevadas a cabo afectan directamente a la eficiencia del equipo.

En la figura 1.13 se representan distintos impactos en la eficiencia del equipo causados, por ejemplo, por un proyecto de mejora del mantenimiento. La figura incluye la situación de partida para facilitar la comparación de los distintos resultados obtenidos. La mejora en el mantenimiento del equipo puede producir tres tipos de situaciones.

— Mejora transitoria.
— Mejora permanente.
— Mejora permanente, pero empeoramiento del ratio OEE.

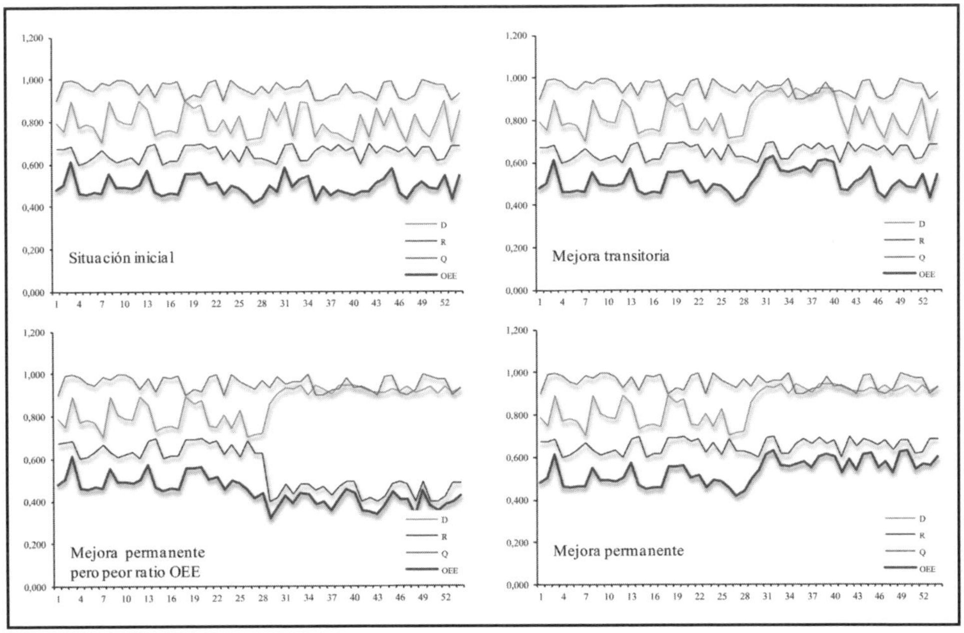

Figura 1.13. Distintas consecuencias de una mejora en el mantenimiento.

Normalmente cada indicador se representa en un gráfico independiente para facilitar su lectura y análisis detallado. Además, generalmente suelen presentar valores similares, y las gráficas podrían mezclarse.

1.5. ESTRUCTURA DEL LIBRO

El resto del libro está separado en siete capítulos dedicados a la mejora de distintos aspectos del área de producción. En ellos, se definen e ilustran numerosas herramientas y metodologías de mejora.

La estructura de todos los capítulos es similar, si bien en algunos se omiten ciertos puntos:

- *Introducción,* en la que se presenta el tema y su relación con otros apartados.
- Presentación de los *fundamentos teóricos* necesarios.
- Explicación de la *metodología* que posibilita la mejora propuesta.
- Estudio de *herramientas de apoyo* a la metodología en sus etapas.
- Desglose de los *efectos y beneficios* esperados tras la aplicación de la metodología.
- Presentación de *lecturas recomendadas* para ampliar conocimientos.

Por otro lado, los capítulos pueden agruparse de acuerdo con el aspecto que tratan de mejorar:

- *Flujo de materiales.* Metodologías orientadas a reducir el movimiento de material en la planta de producción (capítulos 2 y 3).
- *Eficiencia del equipo.* Metodologías focalizadas en incrementar el valor del ratio OEE (capítulos 4, 5, 6 y 7).
- *Área de trabajo.* Centrado en la metodología de las 5S, que ayudan al área de trabajo a prepararse para que las demás metodologías se puedan implantar. Sin embargo, este capítulo se coloca al final (capítulo 8).

Además, el libro incluye un capítulo final (capítulo 9) en el que se explican brevemente otras herramientas de mejora.

Por último, las metodologías estudiadas se presentan en los esquemas del JIT y de las veinte claves (figura 1.14).

En la segunda parte del libro, donde se analiza la eficiencia del equipo, se representará el impacto de las herramientas en el OEE (similar a la figura 1.15 pero sólo reproducirán las flechas de los indicadores afectados por la mejora).

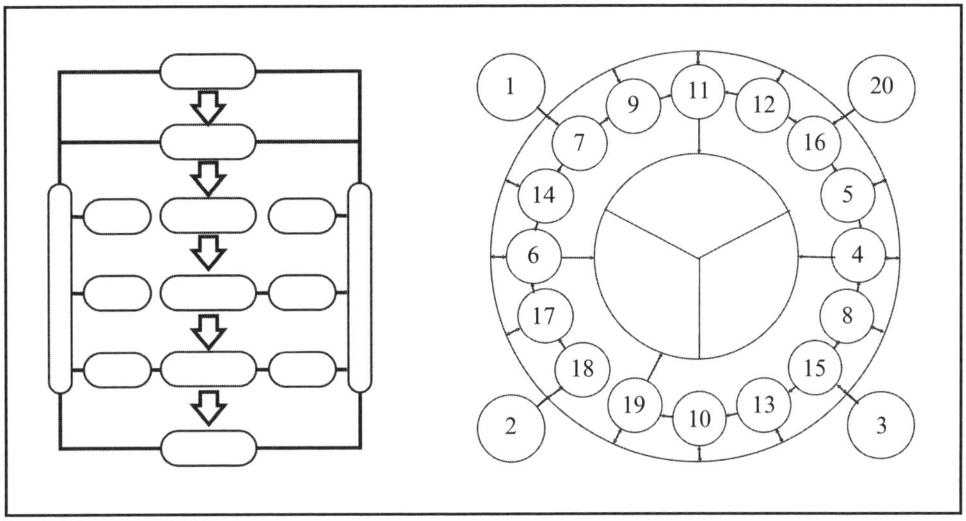

Figura 1.14. Iconos para representar cada metodología en los esquemas del JIT y las veinte claves.

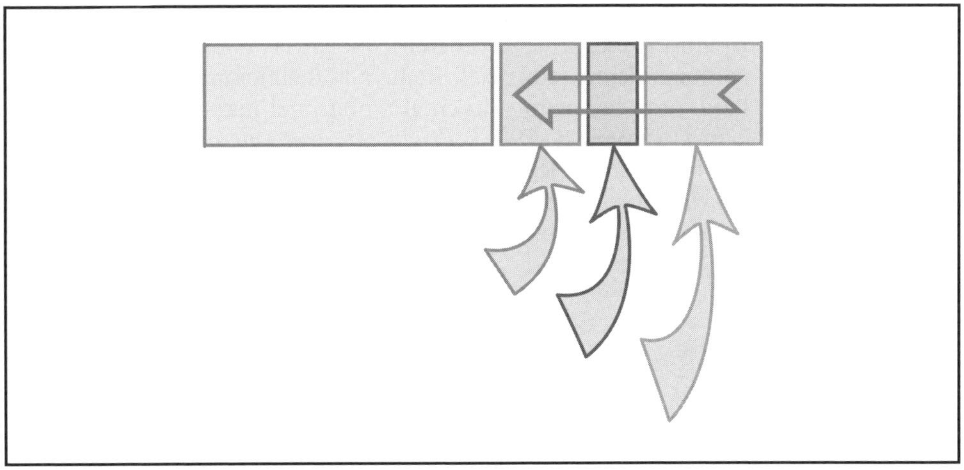

Figura 1.15. Impacto de la metodología en los indicadores del ratio OEE.

1.6. LECTURAS RECOMENDADAS

Henry Ford (1988): *Today and Tomorrow.* Nueva York: Productivity Press.
Libro que recoge la experiencia de Henry Ford y su fábrica de automóviles. Su lectura es obligada para conocer la historia de las técnicas de estandarización del trabajo de la fábrica pionera en ensamblaje de productos complejos.

Hiroyuki Hirano (1991): *Manual para la implantación del Just in Time.* Madrid: Productivity Press, vols. 1 y 2.
Libro de referencia de los temas relacionados con el *just in time*. La mayoría de libros que tratan esta filosofía hacen referencias a él. Fácil de leer, presenta múltiples ejemplos y herramientas.
Hiroyuki Hirano (1990): *El JIT Revolución en las fábricas.* Massachusetts: Productivity Press.
Libro muy gráfico y que presenta, en fotografías y dibujos, todos los conceptos del *just in time.* La figura de la página 21 (que se incluye en este libro) es un perfecto resumen de la estructura de mejora del sistema de producción de Toyota.
Iwao Kobayashi (2002): *20 claves para mejorar la fábrica.* Madrid: TGP-Hoshin, S.L., 2.ª ed. revisada.
Segunda edición del libro. Sistemático y claro, escrito de modo informal y con dibujos autoexplicativos. Explica en profundidad las veinte claves que se presentan en este libro, incluyendo las etapas intermedias y cómo avanzar en ellas.
Yasuhiro Monden (1988): *El sistema de producción Toyota.* Barcelona: IESE.
Es un libro que incluye algunas propuestas generales y que explica algunos temas, como el del *kanban,* de una forma ejemplar.
Seiichi Nakajima (1993): *Introducción al TPM: Mantenimiento productivo total.* Madrid: Productivity.
El libro principal si se quieren conocer las bases de esta filosofía de gestión del mantenimiento industrial. Incluye la definición del ratio OEE, base de este trabajo, pero centrado sólo en el ámbito del mantenimiento industrial.
William J. Stevenson (1996): *Production and Operations Management.* Nueva York: Irwin McGraw-Hill, 51.ª ed.
En este libro se presenta un temario clásico de dirección de operaciones, combinando decisiones estratégicas y tácticas.

2 Flujo de materiales y distribución en planta

Algunos indicadores de producción, como la productividad o el *lead time,* se ven afectados directamente por la forma en que están dispuestos, dentro de la fábrica, los recursos productivos (conocida como *layout*). En este capítulo se analizan los diferentes tipos de procesos industriales existentes y la distribución en planta habitual de cada uno de ellos.

El cambio de ubicación de los recursos (o de la empresa completa) es un proyecto que, tarde o temprano, abordan todas las empresas. Esta situación ocurre debido a innovaciones en la tecnología, aumentos de demanda y otras razones productivas. Por tanto, resulta importante conocer las técnicas para llevar a cabo este tipo de estudios.

La distribución en células, donde operarios y máquinas se agrupan en células de trabajo, y que últimamente está cobrando una importancia especial, se presentará en este capítulo, pero se explicará en detalle en el capítulo 3 porque requiere metodologías específicas.

2.1. MEJORAS EN LA DISTRIBUCIÓN EN PLANTA

La mejora de la distribución física de los recursos en una empresa se presenta siempre en algún momento de su historia. El estudio de la distribución en planta buscará la ubicación óptima de los recursos productivos. Al mismo tiempo, el impacto económico del proyecto deberá ser el menor posible. Por último, la nueva distribución debe ser segura y satisfactoria para el personal.

Con todas estas restricciones parece obvio que la solución óptima resulta imposible, y así sucede en la realidad, ya que la distribución en planta final siempre será un compromiso entre todos los aspectos citados anteriormente.

2.1.1. Síntomas y razones para el cambio de *layout*

Los síntomas y motivos para plantear un proyecto de redistribución son muy variados, pero algunos se dan con más frecuencia y se describen a continuación.

Cambio de ubicación

Existen distintas razones para plantear un cambio de ubicación de la fábrica. Algunas empresas se fundaron hace muchos años en pabellones que se han quedado pequeños o anticuados. Existen casos de empresas situadas en una zona urbanizada donde resulta imposible su ampliación.

La situación de partida también es diferente si la empresa elige la nueva localización y realiza el proyecto del nuevo pabellón, o si el nuevo emplazamiento ya está construido. En la actualidad, las nuevas construcciones favorecen las distribuciones óptimas debido a que, salvo excepciones, se prima la funcionalidad sobre el diseño y la superficie útil del pabellón se puede aprovechar casi en su totalidad.

Incorporación de nuevos equipos

Las nuevas necesidades y los avances tecnológicos favorecen la compra de maquinaria. Encontrar la mejor localización para el equipo recién comprado resulta crítico para conseguir que el sistema funcione como se espera.

Generalmente el nuevo equipo se coloca en el primer hueco disponible. Algunas veces, cuando no hay espacio disponible, es necesario mover algunas máquinas para crear espacio. Otras veces, se lleva a cabo un proyecto global y el equipo nuevo se coloca en el mejor lugar posible. Estos movimientos en los equipos pueden resultar críticos para la eficiencia productiva de la planta y pueden condicionar la compra de futuros equipos.

Problemas en el flujo de materiales

Generalmente este problema deriva del anterior, cuando se compra una nueva máquina y se sitúa en el primer hueco libre de la planta. Como consecuencia, los costes derivados de la puesta en marcha se reducen, pero los problemas surgen después. Dependiendo de las operaciones que realice la nueva máquina y de su situación relativa a las máquinas que le preceden y le siguen (en términos de secuencia de fabricación), el flujo de materiales se verá afectado negativamente en mayor o menor medida.

Es importante recordar que la puesta en marcha de una máquina se hace sólo una vez, mientras que el flujo de materiales es un proceso continuo. El análisis de este flujo de materiales justifica la inversión de tiempo y dinero necesaria para el estudio y, en muchos casos, puede justificarse económicamente. Se pueden analizar los cambios que serían precisos para conseguir mejorar el flujo instalando la máquina en el lugar más adecuado incluso antes de comprarla.

Inventarios en procesos altos

La situación de las empresas varía con el tiempo, y lo que era bueno en un momento dado no tiene por qué perdurar siempre. Una medida del cambio es el inventario en proceso *(WIP-Work in process).* Es importante no confundir una situación temporal, producida por un pico en la demanda, con una situación permanente e insostenible.

Sólo en el segundo caso, se procederá a un análisis detallado de la distribución y se propondrán soluciones que amortigüen los efectos negativos del excesivo inventario en proceso, derivado de los cambios en los productos que se fabrican.

2.2. BASES TEÓRICAS

2.2.1. Flujo de una pieza

Antes de comenzar la explicación del análisis de la distribución en planta, es importante aclarar la definición de *lote de transferencia* y *lote de producción;* aunque normalmente ambos tamaños coinciden, son conceptos distintos:

- *Lote de producción* es el número de productos que corresponde a un pedido.
- *Lote de transferencia* se define como el número de unidades que fluye de una máquina a la siguiente. Se conoce también como *unidad de carga.*

Cuanto menor es el lote de transferencia, menor es el inventario en proceso, como se observa en la siguiente figura 2.1.

En el primer caso el lote de transferencia es idéntico al lote de producción, mientras que en el segundo el número de piezas que se trasladan de

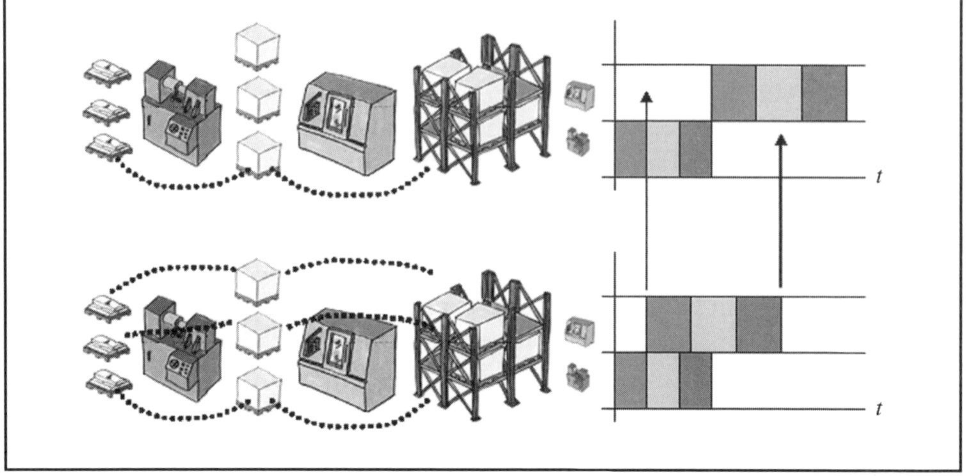

Figura 2.1. Diferencia entre lote de producción y lote de transferencia.

estación a estación es la tercera parte. Las ventajas de reducir el lote de transferencia son:

— *La retroalimentación es más rápida,* por lo que la información sobre la calidad se recibe antes y se evita tener que desechar un lote completo.
— *El tiempo de fabricación se reduce,* como se observa en la figura 2.1.

Sin embargo, reducir el lote de transferencia multiplica el transporte entre máquinas en la misma proporción en la que se reduce el lote.

El lote de transferencia ideal, y, por tanto, el flujo ideal entre centros de trabajo, es el *flujo continuo de una pieza.* Esta definición plantea un problema: si se detiene una estación, se detiene toda la línea por falta de material, por lo que será necesario llegar a un compromiso en el número de piezas. Normalmente, un contenedor se considera una pieza, o, por ejemplo, un lote de 1.000 tornillos se puede definir como «flujo de una pieza».

La *fabricación en flujo de una pieza* elimina la mayoría de los síntomas planteados en la sección anterior y es una de las herramientas incluidas en el esquema de la filosofía *just in time* (figura 2.2).

Para acercarse al ideal de flujo de una pieza deben eliminarse por completo los desplazamientos entre máquinas o, en caso de no poder hacerse, deben acercarse las máquinas para reducir el máximo posible los desplazamientos. En resumen, para mejorar el flujo de trabajos es necesario analizar y cambiar la distribución en planta de la empresa.

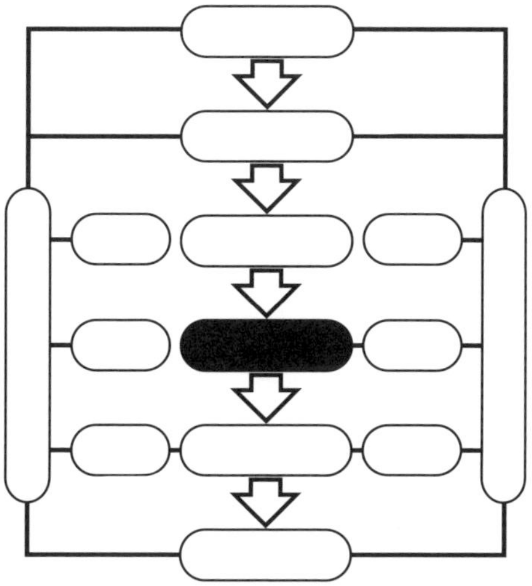

Figura 2.2. Situación del *flujo de una pieza* en el esquema del JIT.

2.2.2. Principales tipos de empresas industriales

En el mercado existen multitud de productos diferentes: alimentos, coches, ordenadores, ladrillos, cemento, barcos, etc. Cada producto tiene un proceso de fabricación específico, y estudiar cada uno de ellos llevaría mucho tiempo, salvo que los productos se pudieran agrupar en categorías.

El proceso de fabricación de un coche y el de una lavadora son similares y se podrían analizar de manera conjunta. Se trata de productos «parecidos». También, y de la misma forma, se pueden estudiar el proceso de fabricación del yogur y el del jabón y, sin embargo, nadie se comería de postre un vaso de suavizante o lavaría la ropa con yogur batido.

La agrupación de productos permite aplicar los mismos principios y herramientas a empresas aparentemente distintas, basándose en el tipo de instalaciones que se emplean para su fabricación. Así, la *industria de proceso* (a la que pertenecen tanto el yogur como el jabón) tienen una distribución en planta similar.

Las empresas industriales, al igual que la economía, se pueden dividir en cuatro sectores: primario, secundario, terciario y servicios. Se dejarán de lado tanto el sector primario como el de servicios, y se centrará el estudio en los sectores secundario (industria de proceso y consumo) y terciario (fabricación y montaje).

Industria de proceso

En algunas empresas el proceso de fabricación del producto fija, para todas ellas de igual manera, el equipamiento y el flujo del producto. Pertenecen a este tipo de industria las empresas que fabrican papel, madera, cemento, pintura, tejidos, etc.

Los productos de consumo (por ejemplo, bebidas), aunque no se consideran propiamente industria de proceso, se fabrican siguiendo un proceso muy similar, aunque, lógicamente, las medidas de higiene serán mucho mayores. Se consideran productos de consumo todos los alimenticios, como yogures, helados o bebidas, y también los productos farmacéuticos y los productos de limpieza.

El proceso que se observa en la figura 2.3 tiene cuatro etapas principales:

- *Preparación de materias primas.* Las materias primas principales suelen recibirse a granel y se almacenan en grandes depósitos o silos. En tolvas y depósitos más pequeños se realizan las mezclas para la fabricación de cada producto. Las cantidades exactas se obtienen gracias al uso de balanzas y fórmulas específicas para cada artículo.
- *Tratamiento.* Dependiendo del tipo de producto, o sus especificaciones, se realizan diferentes operaciones, como filtrado, secado, cribado, etc.
- *Acabado.* Los metales, por ejemplo, pueden perder ciertas propiedades a lo largo del proceso de tratamiento, por lo que es necesario restablecerlas. En otros casos se aplican tratamientos superficiales, como pulidos o pintura, hasta conseguir el aspecto final del producto.
- *Embotellado o envasado.* Dependiendo del tipo de producto, éste pasará a líneas de llenado o envasado, como ocurre con las patatas fritas o el vino. En el caso del hormigón, por ejemplo, se vierte en los camiones que lo transportarán a la obra correspondiente. Si se trata de jabón, éste se envasará en paquetes y bolsas de distintos tamaños.

Es importante dejar claro que cada empresa tendrá sus particularidades, aunque se estudien dentro del mismo grupo. Así, en una empresa de fabricación de yogures, después del envasado, deben fermentar los artículos, mientras que una fábrica de caramelos simplemente se almacenan.

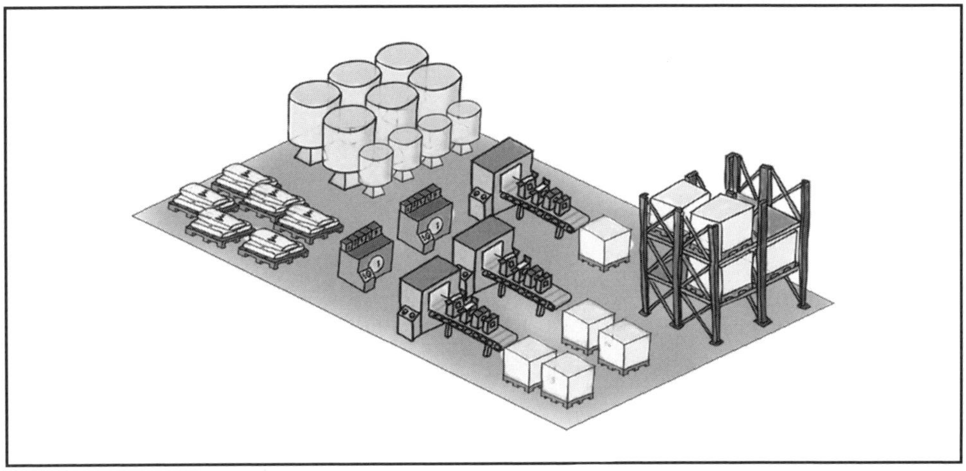

Figura 2.3. Ejemplo de industria de proceso.

Empresas de montaje

La mayoría de los productos que se emplean en la vida cotidiana (coches, televisores, microondas, etc.) se fabrican en empresas que se dedican, casi exclusivamente, al ensamblaje del aparato final (figura 2.4).

La empresa se dispone en líneas de montaje de productos o familias de productos. Los componentes se compran a empresas externas porque la compañía se ocupa exclusivamente del montaje final. En algunos casos, por ejemplo en las empresas que fabrican coches o electrodomésticos, se realizan algunas operaciones (por ejemplo, corte de chapa, soldadura, inyección de plástico o pintura). Se trata de operaciones aisladas realizadas en la empresa porque no resulta rentable subcontratar su fabricación, al ser productos voluminosos que encarecen su transporte.

Empresas de fabricación

Las empresas que elaboran productos y que no pertenecen a ninguno de los grupos anteriores se denominan empresas de fabricación. En ellas se distinguen procesos de forja, inyección de plástico, prensas, máquinas de control numérico (CNC), etc.

La disposición de las plantas de producción depende del tipo de producto y del volumen de fabricación y se analizará en detalle más adelante en este capítulo. La figura 2.5 representa un ejemplo de empresa de fabricación dedicada al mecanizado de piezas.

Figura 2.4. Línea de ensamblaje de motos.

Figura 2.5. Ejemplo de empresa de fabricación.

2.2.3. Tipos de distribución en planta

Existen multitud de clasificaciones de las empresas en función de su distribución en planta. Se emplearán cuatro tipos principales de *layout*. La agrupación atiende al flujo de trabajo dentro de la planta de producción:

— Fija.
— Por proceso o funcional.
— Por producto.
— En células y distribución mixta.

Distribución fija

En este tipo de *layout* los productos no se mueven por el proceso de fabricación; los recursos necesarios lo hacen (figura 2.6). Se emplea en procesos de fabricación de productos difíciles de mover (barcos, edificios, trenes, etc.) o productos con demanda muy pequeña y específica (centros de mecanizado, prensas, etc.).

En un primer momento histórico, este tipo de distribución se empleaba también para la fabricación de coches, aunque hoy en día su proceso de fabricación ha cambiado de forma drástica.

Distribución por proceso

En este tipo de *layout* las máquinas se agrupan en centros de trabajo o secciones de acuerdo con la operación que realizan. Por ejemplo, las prensas se agrupan en la sección de prensas (figura 2.7) y los tornos forman el centro de trabajo de los tornos.

Figura 2.6. Distribución fija.

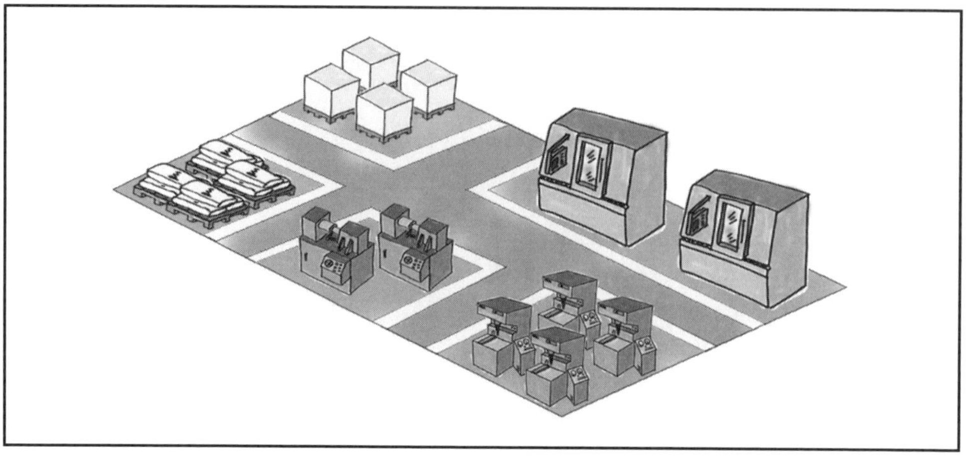

Figura 2.7. Ejemplo de distribución por proceso.

Este tipo de distribución se emplea en empresas que trabajan bajo pedido componentes especiales (de uno o pocos tipos distintos). Por ejemplo, las empresas que fabrican tornillería especial emplearán este *layout*. También se emplea para producir una gran variedad de productos que se fabrican en lotes muy pequeños.

Las ventajas de la distribución por procesos son:

- El sistema es flexible para producir cualquier producto que se ajuste a los límites volumétricos de las máquinas.
- Los operarios conocen en profundidad el proceso en el que trabajan.
- Algunas herramientas y utillajes se pueden compartir.

Las desventajas de la distribución por procesos son:

- El flujo es difícil de gestionar y controlar.
- Existe un inventario al frente de cada máquina.
- La preparación de las máquinas es costosa.
- Los tiempos de transporte de material son elevados.
- Los sistemas de transporte interno resultan complicados de automatizar.

Distribución por producto

En este tipo de *layout*, las máquinas se agrupan de acuerdo con la secuencia de operaciones necesaria para producir el artículo (figura 2.8). De-

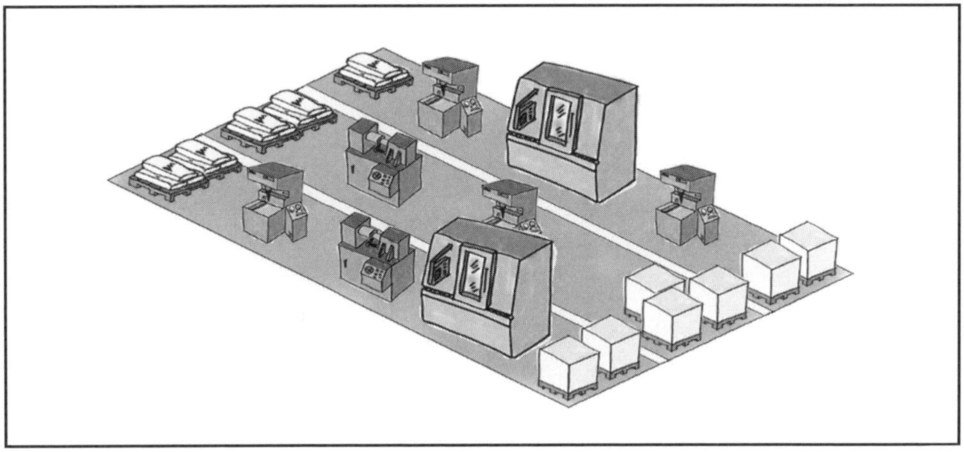

Figura 2.8. Ejemplo de distribución por producto.

pendiendo de la actividad principal de la línea, suelen denominarse líneas de fabricación o montaje. Este tipo de distribución se emplea para producir componentes con alto volumen de demanda.

Las empresas de montaje emplean normalmente este *layout,* especialmente en el sector de automoción (figura 2.9). El cambio de distribución en planta que realizó Henry Ford redujo drásticamente el ciclo de fabricación de un automóvil. Hoy en día, algunas líneas de producción fabrican un automóvil cada 40 segundos.

La distribución por producto se emplea para producir de forma económica productos de alta demanda. Las ventajas de este tipo de distribución en planta son:

- Fabricación económica en grandes lotes.
- Se minimiza el movimiento de materiales.
- Se reduce el inventario en proceso.
- Se simplifica el control del sistema.
- La automatización del transporte interno es más sencilla y justificable.

Las desventajas de la distribución por producto son:

- Son distribuciones rígidas, en el sentido de que sólo se puede producir un número de referencias reducido.
- El tiempo de preparación del sistema es elevado.
- Se necesita duplicar herramientas y utillajes para estar disponibles en máquinas similares repartidas por la fábrica.

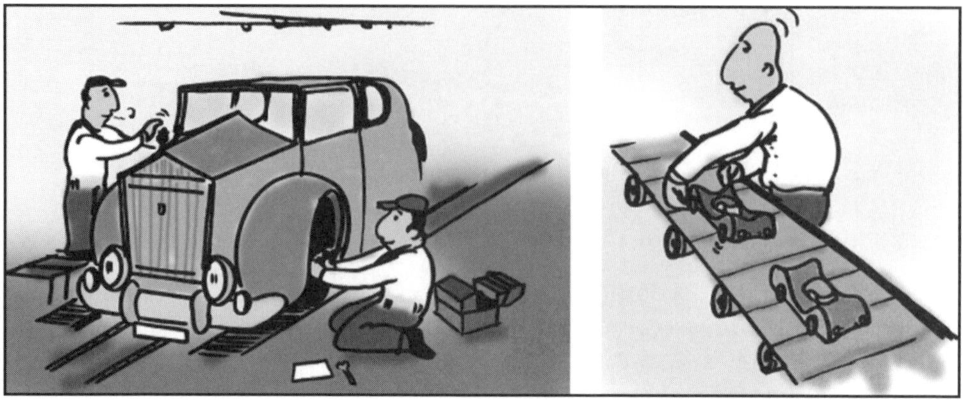

Figura 2.9. Empresas de montaje.

Distribución en células y mixta

Algunas empresas no se pueden clasificar exclusivamente en uno de los tipos anteriores. A continuación se presentan algunos ejemplos.

La industria de fabricación de grandes equipos como aviones o prensas ha optado por la modularización para simplificar las labores de montaje de los productos. Así, por ejemplo, para el montaje de una máquina CNC, se fabrican distintos módulos en líneas de producción distintas y se ensamblan como subconjuntos (figura 2.10).

Muchas empresas, como las de fabricación de tornillería especial, debido a la evolución de la demanda, se han visto obligadas a variar su distribu-

Figura 2.10. Modularización en la producción de máquinas.

ción, deshaciendo los centros de trabajo y creando células de fabricación. La distribución celular es una aproximación relativamente reciente que será tratada de forma separada al resto de *layouts,* en el siguiente capítulo.

En algunas empresas, interesadas en formar líneas de fabricación, no es viable duplicar máquinas por el elevado coste que implica. En este caso, se modifica la distribución para que todas las líneas compartan la instalación crítica. Se trata de un caso de distribución mixta entre producto y proceso.

Otras empresas disponen de una primera fase común, organizada según el proceso, y distintas líneas de montaje para elaborar el producto final. Este tipo de distribución es frecuente en empresas de ensamblaje de productos, como los electrodomésticos, con secciones de inyección y prensas y líneas de montaje agrupadas por familias de productos.

2.2.4. Características de las principales distribuciones

Los tres tipos de distribución en planta explicados (fija, por proceso y por producto) disponen de características especiales que las hacen idóneas para algunas empresas y poco apropiadas para otro tipo de procesos. La tabla 2.1 resume las principales ideas explicadas en la sección anterior.

TABLA 2.1
Principales características de los tipos de layout tradicionales

	Fija	**Por proceso**	**Por producto**
Producto	Difíciles de mover o con demanda pequeña y específica.	Productos diversificados con volumen de producción variable.	Productos estándar con volumen de producción alto.
Flujo de material	No existe flujo del producto.	Secuencia particular de fabricación (no existen rutas estándar).	Lineal y el mismo para todos los productos.
Maquinaria	Maquinaria de propósito general y común a todos los productos.	La misma máquina fabrica productos diferentes.	Maquinaria específica para cada operación.
Operarios	La asignación de tareas varía de un proyecto a otro.	Los operarios son especialistas en un proceso.	Tareas repetitivas, aunque se favorece la rotación de puestos.

2.3. METODOLOGÍA DE DISEÑO DE *LAYOUT*

Existen seis pasos básicos necesarios para diseñar una solución aceptable en un problema de distribución en planta. Aunque estos pasos son aplicables a la mayoría de los casos que se pueden plantear, están dirigidos principalmente al análisis general de una planta. Si el objeto del estudio es más restringido, no es necesario aplicar todos los pasos.

2.3.1. Paso 1. Formular el problema

Aunque parece trivial, resulta fundamental definir cuál es el objetivo del estudio que se va a realizar. ¿Incluir una nueva máquina?, ¿cambiar de pabellón?, etc.

2.3.2. Paso 2. Análisis del problema

El análisis de la situación puede realizarse de forma sistemática. Richard Muther, en su clásico libro *Distribución en planta,* presenta ocho factores que afectan a la distribución en planta. Estos factores se describen brevemente en el apartado de herramientas, en este mismo capítulo.

2.3.3. Paso 3. Búsqueda de alternativas

El análisis de los ocho factores de Muther ayudan a los ingenieros a definir el problema planteado y proponer una solución a éste. A la hora de plasmar las ideas recogidas en el análisis es conveniente recordar tres principios prácticos.

Primero el todo y luego los detalles

Tanto en el caso de grandes cambios en planta como en el diseño de células se debe tener en cuenta, en primer lugar, una distribución general del espacio total y, después, concretar cada una de las zonas (figura 2.11). Los planos por niveles se emplean para caracterizar este proceso y ayudan a estudiar los flujos generales entre distintos departamentos.

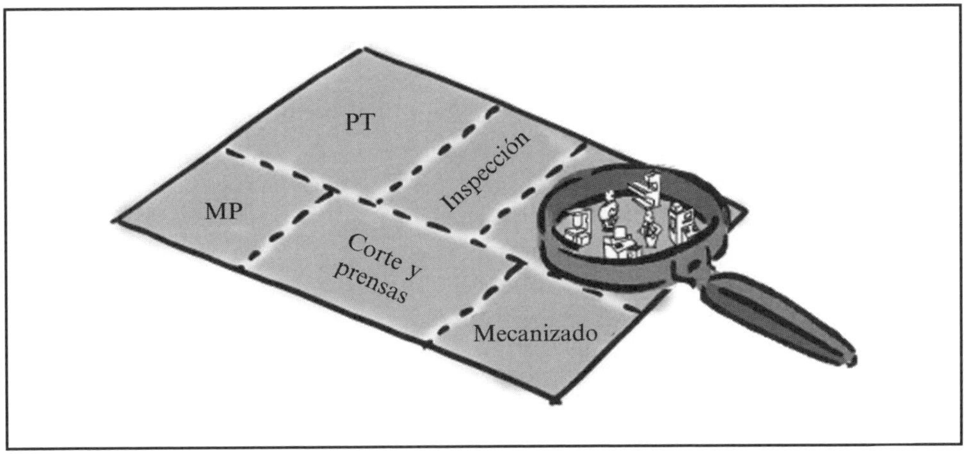

Figura 2.11. Primero el todo y luego los detalles.

Primero la solución ideal y luego la práctica

Desde el primer momento se sabe que la solución ideal es difícil de alcanzar (figura 2.12). Sin embargo, en numerosas ocasiones se pueden plantear soluciones sencillas próximas a la ideal.

Es conveniente resaltar que la solución ideal no debe nunca plantearse con todo lujo de detalles. Sabiendo que nunca se podrá alcanzar, no merece la pena perder tiempo y esfuerzo en analizar en profundidad esta solución.

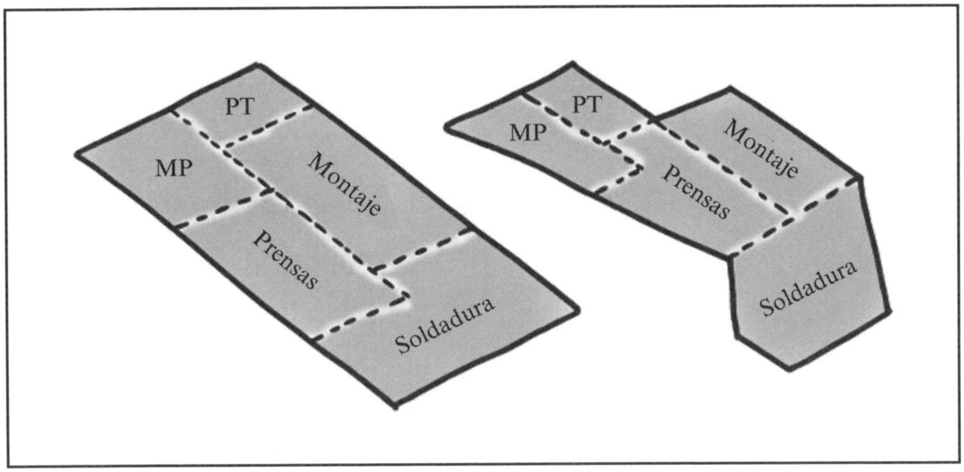

Figura 2.12. Primero la solución ideal y luego la práctica.

Emplear la técnica del *brainstorming*

En la etapa de creación de ideas, se deben proponer diferentes soluciones y no debe rechazarse ninguna propuesta. La técnica del *brainstorming* propone apuntar todas las ideas que surjan, sin criticarlas en un primer momento. Criticar en esta etapa puede frenar la creatividad y, algunas veces, una idea que inicialmente resulta complicada se convierte en realista con pequeños cambios. No sería la primera vez que de una idea aparentemente absurda se obtienen soluciones brillantes.

Es importante recordar en este punto que las fábricas disponen de una tercera dimensión: la altura, que casi siempre se desaprovecha. Hoy en día son numerosas las empresas que emplean el techo como almacén temporal o para el transporte de productos con lo que se amplía la zona útil del pabellón.

2.3.4. Paso 4. Selección de la solución

El objetivo de esta etapa es elegir la solución que mejor se ajusta al problema de entre todas las que se han propuesto en la etapa anterior. Cada una de las soluciones propuestas debe valorarse de acuerdo con criterios concretos.

Una forma sencilla de evaluar consiste en puntuar cada alternativa de 0 a 10 según cada uno de los criterios establecidos. La solución que obtenga mejor puntuación será la aceptada.

También, y siempre que sea posible, es conveniente evaluar económicamente cada alternativa, ya que al final es el «factor dinero» el decisivo. Se deben especificar las ventajas y desventajas que proporciona cada solución, teniendo en cuenta que siempre la solución más sencilla será la mejor (de entre todas aquellas que han obtenido puntuaciones altas). Los archivos de muchas empresas están repletos de completos y detallados estudios de distribución en planta que suponen cambios radicales en la configuración actual y que nunca se pusieron en práctica.

2.3.5. Paso 5. Especificación de la solución

La solución aceptada necesitará ser desarrollada en profundidad. Son muchos los detalles que no se habrán definido en la etapa anterior, ya que no tiene sentido aportar soluciones completas si la opción no es la definitiva.

También es el momento de cuidar detalles de seguridad para evitar posibles problemas. La Ley de Prevención de Riesgos Laborales obliga a cumplir unas condiciones mínimas, como, por ejemplo, distancias de seguridad en pasillos. La solución que se plantee debe ser coherente con la ley. La figura 2.13 muestra un ejemplo en que la situación presentada en la parte

Figura 2.13. La seguridad de los trabajadores es un requisito en el *layout* propuesto.

izquierda debe evitarse, planteando soluciones como la que se presenta a la derecha.

Finalmente, se tienen que detallar los planos, pedir los presupuestos correspondientes y elaborar el *planning* de implantación de la solución. También hay que demostrar cuantitativamente que la solución planteada reportará beneficios respecto a la situación actual.

2.3.6. Paso 6. Ciclo de diseño

El ciclo de diseño incluye las modificaciones que surgen debido a problemas que aparecen durante la implantación de la solución final adoptada: desviaciones en el presupuesto, problemas en la instalación (instalaciones eléctricas o neumáticas).

Al final del proceso de diseño, la planta debería trabajar de forma más eficiente, y es necesario comprobar que la solución adoptada funciona según lo establecido.

2.4. HERRAMIENTAS PARA EL ESTUDIO DE LA PLANTA

2.4.1. Estudio de los ocho factores de Muther

Del análisis de los siguientes ocho factores se obtienen las principales restricciones que deben respetar y los requisitos que deben cumplir las alternativas del nuevo *layout* que se planteen; de este modo se podrá elegir el mejor *layout* de entre aquellas propuestas que se realicen.

Factor material

El factor material no implica el estudio de los materiales que forman parte del producto, aunque su nombre así lo dé a entender. El objetivo de este factor es familiarizarse con las distintas etapas de producción que son necesarias para fabricar el artículo, es decir, analizar cómo se transforma el material desde las materias primas hasta el producto final.

Se debe estudiar la secuencia de operaciones por la que debe atravesar el producto sin tener en cuenta su localización relativa en la planta. Así, para fabricar un destornillador, por ejemplo, se debe primero transformar una varilla de acero en la varilla del destornillador, con la entalla correspondiente. Después se inyecta el mango de plástico en un proceso de inyección. Este factor ayuda a comprender la tecnología con que cuenta la empresa y a conocer el rango de productos que se fabrican.

Factor maquinaria

El segundo factor analiza los tipos y cantidad de cada máquina presente en el área de trabajo. Es importante anotar el número de máquinas de cada tipo, sus dimensiones principales y la forma, en caso de que ésta sea determinante (figura 2.14).

También hay que analizar las condiciones de funcionamiento, como vibraciones, temperatura, etc., para evitar poner cerca máquinas incompatibles. Por ejemplo, una gran prensa de metal y una máquina de medida tridimensional no son compatibles.

Factor hombre

Se debe contabilizar toda la plantilla relacionada con el departamento de producción, desde operarios de máquina hasta encargados de área. También los operarios de gestión de materiales y mantenimiento.

Figura 2.14. En ocasiones las dimensiones de la máquina son importantes.

Para facilitar el estudio de este factor se pueden emplear diagramas operario-máquina (herramienta que se explicará en el capítulo 5). Esta herramienta permite descubrir las operaciones que realiza el operario sobre la máquina y la disposición relativa de los elementos en el puesto de trabajo para hacer más fácil su labor. Pero lo más importante en el análisis del factor hombre es determinar si el operario maneja varias máquinas que deberán mantenerse próximas en las propuestas que se hagan para no incurrir en un incremento de los costes de producción.

Factor movimiento

El factor movimiento analiza el flujo de materiales de un centro de trabajo a otro. Este flujo no añade valor al producto, por lo que deberá ser el menor posible, e, incluso, tendría que ser eliminado. Lógicamente, eliminar completamente el movimiento es imposible, pero muchas veces es factible suprimir algunas operaciones de manipulación para obtener una solución aceptable. Se cuenta con dos herramientas de análisis del movimiento entre máquinas: los gráficos de proceso y la matriz de transferencia.

Gráficos de proceso

Un gráfico de proceso representa, de forma gráfica, la ruta y las acciones sobre un producto. Se emplean cinco símbolos estándar para mostrar todas las alternativas (figura 2.15). Además, es posible combinar dos de ellos, con lo que aparecen nuevos símbolos.

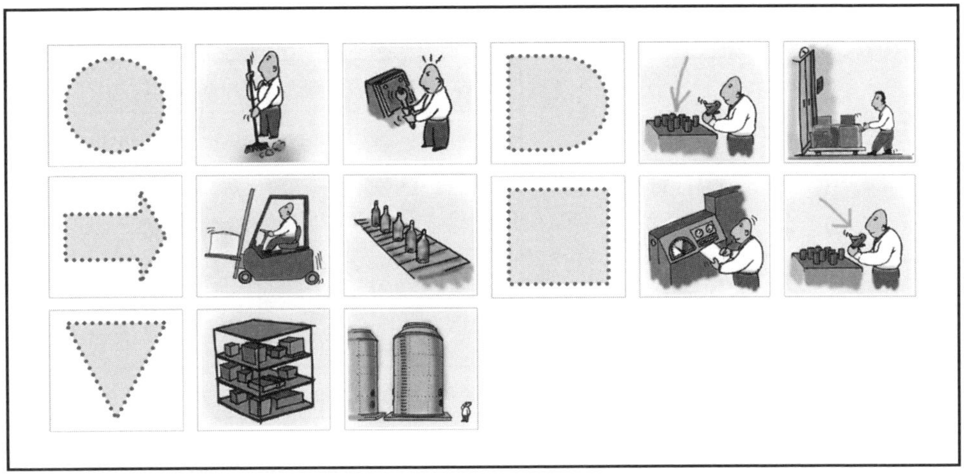

Figura 2.15. Símbolos estándar en un gráfico de proceso.

El círculo representa una operación; la flecha, un transporte; el cuadrado, una inspección; el triángulo, un almacenamiento, y la letra D, una espera. La diferencia entre los dos últimos símbolos descritos es que, en el primer caso, se guarda un registro del producto cuando se almacena.

Gracias a esta herramienta y los símbolos se pueden cuantificar las mejoras que surgen de las modificaciones que se planteen en el estudio, como muestra la figura 2.16.

Matriz de transferencia

La matriz de transferencia es una representación matricial del flujo de trabajos en un taller. Muestra la fracción de trabajos que fluye de una sección a todas los demás, incluyendo el almacén de materias primas y el almacén de productos terminados (figura 2.17).

	Producto 1			
	Número	**Tiempo (min.)**	**Distancia (m)**	**Operarios**
Operación	3	80	—	4
Transporte	5	13	102	5
Inspección	—	—	—	—
Almacén	3	2	—	2
Total	11	95	102	11
	Producto 2			
	Número	**Tiempo (min.)**	**Distancia (m)**	**Operarios**
Operación	4	140	10	5
Transporte	7	20	167	7
Inspección	—	—	—	—
Almacén	3	482	—	2
Total	14	642	177	14

Figura 2.16. Cuantificación de movimientos empleando el gráfico de proceso.

La construcción de la matriz de transferencia no es complicada. Se consideran todos los productos que entran en un centro de trabajo, y se determina la fracción de ellos que se mueve a los otros centros. Por tanto, todas las filas de la matriz deben sumar 1.

Por ejemplo, en la figura 2.17 se observa cómo de todos los trabajos que entran en la M1 el 50 por 100 se envían a la M2, un 30 por 100 a la M3, un 10 por 100 a la M4 y un último 10 por 100 a la M5.

Esta matriz muestra el volumen de productos distintos que fluye de un centro de trabajo a otro, pero no indica su peso o su volumen. Por tanto, esta información no es suficiente para tomar una decisión sobre la conveniencia de que dos centros de trabajo se sitúen cerca uno del otro.

Empleando el mismo concepto de esta matriz, pero con otra perspectiva, se pueden construir otras matrices teniendo en cuenta otros factores como el peso trasladado o el número de viajes realizados (figura 2.18). Estas matrices sí ayudarán a tomar la decisión de la ubicación relativa de las secciones en la planta.

Factor espera

El factor espera comprende el estudio de tres tipos de almacenes: materias primas, inventario en proceso y producto final. El objetivo de este factor es determinar el espacio requerido por cada uno de los almacenes. Muther recomienda un análisis en profundidad del espacio requerido para los productos. Puede ocurrir que, debido a la envergadura del almacén, se necesite un estudio específico de su distribución en planta. Dado que la distribución en planta del almacén está muy relacionada con su gestión (planificación y control), no se estudiará en este libro.

DESDE \ A	M1	M2	M3	M4	M5	W2
W1	0,7	0,2		0,1		
M1		0,5	0,3	0,1	0,1	
M2			0,7	0,2		0,1
M3				0,6	0,2	0,2
M4					0,6	0,4
M5						1

DESDE \ A	M1	M2	M3	M4	M5	W2
W1	0,3		0,2	0,1	0,4	
M1			0,3	0,1	0,4	0,2
M2	0,7					0,3
M3	0,5			0,1	0,1	0,3
M4		0,2	0,2			0,6
M5	0,1	0,1	0,1	0,6		0,1

Figura 2.17. Ejemplos de matrices de transferencia.

Matriz de transferencia

	CDT1	CDT2	CDT3	APT
AMP	1/2	1/2	-	-
CDT1	X	1/3	2/3	-
CDT2	1/3	X	2/3	-
CDT3	-	-	X	1

Matriz de número pedidos

	CDT1	CDT2	CDT3	APT
AMP	60	40	-	-
CDT1	X	50	40	-
CDT2	30	X	60	-
CDT3	-	-	X	100

Figura 2.18. Matrices de transferencia tradicional y basada en número de pedido.

Factor servicio

Este factor analiza dos características diferentes:

— Las condiciones ambientales del área de trabajo (por ejemplo, luminosidad, ruidos, olores, espacio de trabajo mínimo). Para decidir qué parámetros son aceptables puede recurrirse a la Ley de Prevención de Riesgos Laborales.
— En relación con el anterior, se analizan otras condiciones de trabajo, la de los servicios de planta que deben trabajar en ella. Estos servicios son, principalmente, calidad, logística y mantenimiento. Se deben tener en cuenta las distancias mínimas para que vehículos o aparatos de inspección puedan maniobrar sin problemas.

Factor edificio

El factor edificio analiza la superficie útil real del edificio. Este factor tiene en cuenta la forma de la planta, las columnas, la situación de las ventanas para la ventilación, zonas de posible ampliación. En muchos casos la existencia de puentes-grúa limita el número de posibilidades de cambio de distribución, ya que no se pueden mover.

Factor cambio

Lamentablemente, la distribución que se obtenga del estudio no será válida para siempre. Tampoco es el objetivo de este factor dejar la empresa preparada para cualquier cambio futuro, porque se desconoce ese futuro.

El factor cambio propone observar, con un punto de vista crítico, la solución que se vaya a adoptar. Por ejemplo, si el nuevo almacén de materias primas se ha saturado, limitando al máximo su espacio, es muy probable que, al cabo de poco tiempo, se deba reconsiderar su distribución si aumenta la demanda, por lo que el trabajo realizado habrá sido en vano.

La aplicación de este factor es, sin duda, la parte más difícil del estudio, pero es preciso preguntar por planes futuros de la empresa (aumentos de referencias, cambios en el mercado objetivo, etc.) con el fin de extender la validez de la distribución propuesta el mayor tiempo posible.

2.5. RESUMEN

Este capítulo ha demostrado cómo el flujo de materiales se puede mejorar de forma importante analizando su *layout*. En este tipo de proyectos de mejora, el estudio de la situación actual ayuda a identificar limitaciones que reducen el número de alternativas que deben considerarse. Las mejoras propuestas reducirán el flujo de materiales, ayudando a la empresa a alcanzar el flujo de una pieza propuesto en la filosofía del *lean manufacturing*.

2.6. LECTURAS RECOMENDADAS

Richard Muther (1981): *Distribución en planta.* Barcelona: Hispano Europea, S. A.
Libro dedicado a un completo estudio de la distribución en planta. Explica con todo detalle los pasos que deben seguirse, analizando los principales factores que intervienen en este problema.

Kjell B. Zandin y Harold B. Maynard (2001): *Maynard's Industrial Engineering Handbook.* Nueva York: McGraw-Hill, 5.ª ed.
Enciclopedia que pretende recoger todo el conocimiento que necesita un ingeniero industrial. Recoge capítulos dedicados a la distribución en planta.

3 Flujo de materiales y diseño de células de fabricación

En el capítulo 2 se ha presentado el concepto de células de fabricación como un caso particular de la distribución por producto. El análisis necesario para transformar una fábrica tradicional en una fábrica organizada en células requiere un desarrollo y unas metodologías específicas, por lo que se emplea para explicarlo un capítulo independiente.

La creación de células dedicadas a la fabricación de una familia de productos puede transformar la empresa en un conjunto de minifábricas autogestionadas. En este capítulo se presentan nuevas herramientas de mejora orientadas a preparar a la empresa para evolucionar hacia la fabricación celular.

A la hora de diseñar la línea es importante saber cómo repartir las tareas necesarias para fabricar el producto de la mejor forma posible. Ahorrar una estación de trabajo en la línea, debido a un mejor reparto de las tareas, supone reducir el *lead time,* el inventario en proceso y los costes de mano de obra. En este capítulo se explican y desarrollan las técnicas de equilibrado de líneas, aplicadas de forma detallada, al equilibrado de células con forma de U.

3.1. LA LÍNEA DE MONTAJE

La industria dedicada al montaje de productos ha ido evolucionando desde la aparición de la primera línea de montaje, en la época de Henry Ford. La primera línea de montaje móvil la creó Henry Ford, para fabricar el modelo Ford T. Para ello instaló un cabestrante y un cable grueso (figura 3.1) con el fin de mover los coches entre estaciones de trabajo.

Antes de este desarrollo, los coches se fabricaban según una distribución fija, es decir, los operarios se desplazaban a los coches para realizar las ta-

Figura 3.1. Concepto de línea de montaje de Ford.

reas oportunas. Gracias a la nueva «línea de arrastre» los trabajadores se sitúan en un puesto y los coches cambian de ubicación para que se lleven a cabo las tareas de montaje asignadas a cada puesto.

Con esta nueva línea de montaje, se redujo el tiempo necesario para fabricar un coche de 13 a 6 horas. En la línea sólo se producían coches modelo T negros, porque era el color que se secaba más rápidamente, pero la bajada de los precios de este modelo permitió que muchos americanos pudieran comprarse un coche.

Ford utilizó las ideas de especialización del trabajo de Adam Smith. Según Smith, en el proceso de fabricación de alfileres, era preferible que un operario fabricara la cabeza y otro la punta en lugar de que uno solo realizara ambas operaciones.

La especialización y la división del trabajo dieron lugar al nacimiento de nuevas profesiones, como la de ingeniero industrial. En un primer momento, los ingenieros industriales se dedicaban al diseño de componentes y a la planificación de la secuencia de fabricación, definiendo la mejor forma de realizar las actividades de producción.

Posteriormente, Alfred Aloan, en General Motors, completó el trabajo de Ford al hacer posible mezclar diferentes modelos en una misma línea de montaje. En las décadas de los sesenta y setenta, Japón no adoptó la forma de trabajar de Ford, Sloan y Taylor. En su lugar, propició la implicación de los trabajadores en los procesos, de forma que se favoreció que se formaran en el manejo de distintos procesos productivos. Este aspecto resultó clave para el desarrollo de células de fabricación.

3.2. BASES TEÓRICAS

3.2.1. Producción en masa

Numerosos productos se fabrican en grandes lotes para satisfacer las necesidades de un mercado de masas. Algunos de ellos, como los productos alimenticios, tienen procesos particulares y no forman parte de este estudio de diseño de células. Otros productos, como los juguetes, coches y electrodomésticos, que comparten un método de fabricación similar, sí se estudiarán.

La producción en masa tiene dos características básicas: **bajo precio** comparado con el coste del desarrollo artesanal y la **sustituibilidad de partes** en los productos que se rompen o desgastan.

Los bajos precios obligan a reducir los costes de fabricación y suponen que el desarrollo de un producto debe ser lo más estándar posible. Las variantes en los productos que ofrecen los fabricantes son escasas y están contempladas dentro de la limitada flexibilidad que permiten las líneas de montaje.

Reducir el número de componentes diferentes (sustitución de componentes originales por otros estándar) permite reducir considerablemente el número de piezas de recambio necesarias para distintos modelos, lo que simplifica las labores de mantenimiento. Se debe recordar que es obligatorio por ley mantener un stock de repuestos de los productos un número de años después del abandono de su fabricación.

Por un lado, el ensamblaje sencillo de los productos reduce los tiempos de proceso, lo que permite a las empresas fabricar más artículos en menos tiempo, por lo que los costes por artículo se reducen. Por otro lado, si la complejidad de un producto puede aumentarse incorporando otras aplicaciones de los mismos componentes, aumenta la validez del mismo diseño.

La herramienta denominada análisis P-Q (producto-cantidad) ayuda, mediante un análisis de Pareto, a decidir cuál es la distribución en planta idónea para los distintos productos. Cuando la cantidad de productos es alta y su variedad pequeña, se producirá en masa, y las líneas de montaje representan la alternativa más económica para su fabricación.

3.2.2. Líneas de fabricación y montaje

La forma recomendada para fabricar artículos de producción masiva son las líneas de fabricación y montaje. Las líneas de fabricación producen los componentes, que, a continuación, se ensamblan en líneas de montaje para obtener el producto final. Estos sistemas consisten en estaciones de trabajo para el ensamblaje progresivo de piezas unido a dispositivos de manipulación de materiales que permiten mover los artículos de una estación a otra. La formación de células obliga a duplicar máquinas, y, como consecuencia, los costes de producción aumentan. Para evitar este problema se recomienda invertir en varias máquinas de bajo coste y pequeñas, en lugar de en una máquina versátil y cara (figura 3.2).

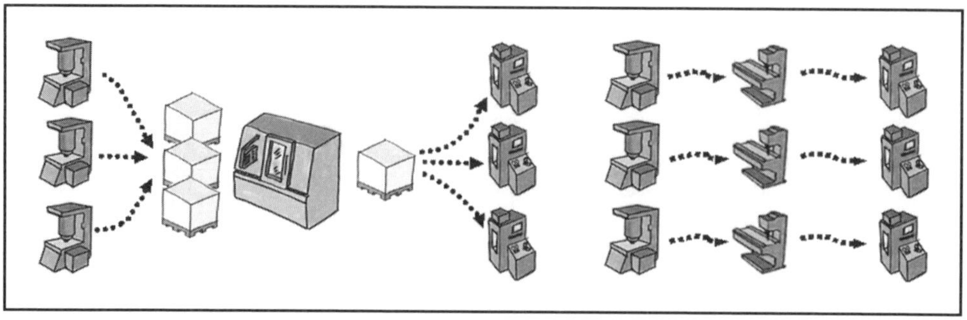

Figura 3.2. Máquinas versátiles versus máquinas especializadas.

Otra ventaja de las líneas de montaje es que se reduce el inventario en proceso porque los contenedores con piezas en proceso se colocan en pequeñas colas (normalmente una) delante de la máquina. Así, se elimina el exceso de inventario que se emplea en las máquinas versátiles y caras. El inventario es necesario porque resulta vital tener una utilización alta en los equipos caros y resulta más difícil gestionar una variedad alta de productos en curso.

Los dispositivos de manipulación de materiales más utilizados son las cintas transportadoras. Dependiendo del tamaño del producto, las cintas se convierten en cadenas de las que se cuelgan los productos.

Este método normalmente incrementa la utilización del espacio disponible en la planta de producción y reduce la manipulación de materiales. Cada producto, 1) o bien se detiene un tiempo predeterminado en cada estación, denominado *tiempo de ciclo,* concepto fundamental en el equilibrado de líneas que se estudiará posteriormente (esta técnica se llama *flujo sincronizado*), o bien 2) se retira a una estación de trabajo para trabajar sobre él (esta técnica se denomina *flujo asíncrono*).

3.2.3. Justificación del diseño de células

El entorno de fabricación ha variado en los últimos años. Los requisitos para ajustarse a las demandas específicas de los clientes han creado la necesidad de la producción en masa personalizada, en la que algunos atributos del producto pueden adaptarse a un cliente particular.

Al mismo tiempo, es necesario disponer del producto personalizado en el menor período de tiempo posible, pues de lo contrario un competidor con un *lead time* menor conseguirá el pedido. La tabla 3.1 resume algunas de estas tendencias. Todas ellas apuntan al uso de células de fabricación flexibles.

TABLA 3.1

Anterior y actual entorno económico

	Anterior	Actual
Producto	Poca variedad	Gran variedad
Plazo de entrega	Poco exigente	Muy exigente
Tamaño de lotes	Grande	Pequeño
Lead time	Largo	Corto
Vida del producto	Larga	Corta

Las células de fabricación pretenden resolver los principales problemas de los talleres tradicionales al producir en masa:

— Un elevado número de trabajadores indirectos (manipuladores de material o personal de mantenimiento).
— El alto nivel de stock en curso.
— La difuminación de responsabilidades en la distribución por procesos.

Cuando las células de producción se emplean de forma apropiada, los movimientos se eliminan, se consigue flexibilidad en la producción y en la mano de obra y se dispone de un entorno de producción más económico. Sin embargo, la transición no es sencilla, como se verá en este capítulo.

3.2.4. Nomenclatura básica del diseño de células

Tarea

Una tarea corresponde a cada uno de los pasos necesarios en los que se divide un trabajo para transformar un producto. Una tarea se considera la unidad más pequeña de asignación a una célula, y es importante definir el principio y el final de la tarea de forma precisa.

Las técnicas de estudio de métodos facilitan la misión de definir y optimizar las tareas y se explican en detalle en el capítulo 5. También es preciso conocer la duración de la tarea. El estudio de tiempos se presenta después en este capítulo, y gracias a esta técnica se puede determinar el tiempo estándar de la tarea.

Estaciones de trabajo

Las estaciones de trabajo son cada uno de los puestos de fabricación o montaje que se definen para llevar a cabo tareas. El número de estaciones de trabajo se tratará de que sea el menor posible para que la mano de obra asignada y el inventario en proceso sean lo más reducidos que se pueda.

Takt time (T) y tiempo de ciclo (*c*)

Takt time es una palabra alemana que significa «ritmo» o «paso» y es un concepto crítico en el diseño de células de producción. *Takt time* representa el tiempo disponible para fabricar un producto al ritmo que el cliente demanda. *Takt time* no es lo mismo que el *tiempo de ciclo*, que es el tiempo normal necesario para completar las operación sobre un producto en cada estación de trabajo (suele ser menor o igual que el *takt time*).

Takt time es el resultado de dividir el tiempo de trabajo útil de un día entre la demanda del cliente de ese día. El *tiempo de ciclo* es la suma de las tareas que cada producto requiere en cada centro de trabajo.

Lógicamente, durante el proyecto de diseño de la célula, resulta importante que el *takt time* esperado y el *tiempo de ciclo* estén tan próximos como sea posible. Una vez iniciada la producción, el *takt time* variará con la demanda real, y nunca debería ser menor que el mayor tiempo de ciclo, porque, de lo contrario, el ritmo de la demanda sería más rápido que el ritmo de producción que el sistema puede ofrecer.

$$\textit{Takt time} = T = \frac{\text{Tiempo de producción por día}}{\text{Demanda diaria (unidades)}}.$$

El tiempo de ciclo (*c*), como se ha comentado, es una medida del tiempo que tarda una determinada estación en hacer las tareas asignadas y se expresa en unidades de (tiempo/unidad). Ambos conceptos se ilustran en la figura 3.3.

La figura muestra una implementación incorrecta del *takt time* en la que se estima su valor con un valor medio del tiempo de ciclo. En este escenario, el operario en C no será capaz de mantener el ritmo del sistema y creará un cuello de botella.

Holgura (h_i)

La holgura de la estación corresponde a la diferencia entre el *takt time* y el tiempo de ciclo o el trabajo total de cada estación. La holgura nunca podrá ser menor que cero, ya que supondría que una estación tiene asigna-

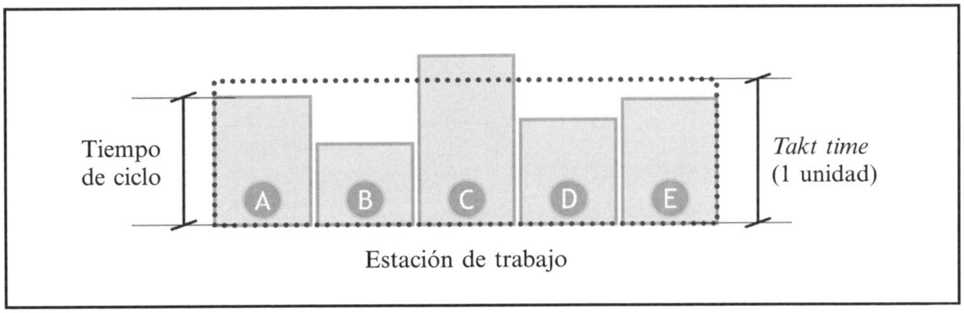

Figura 3.3. Comparación entre el *takt time* y el tiempo de ciclo.

da más carga que el *takt time,* puesto que la línea se movería antes de que el operario finalizara todas las tareas asignadas.

La realidad de muchas empresas de montaje puede ser muy distinta de la teoría. La flexibilidad de las líneas permite a la empresa rebalancear las tareas cuando el tiempo de ciclo máximo excede el *takt time* en el ensamblaje de un producto. El problema, por tanto, se encuentra en la planificación de la línea para conseguir un *mix* de productos equilibrados.

Relaciones de precedencia

El montaje de un producto no puede hacerse de forma aleatoria; normalmente se requiere una secuencia. Es necesario conocer la estructura de tareas y las restricciones que existen a la hora de ensamblar el producto.

Para asignar las tareas de forma eficiente, se emplea un diagrama de precedencia con las siguientes características:

- — Las tareas están dispuestas de forma que sólo se representan flechas de izquierda a derecha y no existen relaciones de precedencia entre nodos del mismo nivel.
- — En el primer nivel se colocan todas las tareas sin predecesoras.
- — En el nivel *m* se colocan todas las tareas sin predecesoras de entre las que quedan por colocar.

Además, en cada caja del grafo se incluye, junto al nombre de la tarea, su duración para facilitar la asignación de tareas (figura 3.4).

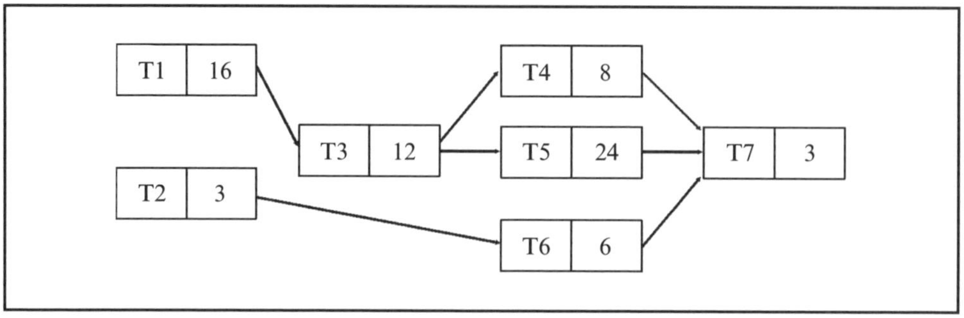

Figura 3.4. Ejemplo de diagrama de precedencia.

3.3. METODOLOGÍA PARA EL DISEÑO DE CÉLULAS

La metodología para desarrollar células de producción, en sí misma, es muy sencilla. Las etapas que deben seguirse son las siguientes:

— Formar familias de productos.
— Cambiar la disposición de las máquinas.
— Determinar los ritmos de producción, el reparto del trabajo en cada puesto y, con ellos, el número de operarios necesarios en la célula.
— Planificar y controlar la célula.

Sin embargo, lo complicado es cumplir el elevado número de prerrequisitos para poder llevar a cabo esa transformación:

— Trabajadores polivalentes.
— Determinar el espacio requerido para las células, especialmente las células en forma de U.
— Invertir en nueva maquinaria.
— Mejorar el tiempo de cambio de los utillajes de los productos de la familia.
— Buscar métodos simples de automatizar la producción.
— Elegir nuevos sistemas de planificación y control de la producción coherentes con la filosofía *lean.*

3.4. HERRAMIENTAS PARA EL DISEÑO DE CÉLULAS

3.4.1. Equilibrado de líneas

El objetivo de la técnica de equilibrado de líneas es asignar todas las **tareas** a un número mínimo de **estaciones de trabajo** de modo que cada tarea se asigne sólo a una estación. También es importante que el tiempo de ciclo de la estación c sea menor que el ***takt time,*** y se minimice la **holgura (h_i).**

Esta asignación de tareas a estaciones de trabajo debe cumplir, además, las **relaciones de precedencia** entre tareas que imponen el diseño y la tecnología. Estas relaciones se presentan a través de los diagramas de precedencia, como se indicó en la figura 3.4.

En los equilibrados de algunas empresas se requieren distintos algoritmos en los que la asignación debe hacerse de forma diferente. En lugar de asignar tareas a puestos, deben asignarse operarios a puestos ya definidos, por lo que la metodología que se va a explicar a continuación no es válida.

Pasos generales del equilibrado de líneas

El proceso de equilibrado de una línea sigue siempre el mismo esquema.

- PASO 1. Definir las tareas y sus tiempos (t_i).
- PASO 2. Especificar las relaciones de precedencia, construyendo el diagrama de precedencia explicado en este capítulo.
- PASO 3. Determinar el *takt time* (T) como se ha expuesto anteriomente.
- PASO 4. Calcular el número mínimo de estaciones ($M_{\text{mín}}$), redondeando hacia arriba el resultado de la fórmula. $M_{\text{mín}}$ supone el límite inferior del número de estaciones que se pueden generar. También se determina la holgura mínima ($H_{\text{mín}}$).

$$M_{\text{mín}} = \left[\frac{\sum t_i}{T}\right]. \; H_{\text{mín}} = M_{\text{mín}} \cdot T - \sum t_i$$

- PASO 5. Elegir una regla de asignación de tareas, que se explica más adelante en este capítulo.
- PASO 6. Asignar tareas hasta que el tiempo asignado sea igual al *takt time,* o no sea posible asignar tareas debido a las restricciones de tiempo o secuencia (el tiempo de la tarea sumado al trabajo asignado hasta el momento supera el *takt time*). En este caso será necesario crear una nueva estación para asignar esa tarea.
- PASO 7. Determinar la holgura total y la eficiencia de la línea.

Si la holgura de cada estación es 0, se dice que la línea está perfectamente equilibrada.

$$H = M \cdot T - \sum_{i=1}^{M} t_i \qquad \text{Eficiencia} = \frac{\sum_{i=1}^{M} c_i}{M \cdot T}$$

- PASO 8. Si la solución obtenida no se considera aceptable, elegir otra regla de asignación.

Reglas de asignación de tareas

Una tarea es asignable si todavía no ha sido asignada y todas las que le preceden sí lo han sido. A la hora de asignar tareas frecuentemente ocurrirá que habrá que decidir entre varias tareas asignables. No existen métodos óptimos para elegir la tarea que debe asignarse, pero se dispone de diferentes métodos heurísticos que conducen, en la mayoría de los casos, a una única solución cercana a la óptima.

Los métodos heurísticos son reglas sencillas que proponen dos criterios de selección. El segundo criterio se empleará sólo en caso de que haya varias tareas que coincidan en el primer criterio.

Las soluciones que se obtienen con la aplicación de los heurísticos pueden compararse analizando el reparto de la holgura entre las estaciones, estudiando el valor de la eficiencia y comprobando si se obtiene el número mínimo de estaciones posible $M_{\text{mín}}$.

A continuación se detallan los heurísticos más empleados y las reglas de decisión que se emplean en cada uno de ellos.

— *Heurístico del número total de sucesoras* .

- De entre todas las asignables escoger la tarea que tiene el mayor número total de sucesoras.
- En caso de que dos o más tareas coincidan en el primer criterio, seleccionar la tarea de mayor duración t_i.

— *Heurístico de las duraciones individuales*

- Elegir, de las tareas asignables, la de mayor duración individual t_i.
- En caso de que dos o más tareas coincidan en el primer criterio, elegir la tarea que tiene mayor número total de sucesoras.

— *Heurístico del rango de las duraciones posteriores*

- Elegir, de las tareas asignables, la de mayor rango. El rango es la suma de la duración de la tarea y las duraciones de todas las tareas que le siguen.
- En caso de que dos o más tareas coincidan en el primer criterio, seleccionar la tarea de mayor duración t_i.

Casos especiales de equilibrado

Duración de una tarea mayor que el takt time

Ya se ha comentado que, en algunos casos (principalmente en los que intervienen máquinas que realizan procesos automáticos), puede ocurrir que la duración de una tarea supere el *takt time*. En ese caso se puede optar por uno de estas dos opciones: resignarse a que la tarea fije el *takt time,* o solucionarlo.

El primer criterio supone perder posibles ventas de producto o aumentar el número de pedidos pendientes, ya que, antes de esta decisión, el *takt time* lo fijaba la demanda y, por tanto, si se producía a ese ritmo, se satisfacía la demanda del producto. Al restringir el *takt time* a la duración de una tarea concreta, la producción se verá mermada y no se podrán satisfacer los pedidos.

Para solucionar el problema de una tarea de mayor duración que T, existen distintas posibilidades.

— *Dividir la tarea en dos:* si la tarea es manual, puede que sea posible separarla en dos tareas. Para ello es necesario volver a analizarla y definirla.

— *Mejorar la tarea o el producto:* para ello puede emplearse la herramienta de optimización de la fuerza laboral que se explica al final de este capítulo.

— *En caso de montaje, incorporar un ayudante,* siempre que el tamaño de la pieza lo permita.

— *Colocar dos estaciones en paralelo:* esta solución puede apreciarse en el diagrama de Gantt de la figura 3.5. Se aumenta el inventario en proceso y las unidades se asignan a cada estación en paralelo cada dos ciclos. Esta solución se adoptará siempre que no se disponga de datos para tomar otras decisiones y es la que se empleará en los problemas numéricos.

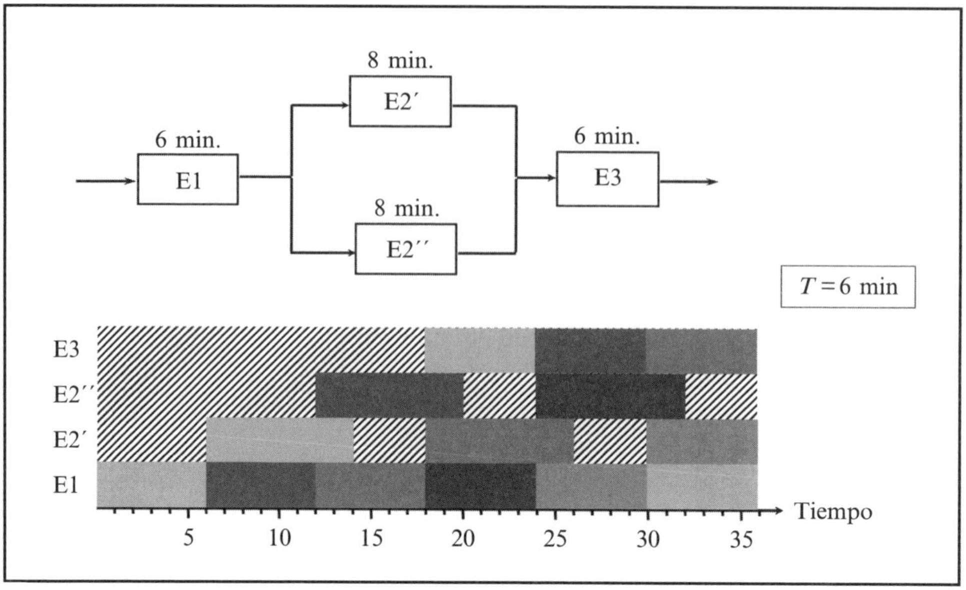

Figura 3.5. Dos estaciones en paralelo solucionan el problema de una tarea con duración mayor que T.

Equilibrado en células en forma de U

El equilibrado en ocasiones produce una asignación de tiempos desigual. La distribución en forma de U con tareas compartidas ayuda a resolver el equilibrio en estas situaciones, como se aprecia en la figura 3.6.

Las células con forma de U (figura 3.7), con la entrada y la salida en el mismo punto, evitan tener que caminar al principio de la línea para comenzar una nueva pieza. El operario se mueve alrededor de la célula y los movimientos se minimizan.

La distribución en U mejora la asignación de tareas ofreciendo flexibilidad en los ratios de producción. En otras palabras, el número de operarios asignados puede variar en el tiempo. Así, es más sencillo adaptar el tiempo de ciclo al *takt time* sin necesidad de reasignar tareas (figura 3.8).

La resolución matemática de los equilibrados en U está todavía por resolver de manera óptima. Sin embargo, pueden encontrarse soluciones por dos caminos diferentes:

— Mediante la observación de las estaciones equilibradas y de las holguras correspondientes, como ocurre en la figura 3.6, lo que no siempre resulta sencillo.

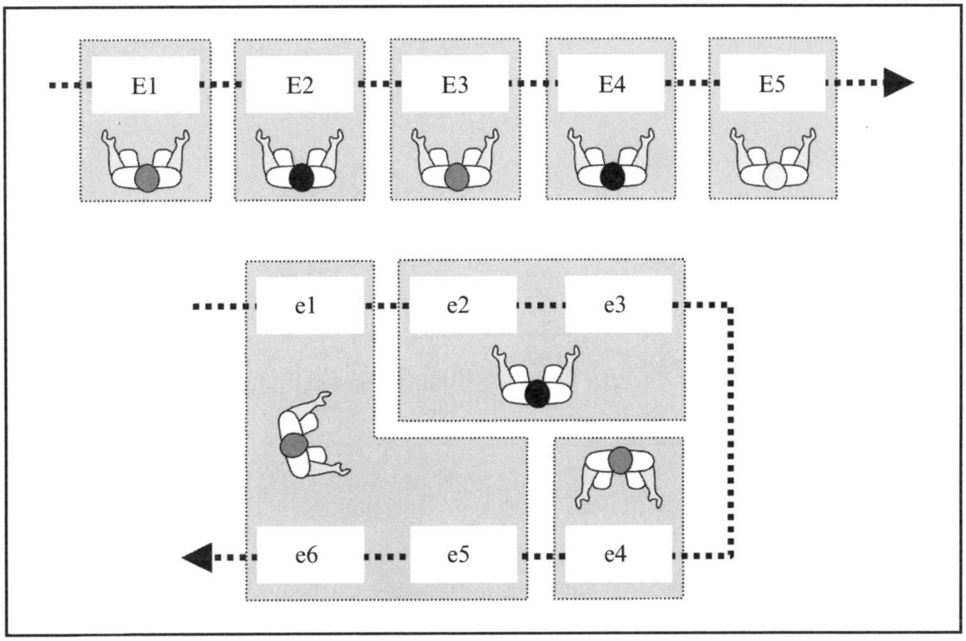

Figura 3.6. Equilibrado de líneas en forma de U.

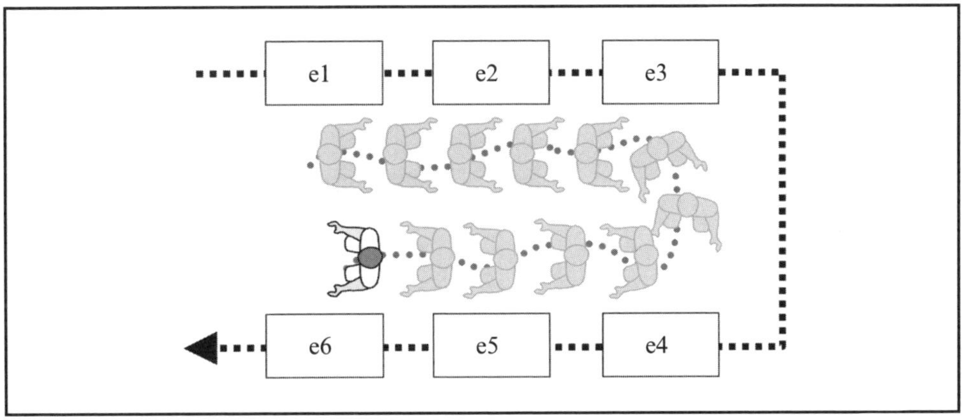

Figura 3.7. Célula en forma de U.

— Hacer el equilibrado suponiendo un *takt time* igual a la mitad del *takt time* ($T' = T/2$) y, después, doblar la línea (figura 3.9). El problema surge cuando el número de subestaciones es impar, pero puedo resolverse añadiendo al principio de la línea una subestación, denominada virtual, sin tareas asignadas, emparejada con la última subestación.

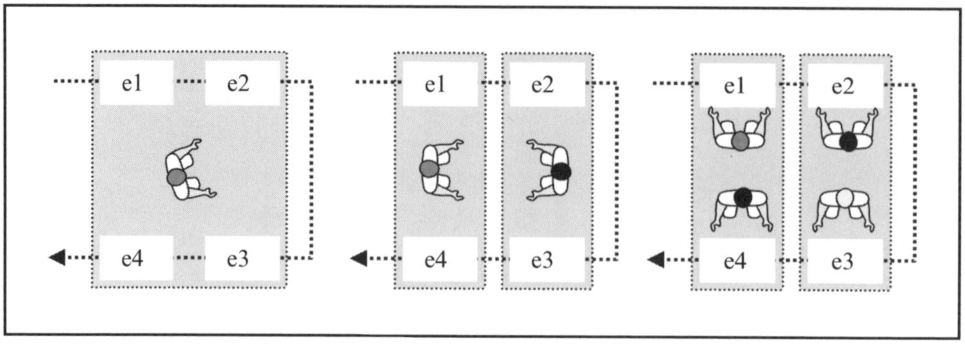

Figura 3.8. Flexibilidad en la producción en una célula en U.

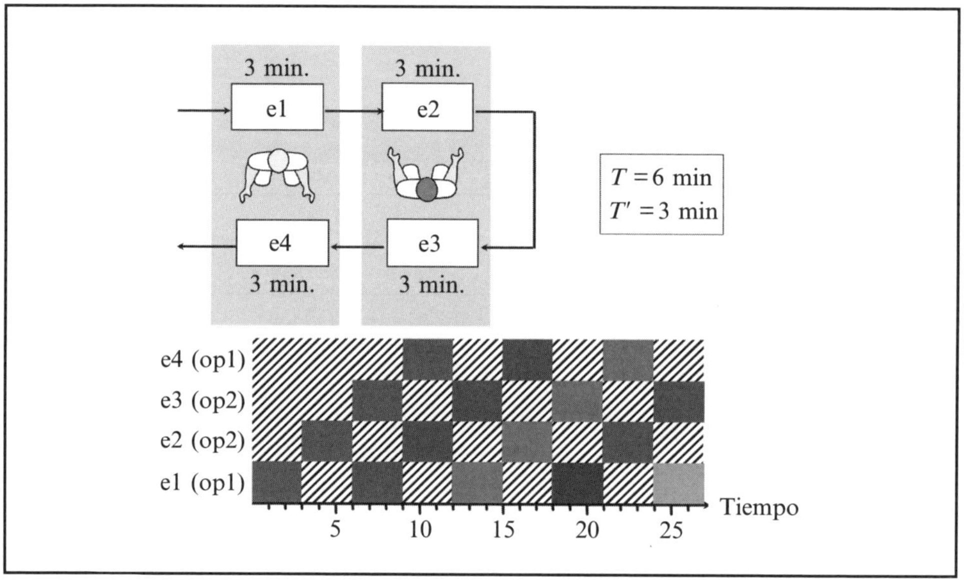

Figura 3.9. Equilibrado de células en U en el que el *takt time* es igual a $T/2$.

Equilibrado en U con duración de la tarea mayor que T'

También se debe analizar el problema de que una tarea tenga una duración mayor que T'. En el caso en que la duración de la tarea sea mayor que T' pero menor que el *takt time* T, la tarea formará parte de una estación independiente, como se observa en la figura 3.10. Podrán asignarse más tareas siempre que no superen el *takt time*.

En el caso de que la duración de la tarea sea, además, mayor que el *takt time,* será necesario colocar otra estación en paralelo (figura 3.11).

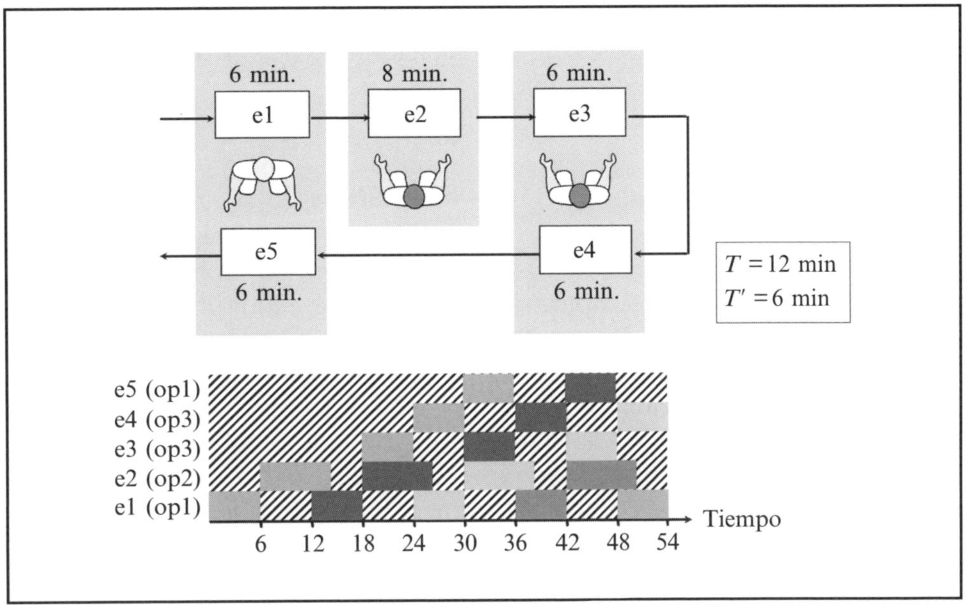

Figura 3.10. Equilibrado en U con duración de la tarea mayor que T'.

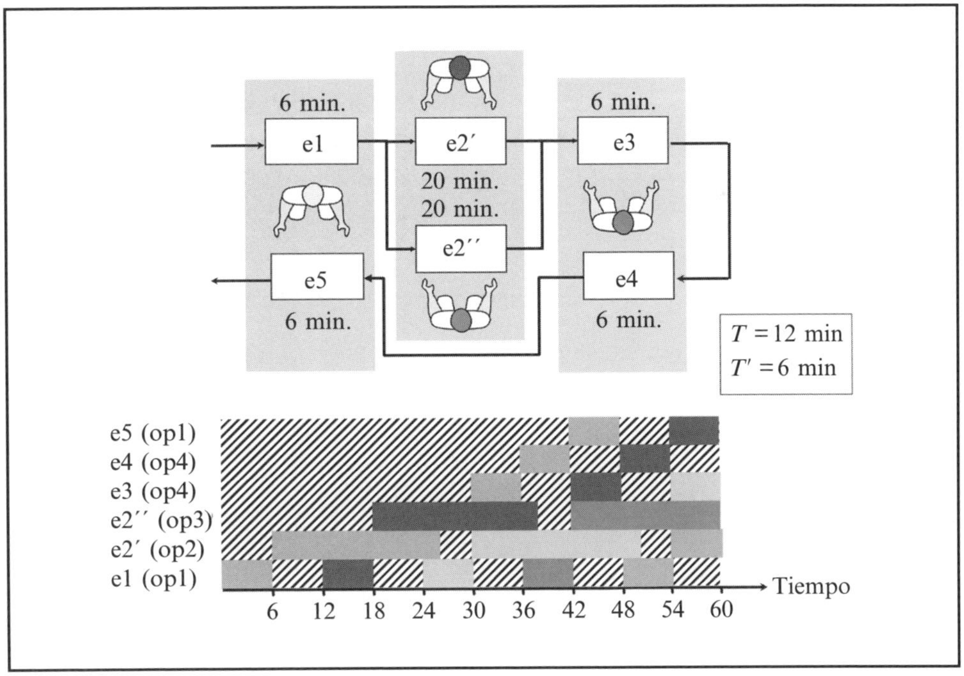

Figura 3.11. Equilibrado en U con duración de la tarea mayor que T.

En estos dos casos se pierde la flexibilidad de la línea, pero se mantienen otros beneficios, como la rotación de puestos de trabajo o un mejor aprovisionamiento de la línea.

Equilibrado con tareas automáticas

En algunas células de producción se incluyen procesos automáticos, en los que el operario no tiene que estar presente mientras se realizan (calentamiento o enfriamiento, mecanizado, pintura, tratamientos térmicos, etc.).

La tarea automática se asigna de la misma forma que las tareas de montaje; por tanto, la duración de esa tarea automática ocupa un tiempo en la célula, pero la operación no precisa del operario para su supervisión y, como consecuencia, el número de operarios asignados a la célula podría reducirse. En el diagrama de Gantt (figura 3.12) se distinguen las tareas automáticas dividiendo el gráfico de la subestación correspondiente por la mitad y marcando la holgura del operario en la parte superior.

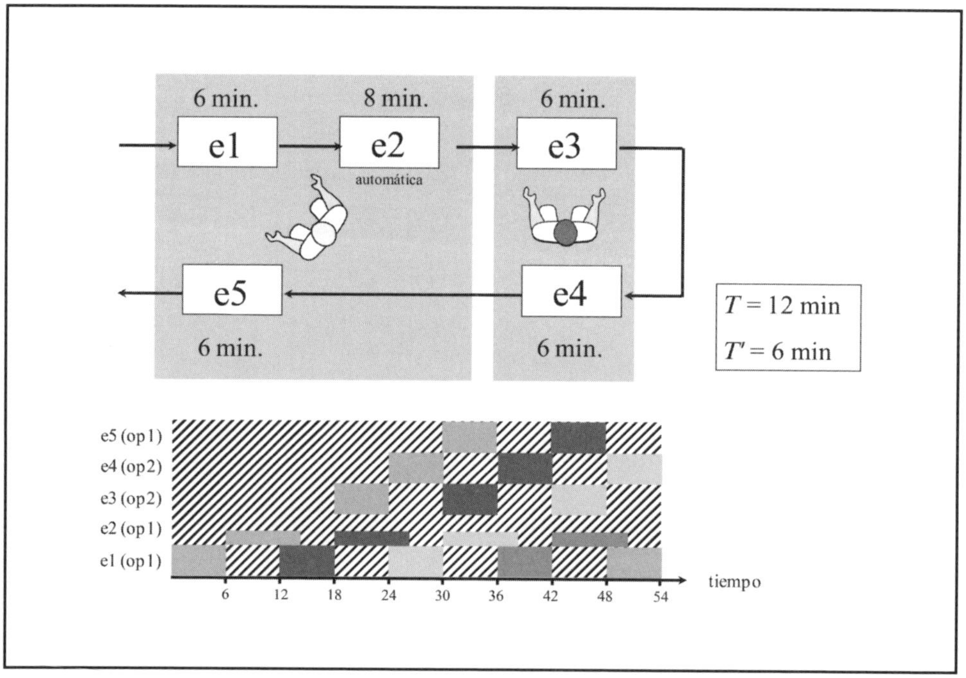

Figura 3.12. Equilibrado de tareas automáticas.

3.4.2. Tecnología de grupos

La formación de las minifábricas no siempre resulta sencilla. Por ejemplo, ¿qué productos se agrupan para crear una célula?, ¿cuántas células debe haber? Existen técnicas específicas, como las que se utilizan en la tecnología de grupos, que facilitan la formación de familias.

La tecnología de grupos es una herramienta empleada por ingeniería y producción para identificar y desarrollar productos similares y agruparlos en familias. Así se consiguen economías de escala, al fabricar familias de productos en lugar de productos independientes. Gracias a la tecnología de grupos muchas pequeñas empresas pueden competir con las grandes ofreciendo productos aparentemente únicos, pero con numerosos atributos comunes.

Algunas empresas de automóviles emplean la misma plataforma para fabricar distintos modelos de coches, en apariencia, completamente distintos. La empresa puede emplear el mismo eje de transmisión o la misma suspensión para vehículos que tienen distintos mercados objetivos. A pesar de que los vehículos parecen distintos y se emplean para distintos clientes, deben utilizar algunos componentes estándar. Este concepto se ilustra en la figura 3.13.

Incluso en algunos casos, se han producido alianzas entre empresas diferentes para fabricar nuevos modelos y así compartir los costes de desarrollo. En definitiva, se trata de reducir costes de diseño y fabricación.

La tecnología de grupos favorece la estandarización en los diseños. No sólo se emplean piezas estándar, sino que, en algunos casos, se sobredimensionan componentes para emplear el mismo elemento; por ejemplo, algunas motos emplean el mismo tornillo para distintos puntos críticos. Este tornillo está dimensionado según el punto más crítico, pero la empresa ahorra dinero al extender el uso del mismo tornillo porque el coste de inventario y el de compra se reducen.

Figura 3.13. Distintos tipos de vehículos pueden emplear una misma plataforma.

Formación de familias

Normalmente no puede formarse una célula de fabricación para cada producto, ya que las inversiones necesarias serían muy superiores a los beneficios que se conseguirían. Sin embargo, la agrupación en familias sí favorece esta inversión.

En algunos casos, la formación de estas familias puede llevar asociados pequeños cambios en el diseño de los productos que, siempre que no afecten a su funcionalidad, o a los requisitos del cliente, permiten que un producto sea fabricado en la misma célula que su familia.

Existen numerosas técnicas para formar familias de productos, desde la más básica, consistente en la clasificación visual directa, realizada por alguna persona experta, hasta complejos métodos matemáticos.

Ventajas de la tecnología de grupos

Los ahorros que se obtienen de la aplicación de la tecnología de grupos son numerosos, y algunos de ellos están incluso cuantificados: hasta un 50 por 100 de tiempo ahorrado en diseño, evitando la duplicidad de diseños; un 60 por 100 de tiempo en inventario en proceso, y un 70 por 100 en tiempo de preparación. Los beneficios en fabricación provienen de distintas fuentes:

- Reducción de utillajes necesarios.
- Reducción de costes de compra favorecida por el agrupamiento de pedidos de piezas similares.
- Simplificación en la programación de la producción, gracias a la reducción en el número de referencias y la formación de células autogestionadas.

Desventajas de la tecnología de grupos

Parecería que, vistas las numerosas ventajas que ofrece la tecnología de grupos, su aplicación debería estar extendida. Aunque es cierto que cada vez son más las empresas que aplican la tecnología de grupos, existen algunas desventajas que suponen barreras a la adopción de esta filosofía:

- La clasificación en familias consume tiempo y esfuerzo y no siempre conduce a soluciones rentables. Además, puede suponer importantes cambios en el diseño de productos.

— La familia se queda obsoleta de forma simultánea y debe renovarse completa, con el esfuerzo económico y de diseño que supone.
— Los productos de la familia pueden ser difíciles de diferenciar si se abusa del uso de partes comunes.

3.4.3. Estudio de tiempos

El estudio de tiempos se podría definir como la técnica que se emplea para determinar el tiempo estándar de una operación, es decir, aquel que invierte un *operario cualificado* en realizar una tarea, mediante un *método preestablecido,* trabajando a un *ritmo normal* durante una *jornada de trabajo.*

Los primeros pasos de la determinación del tiempo de una operación se remontan en la historia a Fredrick Taylor. Taylor empleaba el tiempo que invertía el trabajador más cualificado como estándar de trabajo. Su labor consistía en educar al resto de operarios para trabajar a ese ritmo.

Taylor recibió la oposición de los sindicatos, que llegaron a decir que sus métodos de trabajo habían matado a un operario. Esto no era cierto, pero, a raíz de ese incidente, Taylor decidió incluir dos tipos de *suplementos:* aquellos relativos a la fatiga del trabajador y los debidos a variaciones en la capacitación del operario.

Frank y Lillian Gilbreth ampliaron los conocimientos iniciados por Taylor. En su análisis dividían una operación en tareas y elegían al mejor operario en cada tarea, de forma que el tiempo estándar se obtenía sumando los tiempos óptimos de cada tarea. Años más tarde, Lowry, Hayrard y Stegemerten, en la compañía Westinghouse, definieron el concepto de operario normal, que es el que se emplea en la actualidad.

El estudio de tiempos conduce a la determinación de las *operaciones estándar* de la línea, que es considerada otra de las herramientas del *just in time* (JIT) (figura 3.14).

El establecimiento del tiempo estándar tiene otras utilidades importantes:

— Utilizar estándares para realizar la planificación de la producción.
— Proveer estándares para el sistema de incentivos, si éste se basa en la productividad.
— Comparar distintos métodos de trabajo.
— Optimizar el número de operarios necesarios.
— Conocer los costes de producción.

Existen cuatro métodos para determinar el tiempo estándar de una operación:

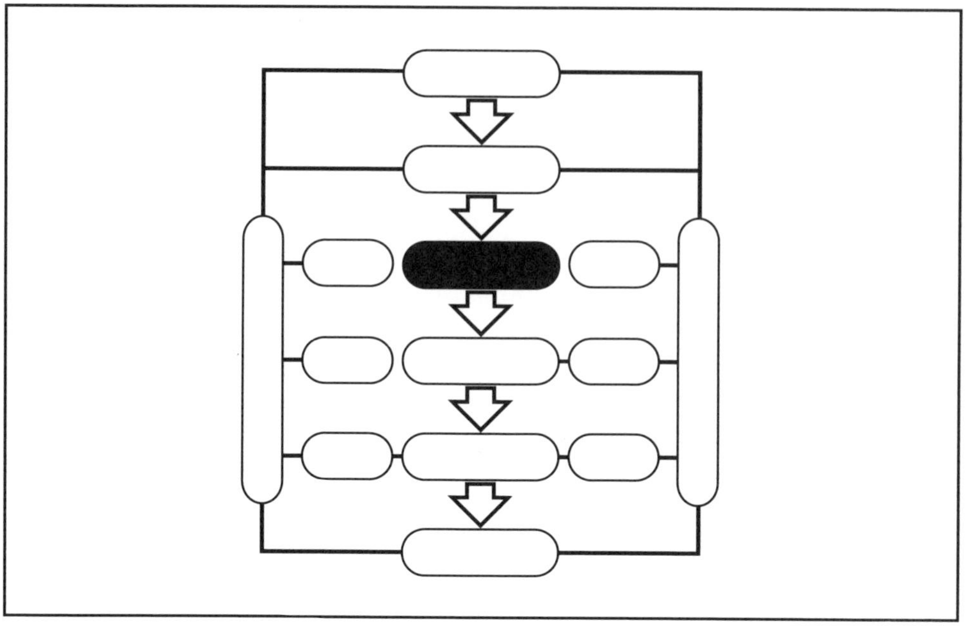

Figura 3.14. Localización de las *operaciones estándar* en el esquema del *just in time.*

— Estudio de tiempos con cronómetro o vídeo.
— Tiempos predeterminados.
— Tiempos normalizados.
— Muestreo de trabajo.

Las dos últimas técnicas no se estudiarán dado que las dos primeras son las más extendidas y conducen a soluciones aceptables.

Estudio de tiempos con cronómetro o vídeo

Esta técnica permite obtener el tiempo estándar de una operación mediante observación directa de la tarea. El registro del tiempo se lleva a cabo gracias al uso de un cronómetro (o una cámara de vídeo), como se ilustra en la figura 3.15.

Preparación del estudio

Antes de tomar los tiempos con el cronómetro, es necesario aclarar que se trata de determinar el tiempo estándar, no el que realmente está empleando el operario en la actualidad. Los trabajadores normalmente aceleran

Figura 3.15. El estudio de tiempos con cronómetro es similar al entrenamiento deportivo.

cuando están siendo observados. Por tanto, el tiempo obtenido debería ser aquel que el operario emplee sin saber que la tarea y los métodos están siendo analizados.

Una vez determinado este tiempo estándar, se podrá comparar con el que realmente se emplea para realizar la operación. El análisis de las desviaciones será fuente de futuras mejoras.

Antes de realizar el estudio, es preciso familiarizarse con la operación que se quiere analizar y la pieza que se procesa. Además, se recomienda disponer de un croquis del puesto de trabajo para indicar los movimientos del operario mientras está siendo observado.

También es importante determinar cuál va a ser el ciclo de trabajo que se va a estudiar. Por ejemplo, el ciclo puede establecerse desde el comienzo de la inspección de una pieza hasta el comienzo de la inspección de la pieza siguiente.

El estudio de tiempos no supone sólo responder al problema técnico de medir el tiempo requerido por una persona en llevar a cabo una operación, porque el comportamiento humano interviene en este proceso y el operario puede acelerar o frenar. Entender y analizar al operario es un requisito básico para el éxito del estudio. Según algunos expertos, los conocimientos técnicos son sólo el 25 por 100 de las cualidades que debe tener el analista de tiempos. El analista debe ser diplomático en las preguntas, e informar antes de lo que se va a hacer al operario. Es vital convencerle de la importancia de su cooperación, así como solicitar sugerencias por su parte. Por supuesto, ni criticar ni corregir mientras se realiza el estudio, ya que las conclusiones precipitadas casi siempre son erróneas.

Toma de datos

Los cronómetros con los que se realiza la medición pueden ser especiales, aunque lo más frecuente es emplear un cronómetro tradicional. Existen cronómetros (llamados de minuto decimal) con un ciclo de un 1 minuto y divisiones de 1/100. Así, sumando las centésimas cronometradas, se obtiene el resultado en minutos.

La operación a cronometrar debe descomponerse en elementos de trabajo, es decir, en movimientos básicos que faciliten su medición. Se tiene que fijar el comienzo y el final de cada elemento. Durante el estudio, hay que distinguir las siguientes categorías de elementos:

— *Elementos repetitivos y causales (no repetitivos).* Si, por ejemplo, se engrasa la máquina cada 100 piezas, se debe considerar el engrase como un elemento causal y ha de separarse del tiempo de ciclo.
— *Elementos constantes y variables.* En los elementos variables (actividades cuya duración depende de una tarea concreta) el tiempo de ejecución depende de una característica del producto (por ejemplo, el peso) o del equipo. De esta forma se evita la toma innecesaria de tiempos.
— *Identificar elementos accidentales.* Estos elementos no forman parte del estudio (por ejemplo, la caída de una herramienta) y no deben incluirse en el tiempo estándar.
— *Separar los elementos de la máquina y del operario.* Identificar y separar las dependencias entre los recursos es importante; por ejemplo, si el operario debe esperar a que la máquina termine su ciclo antes de retirar la pieza. El trabajador no debería ser penalizado cuando el otro recurso está ocupado.
— *Separar movimientos innecesarios y esenciales.* La falta de experiencia hace que el operario realice más movimiento innecesarios.
— *Identificar movimientos simultáneos.* Se debe considerar, como tiempo de la actividad conjunta, el de mayor duración de las simultáneas.

Técnicas para la toma de datos

Existen dos técnicas para la toma de datos:

— *Mediciones individuales.* Se detiene el cronómetro y se inicializa al final de cada tarea. En ocasiones no es posible registrar todas las actividades de cada ciclo, por la necesidad de poner a cero el cronómetro.

— *Cronometraje continuo.* No se detiene el cronómetro hasta el final del estudio. El analista registra el tiempo de cada tarea, pero el tiempo se presenta de forma acumulativa. Después del estudio, la duración de las tareas elementales se obtiene restando los tiempos acumulados de las tareas consecutivas. Este procedimiento resulta, en la práctica, mejor que el anterior, sobre todo si se emplea el vídeo.

Determinación del número de ciclos de lectura

En cualquier estudio de tiempos existen variaciones entre los tiempos necesarios para llevar a cabo una misma actividad. El número de muestras que deben tomarse para considerar correcto el estudio depende de la duración de los elementos y de la exactitud deseada. Existen numerosas formas de determinar el tamaño de la muestra n, y la mayoría de ellas dependen de los datos obtenidos en una primera etapa de estudio.

$$n = \left(40 \cdot \frac{\sqrt{n'\sum x^2 - (\sum x)^2}}{\sum x}\right)^2$$

En esta fórmula, n' es el tamaño de la muestra preliminar (en un primer momento suelen hacerse diez lecturas), y x, el valor de las observaciones. Esta expresión considera el estudio de tiempos como una muestra estadística. Las lecturas requeridas son la diferencia entre los valores de n y el número de medidas realizadas antes de aplicar la fórmula n'.

Si el número de lecturas necesarias es muy elevado, eso significa que la dispersión de los datos iniciales es muy alta, lo que indica ausencia de método estándar de trabajo. Por tanto, se debe fijar un método común de trabajo antes de seguir con el estudio.

Determinación del tiempo estándar

Una vez registrados los tiempos de n ciclos, se puede proceder a determinar el tiempo estándar. Existe un procedimiento establecido que facilita esta tarea.

En primer lugar deben eliminarse las mediciones no características, es decir, las mediciones debidas a accidentes, despistes, etc. Las demás pueden considerarse representativas. Calculando la media de estas observaciones, se obtiene un primer tiempo de la tarea, denominado *tiempo observado* (*TO*), pero que debe corregirse teniendo en cuenta dos factores:

— La velocidad con la que trabajaba el operario al hacer la medición.
— La imposibilidad de mantener el mismo ritmo durante toda la jornada.

Tiempo normal (TN)

Se entiende por *ritmo normal* aquel que puede alcanzar y mantener un operario medio durante un día teórico de trabajo sin fatiga adicional (figura 3.16).

Las empresas suelen exigir un ritmo de trabajo, superior al normal, denominado **ritmo tipo o actividad,** empleando tres escalas de tiempo (tabla 3.2).

Son numerosos los factores que hay que tener en cuenta al calcular el tiempo normal; algunos de ellos no dependen del operario, como la variedad en la calidad del material, el desgaste de la herramienta, etc. Sin embargo, otros factores son exclusivos del operario y de su ritmo de trabajo.

La actitud del trabajador respecto a la organización o su pericia profesional determinan el ritmo de trabajo del operario. El medidor debe fijar un valor subjetivo del ritmo de trabajo observado. Esta corrección se denomina *factor de actividad A.*

$$TN = \frac{Ritmo\ observado}{Ritmo\ tipo\ o\ actividad} TO = A \cdot TO$$

Figura 3.16. El ritmo normal no considera la fatiga del trabajador.

TABLA 3.2
Escalas de actividad más frecuentes

Ritmo normal	Ritmo tipo o actividad
100	133
60	80
75	100

Suplementos (S)

Los *suplementos* por necesidades personales (descansos y recuperación por tareas agotadoras) suponen entre un 5 por 100 y un 7 por 100 del *TN*; los *suplementos* por fatiga básica (levantar peso, condiciones ambientales) suelen ser de un 4 por 100 (figura 3.17).

También existen *suplementos* debidos a imprevistos o a características propias del proceso (si el proceso en sí produce inactividades). Todos estos *suplementos* incrementan el *TN* y dan lugar al *tiempo estándar* (*TS*).

Debido a la complejidad de determinar el valor de todos los *suplementos* indicados, se suele considerar un factor fijo (*S*), que oscila entre el 13 por 100 y el 15 por 100.

$$TS = S \cdot TN.$$

Figura 3.17. Necesidades personales.

Como resultado del estudio de tiempos, se define el *tiempo estándar* como el tiempo necesitado por un operario, totalmente entrenado, para realizar la operación empleando un método establecido y trabajando a un ritmo normal durante un día de trabajo real.

Tiempos predeterminados

En ocasiones el analista tiene que determinar el tiempo estándar de una operación que no existe, por ejemplo, porque se está diseñando un nuevo proceso. En este caso, el cronómetro no puede emplearse. Si se pudieran descomponer las posibles operaciones en un número limitado de tareas elementales, y si se conociera la duración de estas tareas, sería posible determinar el tiempo estándar de una operación de forma sencilla.

Todo en la vida tiene limitaciones, y los movimientos del operario no son una excepción. Como una buena analogía, el alfabeto español consta de 27 letras, y cualquier libro se puede descomponer en esas 27 letras. De forma similar, existe un número limitado de movimientos básicos de la persona (figura 3.18). Del análisis de estos movimientos se ocupan los sistemas de tiempos predeterminados.

Estos sistemas de tiempos predeterminados tienen la ventaja de conducir a tiempos más coherentes. Sin embargo, son difíciles de implementar y comprender, y el uso de las tablas que se emplean en estos métodos es complejo. Además, otra importante desventaja que tiene que tenerse en cuenta es que, en la mayoría de los casos, no eliminan la necesidad de emplear el

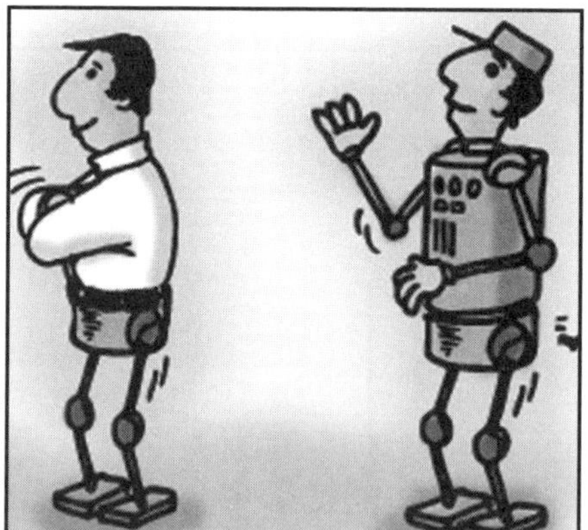

Figura 3.18. Los tiempos predeterminados consideran los movimientos elementales humanos.

cronómetro porque los tiempos de máquina y los de espera no se encuentran en las tablas.

Sistema MTM (Method-Time Measurement)

El sistema MTM *(Method-Time Measurement)* es uno de lo sistemas de tiempos sintéticos más extendidos. Este método comprende movimientos genéricos de una persona: soltar, alcanzar, mover, guiar, aplicar presión, coger, posicionar, desmontar y el movimiento de manivela.

Además se incluyen otros tres movimientos: dos movimientos de la mirada (recorrido y enfoque) y el movimiento de marcha. Por último, se consideran 13 movimientos del cuerpo. Todos los movimientos se encuentran tabulados.

También están tabulados los movimientos combinados que se producen cuando dos o más movimientos se ejecutan con el mismo miembro de forma simultánea. Lo mismo puede decirse de los movimientos simultáneos realizados por miembros distintos. El sistema MTM incluye una tabla que recoge la dificultad de las diferentes combinaciones de los movimientos básicos. Las unidades de tiempo que emplea el MTM son las TMU *(Time Measurement Unit)*. 1 TMU = 1/100.000 horas = 0,036 segundos.

Sistema MTM simplificado (MTM-2)

El directorio MTM internacional ha desarrollado un método denominado MTM-2. Este método conduce a soluciones aproximadas, con un error de sólo un 5 por 100, resultando más eficaz que el MTM tradicional.

3.4.4. Producción nivelada

Al principio del capítulo se presentaron algunos de los prerrequisitos que conducen a la transformación de la planta de producción en células. Uno de estos prerrequisitos tiene lugar en el plano operativo de la empresa y es la producción nivelada. La fabricación en células exige un conjunto distinto de herramientas para llevar a cabo los procesos de planificación y secuenciación de la producción.

En la filosofía *just in time* aparece una herramienta de planificación denominada producción nivelada que se incluye en los esquemas del JIT y de las veinte claves para mejorar (clave número 16) (figura 3.19).

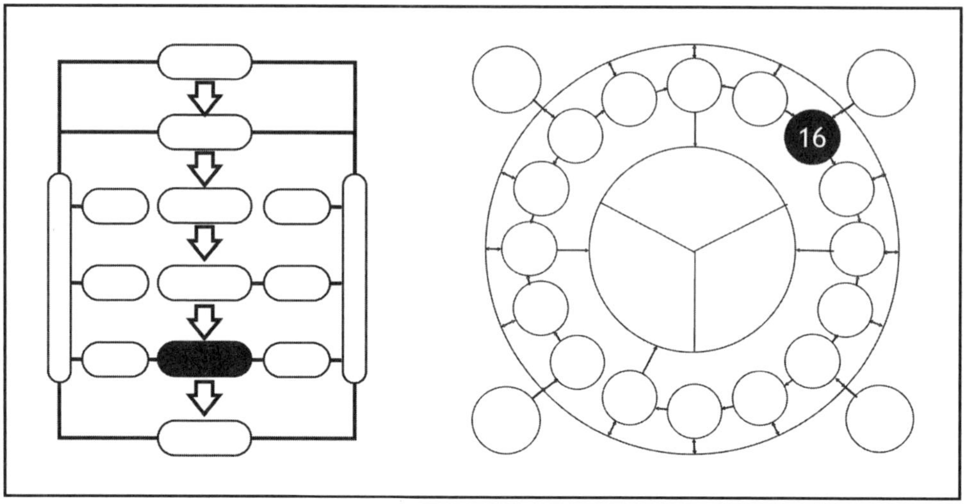

Figura 3.19. Localización de la *producción nivelada* en los esquemas del JIT y de las veinte claves.

Para explicar el concepto de la producción nivelada, Tomo Sugiyama recurre a un ejemplo militar, la batalla de Nagashino. En la batalla de Nagashino se enfrentaban Nobunaga y Takeda. Nobunaga dirigía un millar de soldados con mosquetes (arma novedosa en la época). Takeda comandaba un ejército de caballería tradicional. Takeda esperaba poder atacar a Nobunaga durante el tiempo de carga de los mosquetes (figura 3.20). Sin embargo, no fue capaz de hacerlo, y perdió la batalla. ¿Por qué?

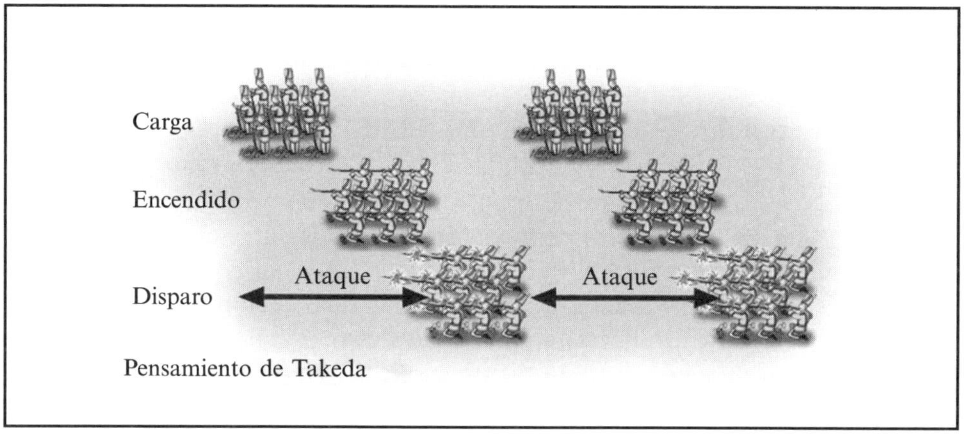

Figura 3.20. Durante la carga de los mosquetes, los soldados estarían indefensos.

La victoria de Nobugana se debió a la estrategia que siguió. Dividió a su ejército en tres partes, de forma que siempre había parte de los mosqueteros disparando. Así siempre había un tercio de la tropa dispuesto a disparar (figura 3.21). De esta forma, Takeda no encontró el momento para atacar.

La estrategia de Nobugana puede aplicarse a las empresas de producción. En los sistemas de producción en masa, es posible determinar el *takt time,* como se ha explicado antes en este capítulo. En algunas fábricas, cada producto se fabrica en una línea independiente (figura 3.22). Por tanto, la planificación de la producción no depende exclusivamente de la nivelación de la producción, sino también del cumplimiento de las fechas de entrega de los clientes.

En la producción celular, distintos productos comparten la misma célula y su planificación.

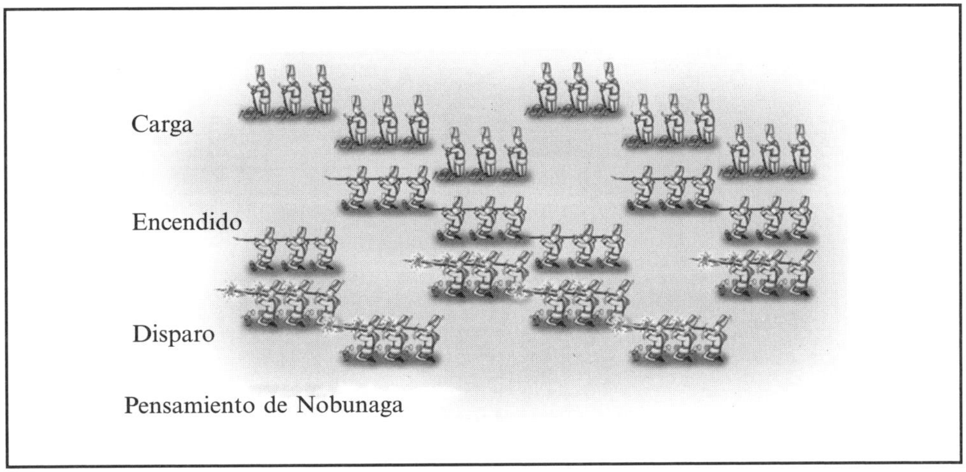

Figura 3.21. Estrategia de Nobugana: un tercio de los soldados disparando constantemente.

Figura 3.22. En la producción en masa, la planificación depende de los requisitos del cliente.

La situación de partida de la mayoría de las empresas es que realizan una planificación mensual, para satisfacer toda la demanda (figura 3.23). Como consecuencia, se fabrica y almacena una importante cantidad de inventario.

Si la planificación se realizara cada día en lugar de mensualmente (figura 3.24), la cantidad de inventario generado sería veinte veces menor (suponiendo veinte días de trabajo).

La producción nivelada, según la estrategia de Nobugana, conduce a estar «continuamente disparando» productos distintos. Esta herramienta fuerza a la empresa a cambiar las estrategias de planificación. La producción nivelada calcula el *takt time* para cada producto, como muestra la figura 3.25.

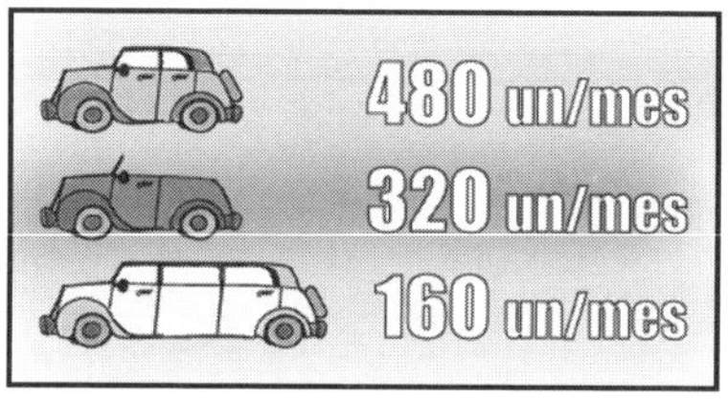

Figura 3.23. La estrategia de planificación mensual conduce a altos niveles de inventario.

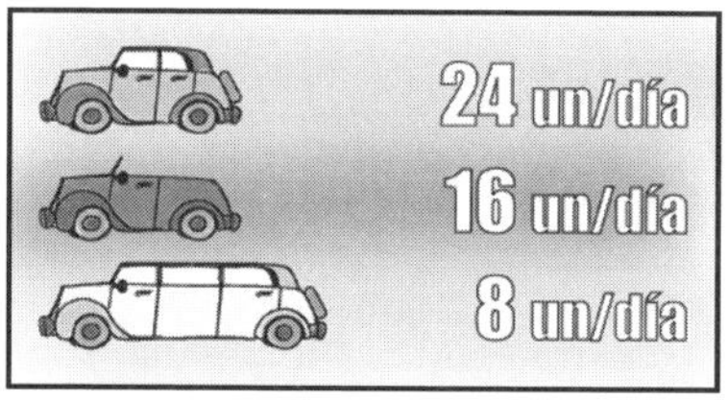

Figura 3.24. Una estrategia de planificación diaria reduce el inventario.

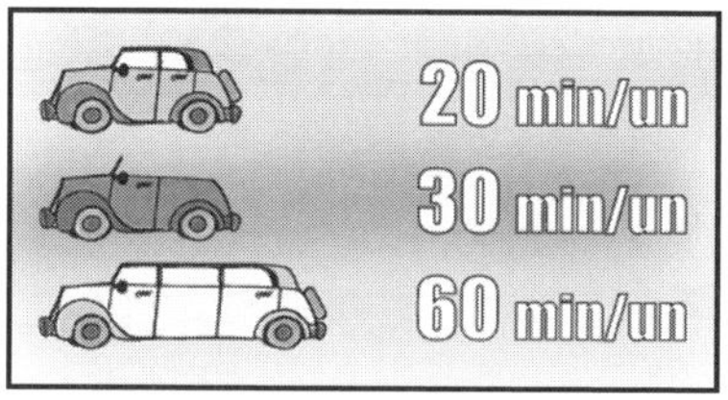

Figura 3.25. *Takt time* de cada producto de la familia fabricada en la célula.

Sin embargo, el desarrollo de secuencias de fabricación factibles que satisfagan la demanda es muy complejo. En el ejemplo anterior, se puede obtener una secuencia (figura 3.26) que, repetida diez veces, satisface la demanda presentada en la figura 3.23.

Generalmente, sin recurrir a métodos matemáticos, la obtención de secuencias factibles (u óptimas) cuando se fabrican distintos productos es muy difícil. Para lograr este objetivo, la producción en la fábrica debe estar nivelada, de forma que las operaciones se sincronicen para favorecer un flujo continuo de una pieza. Obviamente, si la célula no se ha implementado eficientemente, la producción nivelada no es posible.

La mayoría de las piezas y componentes de un sistema de producción no se fabrican en la planta, por lo que la nivelación en la producción obliga a los proveedores a nivelar su propia producción. De lo contrario, deben almacenar gran cantidad de productos terminados en su propia planta para satisfacer la demanda.

Esta estrategia de fabricación de las empresas de montaje ha supuesto uno de los mayores rechazos en la implantación de la filosofía JIT. Algunas compañías suministradoras han implementado sistemas de inventario que hacen que sus inventarios se encuentren en la planta de montaje. El inventario pertenece al proveedor hasta que se emplea en un producto final.

Conseguir la nivelación de la producción completa es muy difícil, y la razón de emplear lotes de fabricación grandes no es casual. Se debe a que los costes de cambio son elevados, ocasionado por tiempos de cambio altos.

Nuevamente, los prerrequisitos y condiciones para que la producción nivelada pueda llevarse a la práctica en una empresa son numerosos:

— Producción repetitiva.
— Exceso de capacidad en los recursos productivos.
— Producción fijada para un horizonte aproximado de un mes.
— Coste de posesión en inventario alto.
— Coste de equipos bajo.

Figura 3.26. Esta secuencia cumple con la demanda presentada en el ejemplo.

— Operarios polivalentes.
— Tiempos de preparación pequeños.

3.4.5. Operarios polivalentes

Hasta los años sesenta, lo habitual era que cada máquina fuera atendida por un operario. La especialización de los operarios en tareas era la principal fuente de productividad en la empresa.

Las necesidades del mercado han cambiado desde una vida de productos larga y estable hacia un cambio constante de éstos. Ahora, el mercado exige que el operario domine más de un proceso. Incluso, como se verá más adelante, se exige que sea capaz de realizar operaciones que hasta hoy en día abordaban otros departamentos de la empresa, como calidad y mantenimiento. La polivalencia de los operarios se ha convertido en un requisito en las fábricas actuales (figura 3.27).

La polivalencia de los operarios es una herramienta importante contemplada tanto en el *just in time* como en las veinte claves para mejorar (clave número 15) (figura 3.28).

Para conseguir operarios polivalentes se puede recurrir a la rotación de tareas, que tiene numerosas ventajas: disminuye los accidentes, mejora las relaciones entre el personal y facilita la transmisión del conocimiento.

La rotación de puestos ayuda a descubrir a los operarios expertos en determinadas tareas. Estos operarios podrían encargarse de enseñar, a los demás operarios menos entrenados, el manejo de la máquina.

Los planes de formación deben crear un ambiente confortable de aprendizaje y promover el autoaprendizaje de los operarios. Sería conveniente estudiar la posibilidad de primar el interés del personal por aprender el manejo de otras máquinas y, sobre todo, por enseñar su funcionamiento (figura 3.29).

Figura 3.27. Trabajadores especializados versus trabajadores polivalentes.

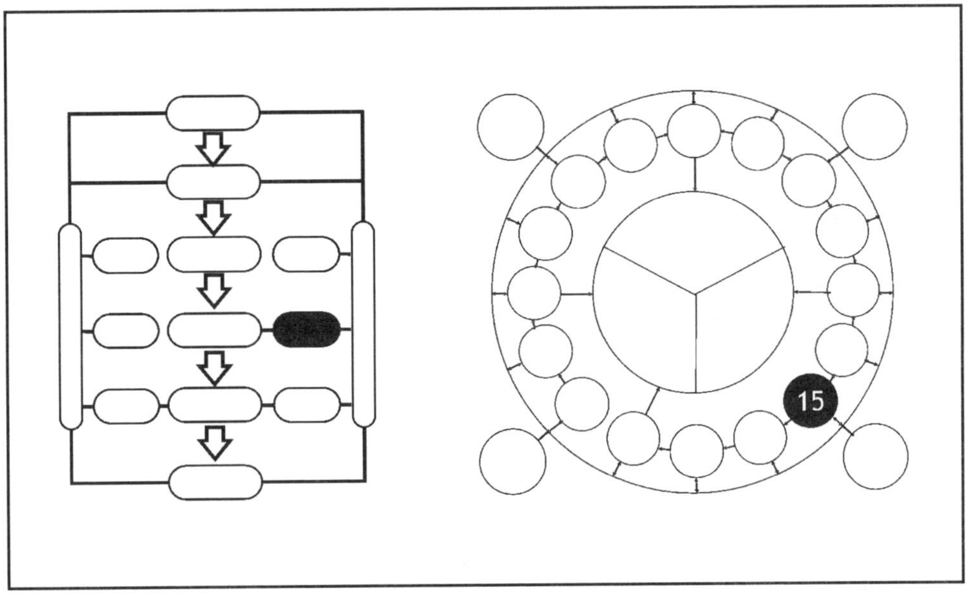

Figura 3.28. Localización de los *operarios polivalentes* en los esquemas del JIT y de las veinte claves.

Figura 3.29. Los programas de formación son básicos para generar operarios polivalentes.

El tiempo y el esfuerzo invertidos en la formación en puestos de trabajo diferentes de los acostumbrados suponen siempre una reducción en la capacidad de producción de la empresa, pero la meta que persiguen tiene un efecto positivo a largo plazo en la capacidad de producción.

3.4.6. Optimización de la fuerza laboral

La optimización de la fuerza laboral es una herramienta que forma parte del *just in time.* Su objetivo es definir cuántas personas son necesarias para hacer lo que hay que hacer, es decir, su objetivo es producir con el número mínimo de operarios (figura 3.30).

Uno de los principios de optimización es no asignar un número fijo de trabajadores a una línea (figura 3.31). Gracias a la polivalencia de los trabajadores, es posible emplear de la mejor forma posible la plantilla disponible.

Por ejemplo, si se supone una célula con cinco estaciones y los repartos de cargas de tareas de la figura 3.32, se pueden redistribuir las tareas de forma que se elimina la necesidad de una estación. Una vez logrado este primer objetivo de la optimización de la fuerza laboral, es el momento de reducir las horas hombre mediante un mejor reparto de tareas.

Después de redistribuir las tareas, es importante mejorar para eliminar un segundo puesto y no repartir la carga entre las cuatro estaciones obtenido (figura 3.33).

Puede reducirse el tiempo necesario para realizar una tarea eliminando despilfarros y operaciones que no añaden valor al producto (figura 3.34). Así, se podría reducir la necesidad del cuarto operario en la célula. Para eliminar los despilfarros, se deberían emplear herramientas de mejora de métodos, que se analizarán en el capítulo 5.

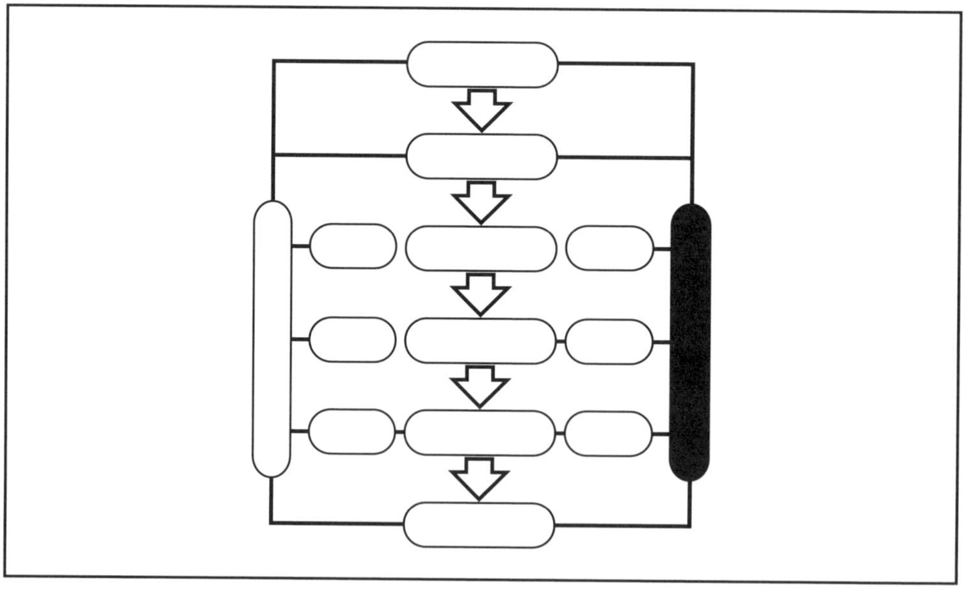

Figura 3.30. Localización de *optimización de fuerza laboral* en el esquema del JIT.

Figura 3.31. Asignación fija de trabajadores.

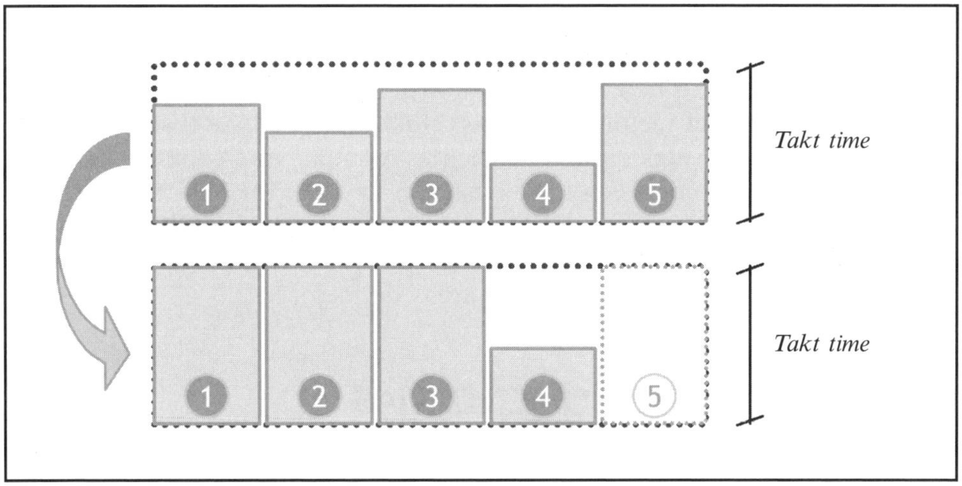

Figura 3.32. Redistribución de tareas en una célula.

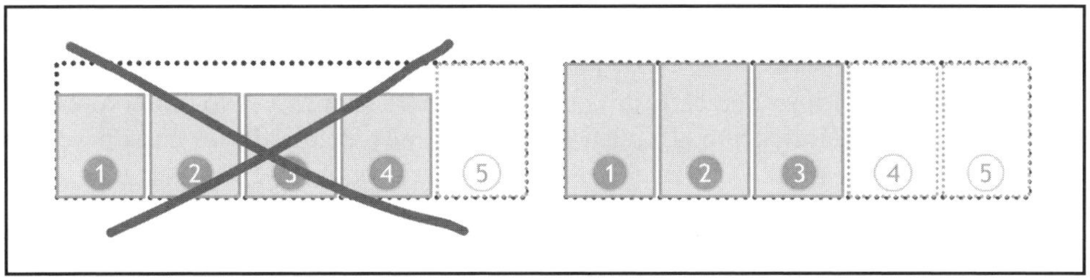

Figura 3.33. La optimización de la fuerza laboral trata de eliminar otra estación de trabajo.

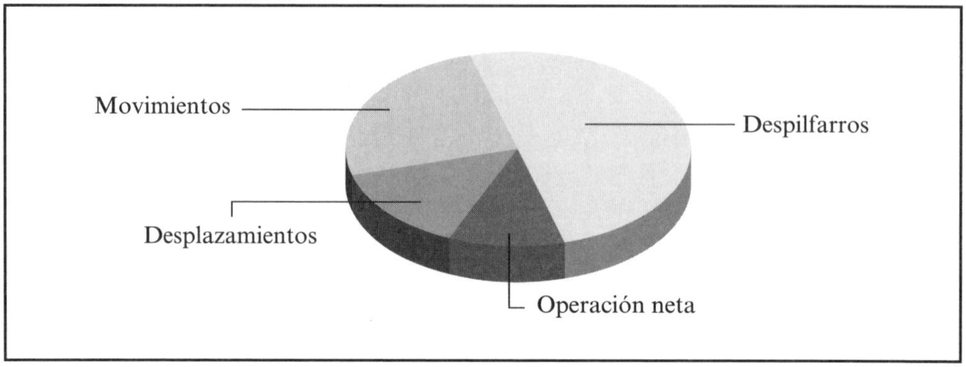

Figura 3.34. Despilfarros y operaciones que no añaden valor al producto.

3.5. RESUMEN

En este capítulo se han desarrollado la metodología y los requisitos para el diseño de células de fabricación. Se ha presentado la distribución en U como el mejor diseño de célula, aunque este diseño requiere de operarios polivalentes para ser eficiente. Además, este capítulo ha presentado algunas metodologías, como el estudio de tiempos o la tecnología de grupos, que deben ser utilizadas para el diseño de células. Sin embargo, el uso de estas metodologías no está limitado al diseño de células de fabricación; pueden usarse también en otras áreas de mejora.

3.6. LECTURAS RECOMENDADAS

José Manuel Arenas (2000): *Control de tiempos y productividad.* Madrid: Paraninfo.

Manual de cómo debe hacerse una medición de tiempos. Muy conciso y con ejemplos. Recomendable para todos aquellos proyectos de tiempos estándar.

Luis Cuatrecasas (1996): *Diseño de procesos de producción flexible.* Madrid: Productivity.

Libro dedicado a la distribución en planta y a los diferentes tipos de células de fabricación. Explica de manera muy detallada un caso práctico.

Benjamin W. Niebel (1990): *Ingeniería industrial. Métodos, tiempos y movimientos.* México: Ra-ma y Alfaomega.

Completo manual dedicado al estudio de tiempos. Aunque este libro corresponde a la tercera edición, ya son doce las publicadas, las últimas en McGraw-Hill en colaboración con Andris Freivalds.

4 Eficiencia del equipo. Tasa de calidad y *poka-yoke*

Shigeo Shingo desarrolló una teoría para mejorar las tareas de inspección con el fin de garantizar la calidad del cien por cien de los productos fabricados, guiando el proceso hasta obtener el cero defectos. Este capítulo explicará el proceso de inspección basado en dispositivos a prueba de errores inadvertidos (denominados *poka-yoke*). Este tipo de estrategia de inspección es complementaria al control estadístico del proceso (SPC) y se emplea fundamentalmente para inspeccionar características lógicas del producto.

Los dispositivos *poka-yoke* son herramientas visuales que deben emplearse junto con la inspección en la fuente (concepto también creado por Shingo) para ser realmente efectivos. La inspección en la fuente también se presenta en este capítulo.

4.1. *POKA-YOKES*

La eliminación de los defectos empleando dispositivos *poka-yoke* es parte tanto del *just in time* como de las veinte claves (clave número 11), como se muestra en la figura 4.1. Además, los dispositivos *poka-yoke* mejoran el indicador de calidad, que forma parte del indicador de eficiencia global del equipo (figura 4.2).

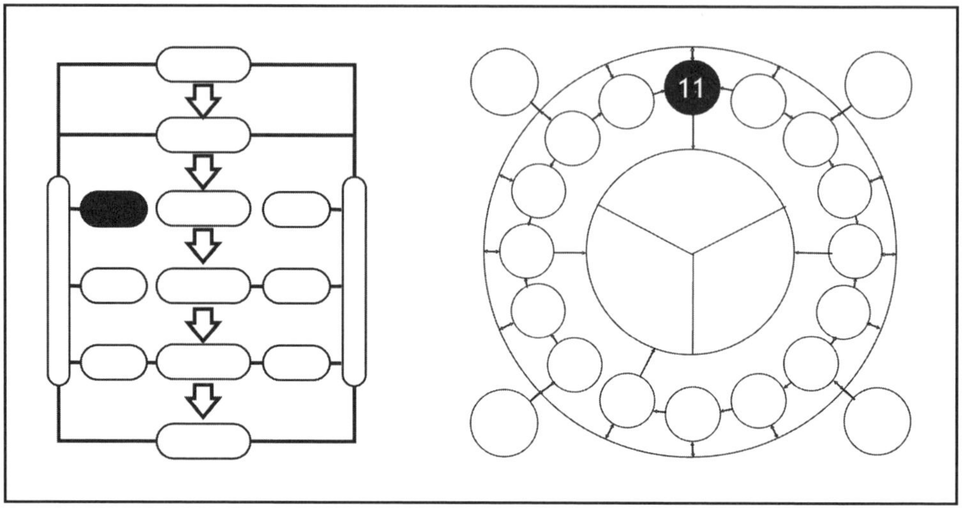

Figura 4.1. Localización de los *poka-yokes* en los esquemas del JIT y de las veinte claves.

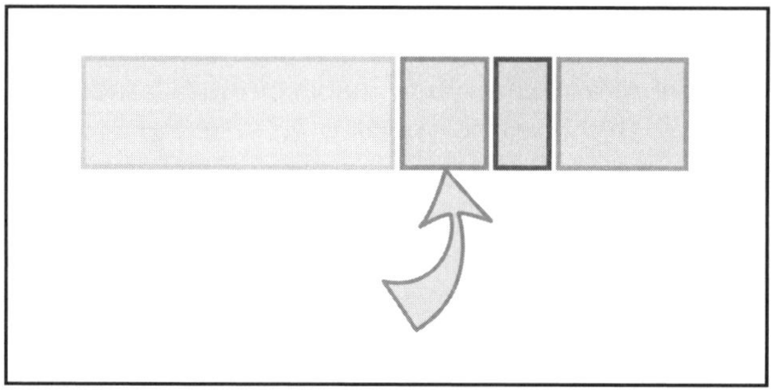

Figura 4.2. El uso de *poka-yokes* mejora el indicador de calidad.

4.2. BASES TEÓRICAS

4.2.1. Inspecciones y control estadístico de calidad (SQC)

Cualquier proceso de producción generará productos defectuosos. El objetivo de todos los sistemas de control de calidad es reducir el número de defectos producidos. Los defectos pueden ser de dos tipos: *defectos aislados* (una grieta aparecida en un producto) o *defectos en serie* (defectos repetitivos).

Con el fin de evitar que los productos con defectos sean enviados al cliente, se llevan a cabo inspecciones de calidad. Estas inspecciones pueden clasificarse según distintos criterios:

- Completas (cien por cien de los productos) o parciales (extrapolando los resultados de una muestra).
- Estadísticas (basada en teoría estadística) o no estadísticas.
- Cuantitativas (número de elementos) o cualitativas (aspecto del producto).
- Basadas en medidas (valores numéricos) o basadas en juicio (sin medida).
- Físicas (mediante el uso de dispositivos como calibres o contadores) o sensoriales (realizadas a través de los sentidos humanos).
- Subjetivas (realizadas por la persona que ejecuta el proceso) u objetivas (por otra persona).
- Internas (realizadas dentro del proceso) o externas (como proceso independiente).

En cualquiera de los casos descritos, la inspección debe ser capaz de descubrir los defectos y producir una retroacción que permita eliminar los errores que dan lugar a esos defectos; de lo contrario, las operaciones de inspección se transformarán en despilfarros.

Hace unos años, se pensaba que la única forma de asegurar la calidad de todos los productos fabricados consistía en inspeccionar el cien por cien de las piezas (figura 4.3). Sin embargo, este procedimiento, aparte de consumir mucho tiempo, no resultaba fiable. En un experimento se añadieron cien piezas defectuosas a un lote «perfecto». En la primera inspección se descubrieron sólo 68, y, después de tres vueltas, se encontraron otras 30. Las dos últimas unidades defectuosas nunca aparecieron, lo que prueba que la inspección cien por cien no resulta tan eficiente como parece.

Figura 4.3. ¿Es posible asegurar la calidad de un lote inspeccionando el cien por cien de los productos?

Para evitar este tipo de problemas se podría, por ejemplo, duplicar las inspecciones (figura 4.4), de forma que los posibles errores cometidos por el primer operario se localizarían en la siguiente etapa. Desafortunadamente los defectos seguirán apareciendo a pesar de la duplicación. ¿Cuántas etapas de control serían necesarias para garantizar el cien por cien de las piezas?

Figura 4.4. ¿Pueden dos inspectores asegurar la calidad del cien por cien de los productos?

Es evidente que por esta vía no se consigue evitar los defectos de una forma eficiente. Por este motivo, surgieron técnicas estadísticas de control de calidad (SQC, *Statistical Quality Control*), que evaluaban una muestra de productos y, basándose en el número de defectos, se decidía si todo el lote era aceptado o rechazado. Como consecuencia, se aceptaba un porcentaje de piezas defectuosas, pero en cantidades muy pequeñas (hoy en día alrededor de seis partes por millón o menos).

En la actualidad, contar con un nivel alto de defectuosos puede ser perjudicial para la empresa, y es muy importante detectarlos y eliminarlos todos antes de que lleguen al mercado. Para el cliente final, aunque la pieza que ha comprado sea la única defectuosa de un lote de un millón de piezas, el nivel de defectuosos de la empresa será del cien por cien.

Es importante citar que Shingo, en su libro, emplea el término SQC, término que actualmente está en desuso porque el control de calidad en el proceso, llamado SPC *(Statistical Process Control),* ha sustituido al SQC.

4.2.2. Del SQC al cero defectos

Shingo, basándose en el SQC, propuso nuevas formas de realizar las inspecciones. Las técnicas SQC se basan en dos principios: **evaluar** (muestreos estadísticos) e **informar** (retroalimentación hasta el proceso que generó los errores).

La implantación del SQC en las empresas tiene dos grandes problemas. Por un lado no garantiza la calidad de todos los productos (no se inspecciona el cien por cien), y la retroacción y acción correctiva posterior son lentas e incluso, en muchos casos, inexistentes. Por tanto, la evaluación, basada en los gráficos de control, no reduce la tasa de defectos en la fábrica, sólo los detecta.

Shingo propone dos medidas para evitar estos problemas.

— Inspeccionar el cien por cien de productos mediante dispositivos *poka-yoke.*
— Acelerar la retroacción a través del *autochequeo,* en el que los operarios de producción chequean sus piezas, o los *chequeos sucesivos.*

Poka-yoke

El concepto *poka-yoke* fue creado por Shingo. En un primer momento, los llamó «a prueba de tontos» *(fool-proofing),* pero se cambió por *poka-yoke,* que significa «a prueba de errores inadvertidos». Las claves para considerar un elemento de inspección como *poka-yoke* son que sea **ingenioso, simple y barato**.

En la vida cotidiana se pueden encontrar numerosos sistemas *poka-yoke.* Estos dispositivos se emplean para evitar que se produzca un error, como por ejemplo la protección contra escritura de los disquetes o la diferencia de diámetro de los antiguos surtidores de gasolina con o sin plomo que indican a los clientes la bomba adecuada para evitar llenar el coche con gasolina incorrecta (figura 4.5).

Figura 4.5. La diferencia en el diámetro de los surtidores de gasolina se puede considerar *poka-yoke*.

En la empresa también se pueden desarrollar multitud de sistemas *poka-yoke* que evitan que se produzcan errores. Unos de los más extendidos son los alimentadores automáticos de piezas, que garantizan que el cien por cien de las piezas están colocadas correctamente. Además, si fuera necesario ocupar a una persona en este puesto de trabajo, sería muy fatigoso.

La figura 4.6 muestra un ejemplo típico de *poka-yoke* en el que cada pieza (dependiendo de la altura o anchura) se separa en cajas distintas. Las piezas más altas caen en la primera caja, y las más cortas continúan hasta el final de la cinta transportadora. Los dispositivos *poka-yoke* también se emplean para transformar las inspecciones basadas en juicio con dispositivos sencillos denominados «pasa no-pasa».

Figura 4.6. Ejemplo de *poka-yoke*.

Autochequeo y chequeos sucesivos

No siempre es posible diseñar un *poka-yoke* que realice el cien por cien de la inspección, y es preciso recurrir al chequeo convencional de los productos.

En el procedimiento de autochequeo, el operario que realiza la operación es el mismo que realiza la inspección. Este sistema es el más eficiente porque la retroalimentación es inmediata. Sin embargo, debido a lo difícil que resulta criticar el trabajo propio, es necesario añadir otros sistemas de inspección.

En los chequeos sucesivos son los operarios próximos (concretamente el siguiente al que fabrica la pieza) los que realizan la inspección. Los chequeos sucesivos, según Shingo, pueden reducir la tasa de defectos a una quinta parte de la inicial en apenas un mes. Para ello es indispensable fijar sólo dos o tres puntos de chequeo. También es importante conocer que, en un primer momento, la tasa de defectos aumentará, ya que se detectarán defectos que antes no se descubrían. En el caso en que sea necesario realizar inspecciones sensoriales (por ejemplo, rayado, calidad de la pintura, etc.), es conveniente colocar muestras (aceptables y no aceptables) junto a los puntos de control para descubrir los límites aceptables.

Inspección en la fuente

Las técnicas descritas reducen la tasa de defectos, pero no eliminan los errores que producen los defectos. Existe una relación causal entre error y defecto (figura 4.7). Por tanto, si se elimina la fuente de los errores, éstos no se convertirán en defectos y se alcanzará la situación de cero defectos.

Mediante la inspección en la fuente se eliminan todos los errores menos los inadvertidos, que son inevitables (por ejemplo, rebabas en las piezas). Estos errores inadvertidos se detectan mediante el uso eficiente de dispositivos *poka-yoke*.

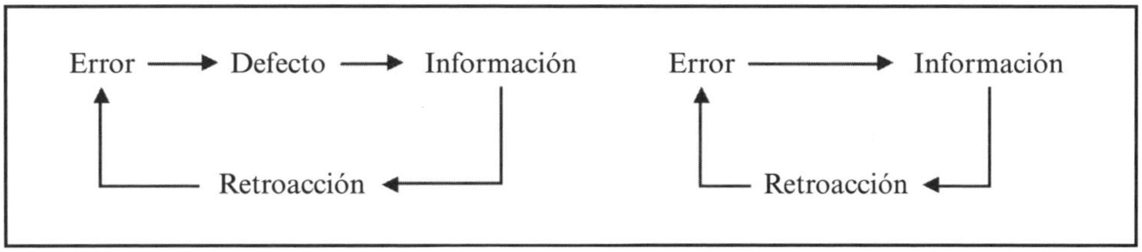

Figura 4.7. La inspección en la fuente elimina el error que produce el defecto.

4.3. METODOLOGÍAS DE DISEÑO DE *POKA-YOKE*

Para diseñar un *poka-yoke* se pueden seguir algunas de las tres sugerencias de la figura 4.8, es decir, el peso, las dimensiones o la forma del elemento.

También pueden emplearse otras estrategias, como pueden ser el uso de contadores, el método de las piezas sobrantes o la fijación de la secuencia del proceso de montaje (figura 4.9).

Una vez determinada la forma de detectar el defecto, en ocasiones será necesario recurrir a la tecnología para diseñar el *poka-yoke*. Para ello pueden emplearse mecanismos de contacto (conmutadores de límite), mecanismos sin contacto (sensores) o contadores (figura 4.10).

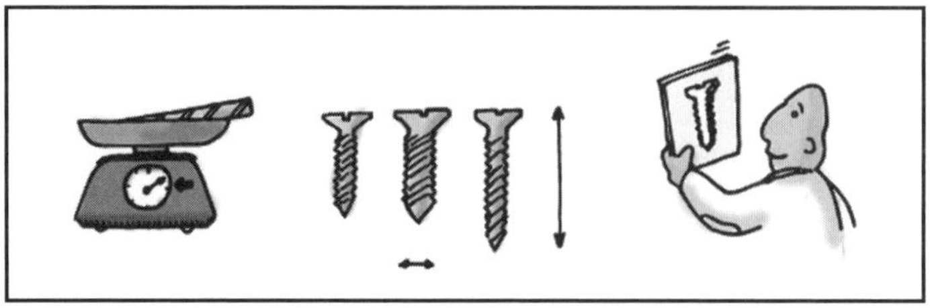

Figura 4.8. Tres sugerencias para diseñar un *poka-yoke*: tamaño, peso o volumen.

Figura 4.9. Las piezas sobrantes indican que algo se ha olvidado durante el montaje del producto.

Figura 4.10. El uso de sensores ayuda al diseño de *poka-yokes*.

4.3.1. Ejemplos de *poka-yokes*

A continuación se explican algunos ejemplos de dispositivos *poka-yoke*. La principal característica común de estos dispositivos es que se trata de dispositivos muy sencillos.

El problema del proceso mostrado en la parte izquierda de la figura 4.11 era que los elementos no mecanizados rompían las herramientas del proce-

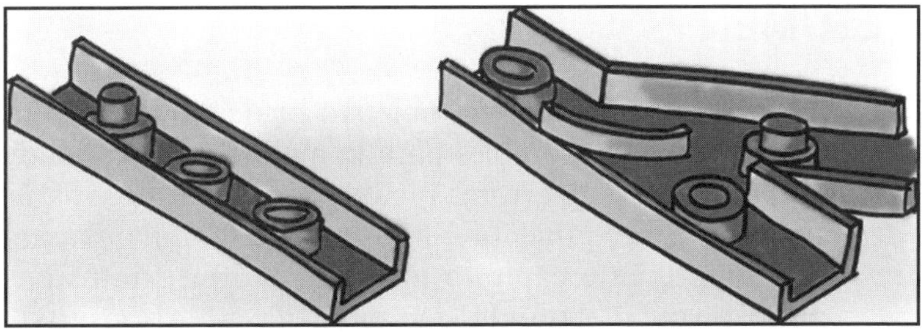

Figura 4.11. Ejemplo de *poka-yoke*.

so siguiente. En un caso así, es necesario inspeccionar o medir todos los productos fabricados sin parar el proceso.

Un dispositivo tan sencillo como un conmutador de límite, que se muestra en la figura, que redirecciona los productos o incluso detiene la línea cuando un producto es erróneo y una luz avisa de la parada, para forzar una intervención inmediata, soluciona el problema, como se muestra en la parte derecha de la figura 4.11.

Se puede evitar parar la línea si se coloca una lengüeta que desvía las piezas no mecanizadas.

En la figura 4.12 se observa cómo algunas plantillas (diseñadas previamente) eliminan errores en el ajuste de los parámetros antes de un proceso. Diseñando distintas cubiertas según el producto, las plantillas indican los parámetros y los valores que deben usarse.

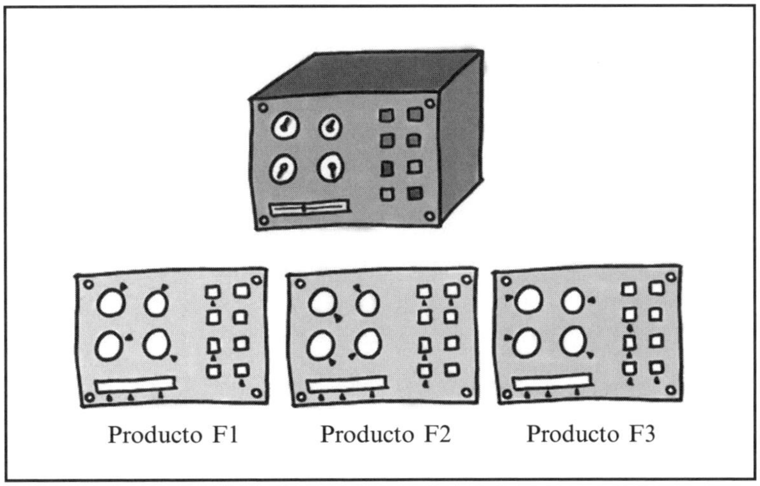

Figura 4.12. Ejemplo de *poka-yoke*.

4.4. RESUMEN

Este capítulo tenía el objetivo principal de presentar una de las muchas herramientas disponibles para la mejora de la calidad: los dispositivos *poka-yoke* (a prueba de errores inadvertidos). La filosofía *lean manufacturing* considera esta herramienta como uno de los pilares para mejorar la eficiencia del equipo. Este capítulo ha presentado distintos ejemplos de este tipo de dispositivos, mostrando que para que un dispositivo se considere un *poka-yoke* debe ser ingenioso, simple y barato.

4.5. LECTURAS RECOMENDADAS

Nikkan Kogyo (1991): *Poka-yoke.* Massachusetts: Productivity Press.
Un libro muy completo dedicado exclusivamente a los métodos *poka-yoke.* Multitud de ejemplos muy bien explicados. Fundamental para implantar sistemas *poka-yoke* en una empresa.

Shigeo Shingo (1990): *Tecnologías para el cero defectos.* Madrid: Productivity.
Shingo presenta en este libro la inspección en la fuente y los sistemas *poka-yoke.* Además, recoge muchos ejemplos reales de empresas.

5 Eficiencia del equipo. Rendimiento y estudio de métodos

En este capítulo se examina el segundo indicador de la eficiencia del equipo, que se basa en dos factores: la pérdida del rendimiento del equipo debido a pequeñas paradas (que no se suelen registrar normalmente) y la reducción de velocidad ocasionada por el deterioro o desgaste de componentes del equipo. En el capítulo 6 se estudiará la disponibilidad de equipo y cómo evitar parte de estos desgastes.

Las pequeñas paradas pueden ser debidas a averías leves o atascos en los dispositivos de la máquina. En otros casos, se pueden deber a problemas en el ajuste del ciclo del operario y de la máquina.

El estudio de métodos permite optimizar la relación entre el operario y la máquina e investigar el manejo multiproceso en aquellos casos en los que el ciclo de la máquina es significativamente mayor que el del operario.

La herramienta principal de este capítulo es el diagrama operario-máquina. Esta herramienta posibilita estudiar la relación entre el ciclo del operario y el de la máquina, eliminar los tiempos muertos y optimizar el ciclo de trabajo. Además ayuda a valorar económicamente inversiones para mejorar el ciclo de trabajo.

5.1. ESTUDIO DE MÉTODOS

El estudio de métodos (también conocido como estudio de movimientos) se define como la técnica que permite reducir la cantidad de trabajo (reducir el ciclo de trabajo) mejorando los métodos y el *layout* con los que se realizan las operaciones. De esta forma se eliminan del proceso los tiempos improductivos, es decir, aquellos durante los cuales no se realizan acciones productivas (caminar, buscar...).

Si se aplican estas técnicas al proceso de preparación de una máquina, se podría considerar una herramienta para la aplicación del SMED, herramienta que se estudiará en el capítulo 7. El estudio de métodos está contemplado en las veinte claves (clave 6) (figura 5.1). Además, esta herramienta mejora el indicador del rendimiento de la eficiencia global del equipo (figura 5.2).

El estudio de tiempos, ya analizado en el capítulo 3, es un paso previo al estudio de métodos, ya que en la mayoría de los casos será necesario cuanti-

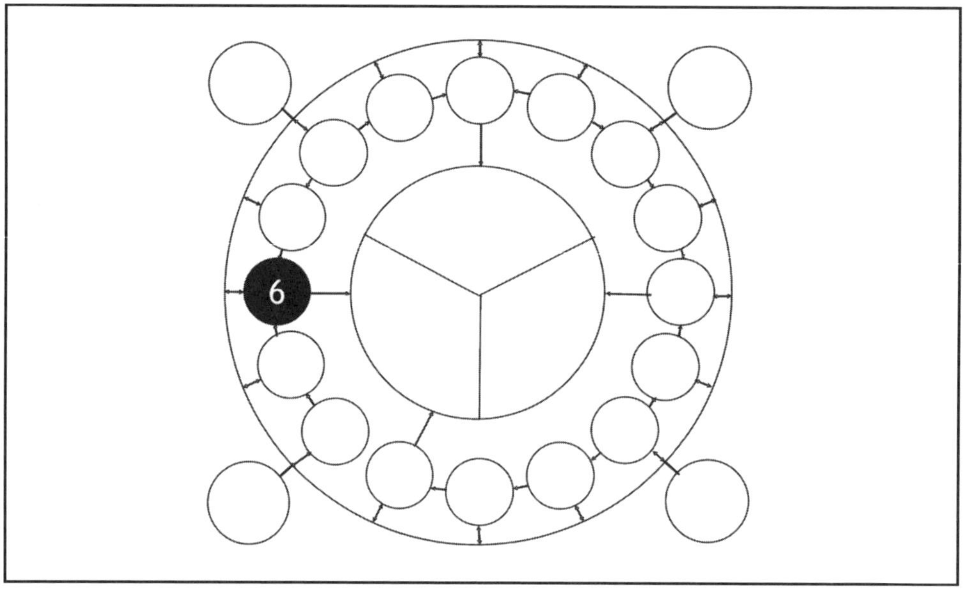

Figura 5.1. Localización del *estudio de métodos* en el esquema de las veinte claves.

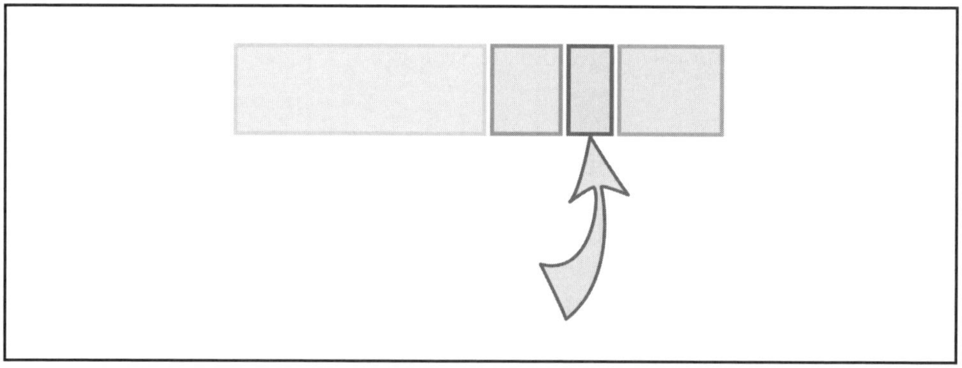

Figura 5.2. El estudio de métodos mejora el indicador de rendimiento.

ficar el estándar actual y los ahorros conseguidos. Además, resulta imprescindible disponer de unos tiempos aproximados para realizar el análisis.

El estudio de métodos traerá como consecuencia un nuevo procedimiento para realizar la operación. El nuevo método, en un primer momento, parecerá peor que el anterior, pero esto se debe a la falta de hábito y a la resistencia al cambio de los operarios, que están acostumbrados a una forma particular de realizar las tareas. Shingo ilustra la resistencia al cambio con un ejemplo del comportamiento de un pez. Shingo explica, como se muestra en la figura 5.3, que el pez no cambia el camino aprendido cuando hay un obstáculo para llegar a la comida incluso cuando el obstáculo desaparece. El pez emplea la misma ruta, en lugar de recurrir a la línea recta, que reduciría la distancia recorrida. Aunque se trata de un sencillo ejemplo, la resistencia al cambio está siempre presente en nuestras decisiones diarias, aunque el nuevo método sea objetivamente mejor.

El estudio de métodos también puede surgir por otras causas, como la definición de un nuevo método de trabajo o la eliminación de variabilidades en el tiempo de ejecución de una tarea. La importancia de eliminar las pequeñas paradas depende del proceso, de su complejidad y del tiempo de ciclo. Por este motivo, en algunos casos, no puede despreciarse una parada de 3 segundos. Si se supone un ciclo teórico de 2 minutos y una reducción de 3 segundos, en una jornada de 24 horas de trabajo, se podrían producir 18 piezas más si se eliminaran las causas que producen ese mínimo problema en el ciclo. Obviamente, esta afirmación supone que la estación está saturada y que todo el tiempo ahorrado se empleará en la fabricación de más productos.

Si se quieren estudiar en detalle alternativas para eliminar completamente las pequeñas paradas, al final del capítulo se recomiendan algunos libros que profundizan en estos aspectos que no se estudiarán en este libro.

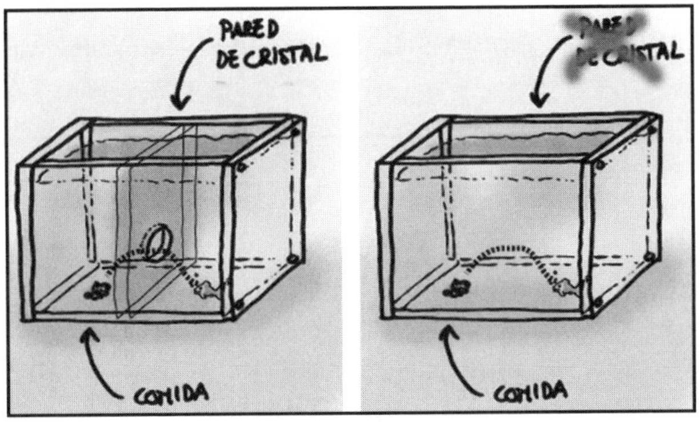

Figura 5.3. El cambio de hábitos es el principal obstáculo a la implementación de nuevos métodos.

5.2. BASES TEÓRICAS

5.2.1. Principios de economía de movimientos

Se comentaba en el capítulo 3 cómo Frank y Lillian Gilbreth definían el tiempo estándar de una operación y fijaban los métodos de trabajo. Al analizar una operación completa, la dividían en pequeñas tareas, que denominaban *Therbligs* (su apellido al revés), las optimizaban y las volvían a agrupar para obtener la operación completa.

Los principios de economía de movimientos son fruto de su intenso trabajo y hoy en día aún siguen en boga. Gracias a estos principios, Frank era capaz de derrotar a albañiles más jóvenes y, en teoría, más capacitados que él. Las figuras 5.4, 5.5 y 5.6 muestran algunos de ellos y demuestran cómo estos principios de economía de movimientos son sencillas reglas que facilitan la realización de operaciones. En cada figura el dibujo de la izquierda representa el proceso no eficiente.

Por ejemplo, si se debe controlar una caldera para que no supere una determinada presión, se recomienda un panel analógico, con agujas y colores marcando las zonas de rendimiento correcto, antes que un control digi-

Figura 5.4. Mejor movimientos simétricos que asimétricos.

Figura 5.5. Mejor repartir los pesos que sobrecargar un lado.

Figura 5.6. Mejor sentado que de pie.

tal (figura 5.7). Otros ejemplos hacen referencia al uso eficiente del sentido de la vista. Se recomiendan, por ejemplo, movimientos laterales antes que movimientos arriba-abajo.

No hay que confundir los principios de economía de movimientos (cuyo principal objetivo es aumentar la productividad a base de mejorar la forma de realizar tareas) con otros estudios que analizan las condiciones óptimas de trabajo para aumentar la productividad. Por ejemplo, se ha demostrado que la productividad aumenta cuando se trabaja con poca luz. No es necesario comentar las consecuencias negativas que tendría tomar una medida como ésta. Desde los estudios de los Gilberth, el cuerpo humano se ha analizado en detalle y se han definido las distancias óptimas de trabajo. Por ejemplo, se han fijado las áreas de barrido de los brazos cuando se está sentado o de pie (figura 5.8).

También se conocen las alturas idóneas para colocar estanterías (figura 5.9). Así, se pueden evitar accidentes o liberar las manos, pasando tareas a los pies. Los tiempos sintéticos que se estudiaban en el capítulo 3 derivan de este tipo de estudios.

Figura 5.7. Mejor emplear controles analógicos.

Figura 5.8. Distancias de trabajo de los brazos.

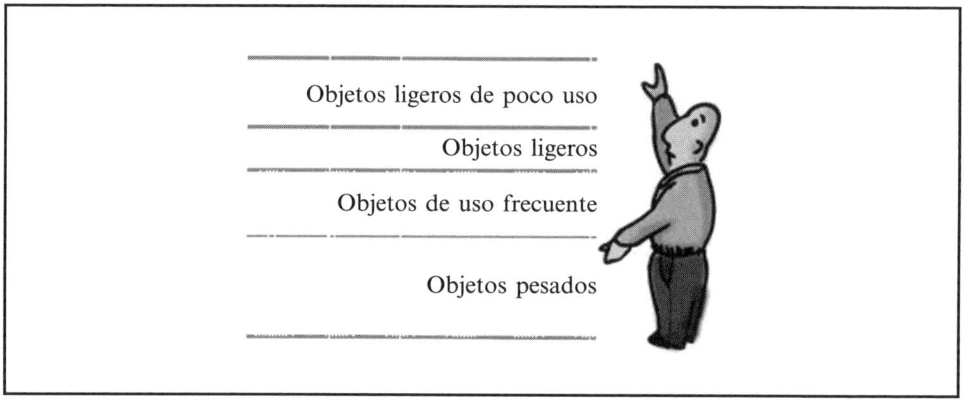

Figura 5.9. Clasificación ideal de la altura de estanterías.

5.3. HERRAMIENTAS DEL ESTUDIO DE MÉTODOS

5.3.1. Análisis de valor

El análisis de valor está dirigido, principalmente, a los movimientos del operario y al *layout* del área de trabajo. Aplicando los principios de economía de movimientos descritos, se pueden mejorar multitud de tareas en una fábrica. Algunas empresas disponen de un departamento de ergonomía donde se analizan y mejoran las operaciones que se realizan en la planta (figura 5.10).

De esta forma se pueden conseguir importantes mejoras en los métodos de trabajo o en el *layout* de la estación de trabajo, como se aprecia en las figuras 5.11 y 5.12. Con el método mejorado se eliminan movimientos superfluos. Como se muestra en la figura 5.11, la única diferencia entre las dos actividades es la instalación de la válvula. El tiempo necesario para activar la válvula, así como la seguridad del operario, se mejoran con un sencillo cambio en la posición de aquélla. Analizando los movimientos del cuerpo y mejorando el diseño del equipamiento se pueden conseguir eficiencias en la forma de trabajar del operario.

En la figura 5.12 se observa cómo reducir el esfuerzo que tendría que realizar el operario en el caso en que no dispusiera del elevador neumático. Aunque el peso no sea excesivo, el número de veces que se realiza a lo largo del día convierte este proceso en exigente y peligroso para el operario.

Figura 5.10. El análisis de valor mejora las operaciones de la fábrica.

Figura 5.11. Reinstalando la válvula. ¿Cuál de las opciones se ve mejor?

Figura 5.12. Un elevador neumático reduce el esfuerzo requerido.

5.3.2. Las 5W y 2H y los 5 porqués

La herramienta de las 5W y 2H es muy sencilla y consiste en realizar una serie de preguntas sobre la tarea que se está analizando. Las preguntas se muestran en la figura 5.13.

La respuesta recibida es común a muchos casos. No se ha visto la necesidad de plantearse otra forma de realizar la tarea. Esta técnica facilita el análisis de las operaciones que no añaden valor.

Aunque algunas de las soluciones parezcan triviales, es habitual encontrar situaciones como la del siguiente ejemplo basada en un hecho real. La figura 5.14 muestra el viejo y el nuevo proceso para descargar un camión.

También resulta de utilidad otra técnica, llamada «los 5 porqués», consistente en preguntar cinco veces «¿por qué?» con el objeto de llegar a la raíz del problema, de forma que se diferencie el síntoma que produce el problema de las causas reales de éste (que deben ser eliminadas).

5W y 2H	Preguntas
Qué *(what)*	¿Qué es esta operación? ¿Qué ocurre si no se hace?
Quién *(who)*	¿Quién la hace?
Cuándo *(when)*	¿Cuándo se hace?
Dónde *(where)*	¿Dónde se hace?
Cómo *(how)*	¿Cómo se hace?
Por qué *(why)*	¿Por qué hay que hacerla?
Cuánto *(how much)*	¿Cuánto cuesta hacerla?

Figura 5.13. La herramienta de las 5W y 2H.

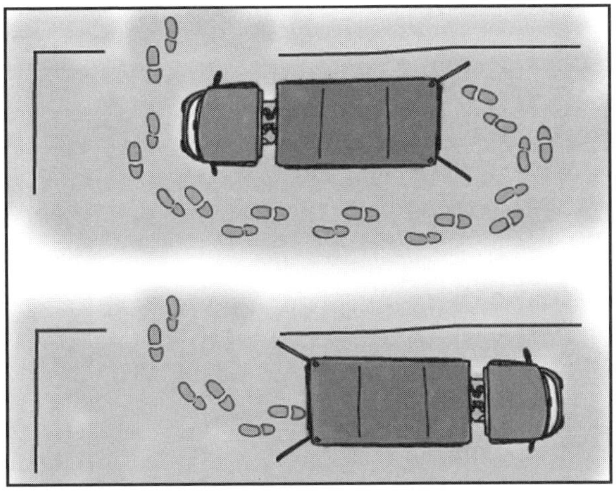

Figura 5.14. La respuesta a la pregunta ¿por qué? era «siempre lo hemos hecho así».

5.3.3. Diagrama operario-máquina

En las situaciones descritas en el análisis de valor, la observación directa o el uso de una cámara de vídeo tradicional son suficientes para resolver el problema. Sin embargo, hay veces en las que se necesita analizar operaciones muy rápidas o muy lentas. Para el primer caso existen unas cámaras capaces de realizar hasta 960 tomas por minuto, de forma que se pueden detectar movimientos innecesarios. Para el segundo caso, cuando las operaciones que quieren estudiarse ocupen mucho tiempo, se pueden emplear cámaras lentas (un fotograma por minuto) que se utilizan, por ejemplo, para grabar el proceso evolutivo de una manzana.

Estos dos casos particulares rara vez serán objeto de estudio en el ámbito industrial. Sin embargo, será más habitual el análisis de los ciclos de producción en los que intervienen una máquina y un operario. Para realizar un estudio correcto se debe dividir la operación en tareas breves pero mensurables, separando las operaciones propias de la máquina de las del operario.

El uso de los diagramas operario-máquinas facilita, de manera importante, esta labor. Estos diagramas representan la secuencia de actividades que realiza el operario cuando interactúa con la máquina. Se emplean para analizar los tiempos muertos, y son una importante herramienta de mejora de métodos (figuras 5.15 y 5.16).

Operario	Máquina
Introducir pieza	Ocupada
	Procesando
Extraer pieza	Ocupada
Inspeccionar pieza	
Introducir pieza	Ocupada

Figura 5.15. Diagrama operario-máquina en la situación inicial.

Operario	Máquina
Introducir pieza	Ocupada
Inspeccionar pieza	Procesando
Extraer pieza	Ocupada
Introducir pieza	Ocupada

Figura 5.16. Diagrama operario-máquina en la situación final.

Analizando los tiempos muertos del operario en el diagrama operario-máquina resultante del estudio, se puede optimizar el ciclo de trabajo. Reordenando o modificando el diagrama operario-máquina se puede modificar el tiempo de ciclo. Como resultado, el tiempo muerto se reduce, como muestra el diagrama operario-máquina de la figura 5.16.

5.3.4. Ratio máquina-operario

Si el ciclo de la máquina es muy largo, el operario podría atender más de una máquina. El número óptimo de máquinas controladas por cada operario se determina a través del *ratio máquina-operario.*

$$\textit{Ratio máquina-operario} = \frac{\textit{Tiempo de ciclo de la máquina}}{\textit{Tiempo de ciclo del operario}}$$

En el tiempo de ciclo de la máquina, se consideran todas aquellas tareas en las que interviene la máquina, incluso las compartidas con el operario. Lo mismo sucede con el tiempo de ciclo del operario, por lo que, además de las tareas exclusivas del operario, se incluyen aquellas que afectan al operario y a la máquina simultáneamente.

Este ratio fija la horquilla del número de máquinas óptimo que puede atender un operario simultáneamente. Por ejemplo, si el ratio es 7,6, el operario podrá atender siete u ocho máquinas. El estudio económico del coste de cada pieza fabricada que resulta del análisis de este ratio fijará el número de máquinas a atender.

A modo de ejemplo, la figura 5.17 representa los diagramas operario-máquina de un caso en que el operario puede atender dos o tres máquinas. Las figuras muestran la evolución temporal del ciclo hasta conseguir un ciclo estable. El ratio máquina-operario debe estudiarse en este estado estable.

Analizando las operaciones que realiza el operario, y las que realiza la máquina en ese estado estable, se pueden obtener las siguientes conclusiones importantes:

— En el caso en que el operario atiende dos máquinas (diagrama de la izquierda en la figura), el ciclo viene fijado por la máquina, ya que el tiempo que precisa el operario para realizar todas las operaciones en las dos piezas es menor que el ciclo de la máquina. Por tanto, el operario esperará un minuto a que termine cada máquina para cargar la siguiente pieza.

— Sin embargo, cuando el operario atiende tres máquinas (diagrama de la derecha en la figura), el tiempo necesario para realizar las operaciones en las tres piezas es superior al ciclo de la máquina y, por tanto, cada máquina terminará de procesar la pieza antes que el operario y tendrá que esperar a que éste finalice las tareas en la tercera máquina. Como consecuencia, cada máquina esperará un minuto hasta que el operario termine las operaciones de la tercera pieza.

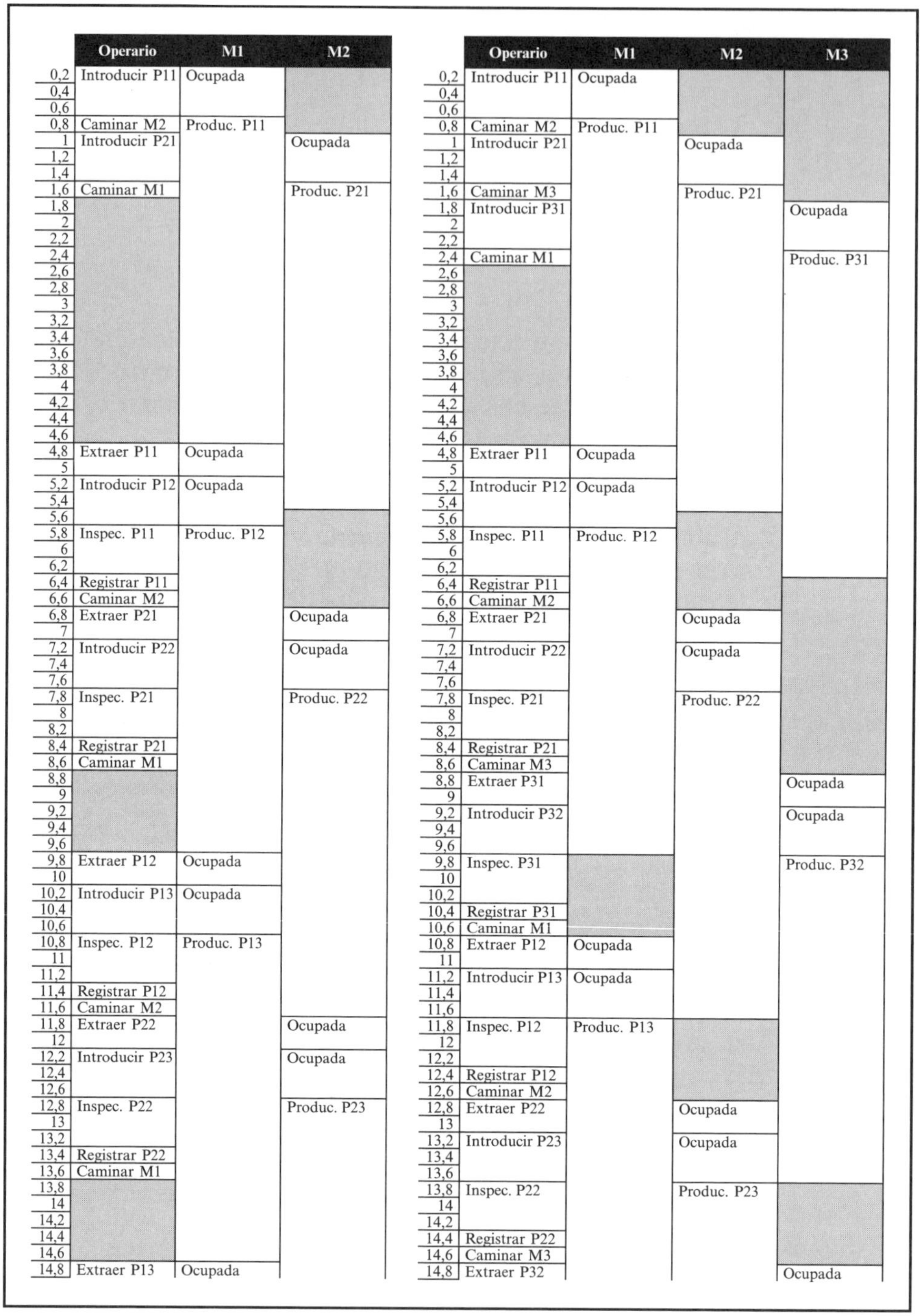

Figura 5.17. Diagrama operario-máquina, desde su inicio hasta el estado estable.

5.3.5. Análisis económico de inversiones y alternativas de mejora

En numerosas ocasiones las mejoras del ciclo de producción no se centran en determinar el número óptimo de máquinas que puede atender un operario, sino en comparar alternativas al ciclo actual. En estos casos es importante distinguir dos casos:

- *Asignación de recursos por ciclo:* en estas propuestas se cambia la asignación de operarios y máquinas, se incluyen operarios o ayudantes, etc. En estos casos se compararía el coste por pieza en cada una de las alternativas. La propuesta más económica (teniendo en cuenta el coste por pieza) será la elegida, y este coste se mantendrá mientras no cambie la asignación de recursos.
- *Realizar inversiones:* en estas propuestas, la alternativa al ciclo actual necesita invertir en dispositivos, utillajes, herramientas, etc., que reducen el ciclo y/o los costes del producto. La propuesta se aceptará si se cumplen los requisitos de recuperación de la inversión que fije la empresa y que se exponen a continuación.

Existen dos formas de justificar la inversión realizada, en función de los objetivos que persiga la empresa:

- *Objetivo en el número de piezas:* la inversión debería recuperarse con la producción de un número de piezas (por ejemplo, en las siguientes 5.000 piezas). En este caso se tendría en cuenta el ahorro en el coste de cada pieza y se multiplicaría por el número de piezas exigido. La condición para que sea rentable es que el ahorro total sea, al menos, igual a la inversión propuesta.
- *Objetivo en el tiempo:* la inversión debería recuperarse en un tiempo fijado por la empresa (por ejemplo, en los próximos dos años). En ese tiempo, y gracias a la inversión, la empresa genera un doble beneficio debido al aumento de la producción y a la reducción del coste de fabricación. La condición para que sea rentable es que en el período fijado por la empresa el proceso sea capaz de generar un incremento de beneficio al menos igual a la inversión prevista.

5.4. RESUMEN

En este capítulo, se han presentado algunas herramientas para facilitar el estudio de métodos. Los diagramas operario-máquina facilitan la identificación de inactividades en los ciclos de trabajo. Gracias a las metodologías de mejora presentadas, se pueden eliminar esos tiempos muertos. Como consecuencia, el indicador de rendimiento (incluido en el ratio OEE) se incrementará.

5.5. LECTURAS RECOMENDADAS

Kikuo Suehiro (1992): *Eliminating Minor Stoppages onAutomated Lines.* Pittsburgh, PA: Productiviy Press.
Un libro específico para eliminar las pequeñas paradas en líneas automáticas. Presenta un gran número de ejemplos, aunque la mayoría no pueden aplicarse fuera del ámbito de las líneas automáticas de producción.

Tomo Sugiyama (1991): *El libro de las mejoras.* Madrid: TGP-Hoshin.
Un libro enmarcado en la mejora continua y, especialmente, en la mejora de los métodos. Explica el funcionamiento del Memo 3 GP, las 5W y 1H y las 5S. Práctico y didáctico. Con ejemplos y muchos dibujos.

6 Eficiencia del equipo. Disponibilidad, rendimiento y mantenimiento

El departamento de mantenimiento se ocupa de la conservación de todos los equipos (productivos y no productivos) de la empresa. Está considerado, en la mayoría de las empresas, como un «mal necesario», ya que se cataloga como centro de costes. La gestión de este departamento es compleja, ya que las inversiones para mejorar sus procesos internos se consideran de baja prioridad o, incluso peor, nunca forman parte de la lista de prioridades de inversión.

La evolución histórica del mantenimiento corresponde, casi exactamente, con la evolución de las técnicas de mantenimiento en una empresa. Así, en un primer momento este departamento se ocupa, únicamente, de solucionar los problemas que van apareciendo en los equipos. Después, se intenta prevenir futuros problemas en los equipos que podrían averiarse.

Las empresas más avanzadas en la gestión del mantenimiento incorporan tareas básicas de mantenimiento (como chequeo de niveles de aceite o inspección de los equipos para identificar fallos potenciales) en las labores cotidianas del personal de producción. Finalmente estas empresas analizan la posibilidad de predecir las averías.

6.1. MANTENIMIENTO DE EQUIPOS

El principal objetivo del departamento de mantenimiento de una empresa es mantener, a nivel operativo, los recursos productivos para asegurar su servicio al coste previsto. Existen multitud de variantes que tratan de definir la función de mantenimiento, pero ninguna tan explicativa como la que lo describe como la «medicina» de las máquinas (figura 6.1).

Figura 6.1. El mantenimiento es la «medicina de las máquinas».

Según esta analogía, el mantenimiento se ocupa de arreglar (corregir un funcionamiento erróneo) las máquinas, pero también de realizar consultas sobre su estado para evitar que se estropeen (prevenir el funcionamiento erróneo). La función del mantenimiento es conservar los equipos en buen estado y determinar el momento de reemplazar la máquina. En ese momento, cualquier esfuerzo por mantenerla en marcha no resulta eficiente desde un punto de vista económico, y es mejor desenchufarla.

Los elementos objeto de mantenimiento dentro de las plantas son muy numerosos e incluyen elementos directos (máquinas, herramientas, etc.) e indirectos (equipamiento de control, sistemas de refrigeración, etc.). Básicamente, abarcan la totalidad de equipos disponibles, aunque no se empleen directamente para realizar las tareas propias de la producción:

— Máquinas (parte mecánica, eléctrica y neumática) y utillajes.
— Instalaciones (aire comprimido, calefacción, sistemas eléctricos, etc.), y edificios (paredes, iluminación, etc.).
— Sistemas informáticos y sistemas de transporte empleados (en caso de ser propios).

Algunos de los recursos que necesitan operaciones de mantenimiento son gestionados por empresas subcontratadas. Así, por ejemplo, la mayoría de las empresas subcontratan el mantenimiento de las instalaciones y del edificio. Incluso, en algunos casos, el mantenimiento está totalmente subcontratado, es decir, ni siquiera hay personal propio para atender las averías de las máquinas que se emplean en producción.

La gestión eficiente del mantenimiento y conservación de los equipos está contemplada tanto en el *just in time* como en las veinte claves (clave número 9) para mejorar el área de trabajo (figura 6.2). La reducción de averías mejora los indicadores de la *disponibilidad* del equipo y del *rendimiento* (figura 6.3) según la fórmula de la *eficiencia global del equipo*. También afecta al indicador de utilización, porque incluye las paradas programadas para revisar el equipo (mantenimiento preventivo).

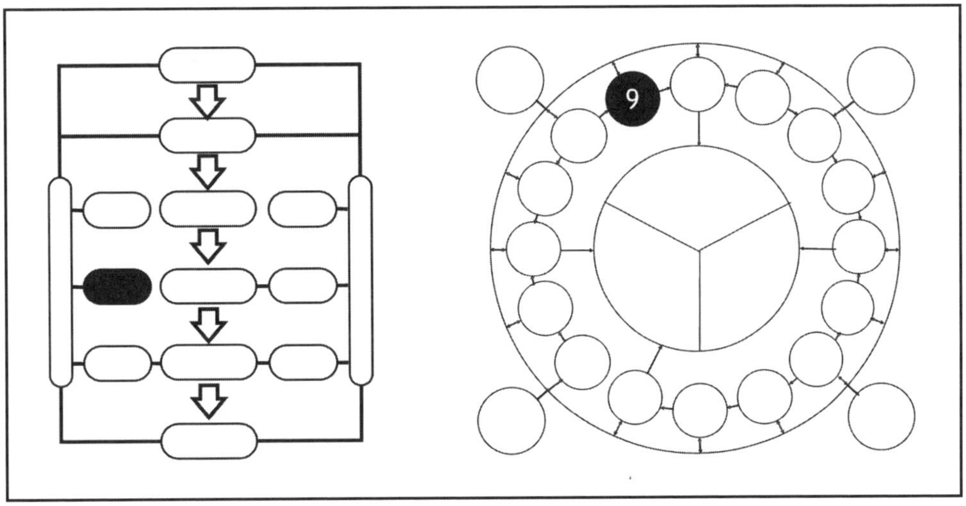

Figura 6.2. Localización del *mantenimiento* en los esquemas del JIT y de las veinte claves.

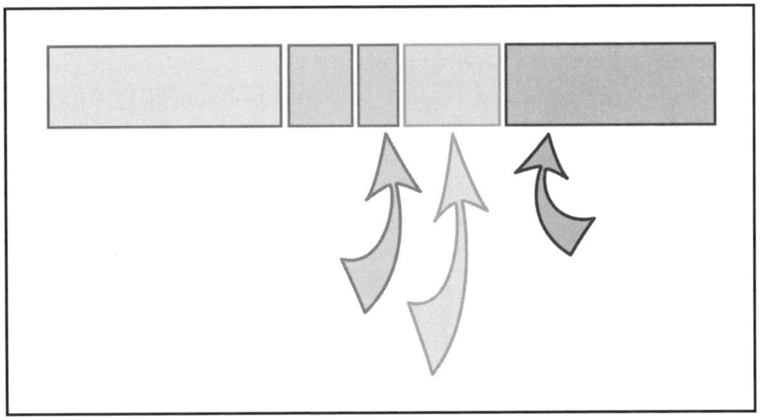

Figura 6.3. El mantenimiento mejora los indicadores de disponibilidad y rendimiento y afecta al indicador de utilización.

6.2. BASES TEÓRICAS

6.2.1. Tipos de mantenimiento

Un equipo industrial está sujeto a averías transitorias (desgastes) o definitivas (fallo catastrófico) que afectan al desempeño de su función y a su rendimiento. En ocasiones, un fallo puede suponer elevados costes e importantes riesgos para las personas, por lo que debe ser solucionado o reparado lo antes posible.

Sin embargo, la misión del personal de mantenimiento no puede centrarse únicamente en reparar las averías, y ha de hacer lo posible para adelantarse a ellas. Aparecen así los dos tipos principales de mantenimiento: **correctivo** y **preventivo.**

A su vez, el mantenimiento preventivo tiene dos variantes:

— Preventivo sistemático.
— Preventivo condicional y una variante denominado predictivo.

Mantenimiento correctivo

Hasta los años cincuenta, el único mantenimiento que se realizaba en las empresas era correctivo, también llamado *mantenimiento por rotura*. En aquellos años, las paradas apenas influían en la producción. Las máquinas eran más sencillas y fiables, y las reparaciones, en su mayor parte mecánicas, se realizaban de forma eficaz.

La figura 6.4 ilustra la evolución en el tiempo del nivel de rendimiento de un equipo (o de un componente) en el caso en que únicamente se realice un mantenimiento correctivo. Existen dos tipos de mantenimiento correctivo.

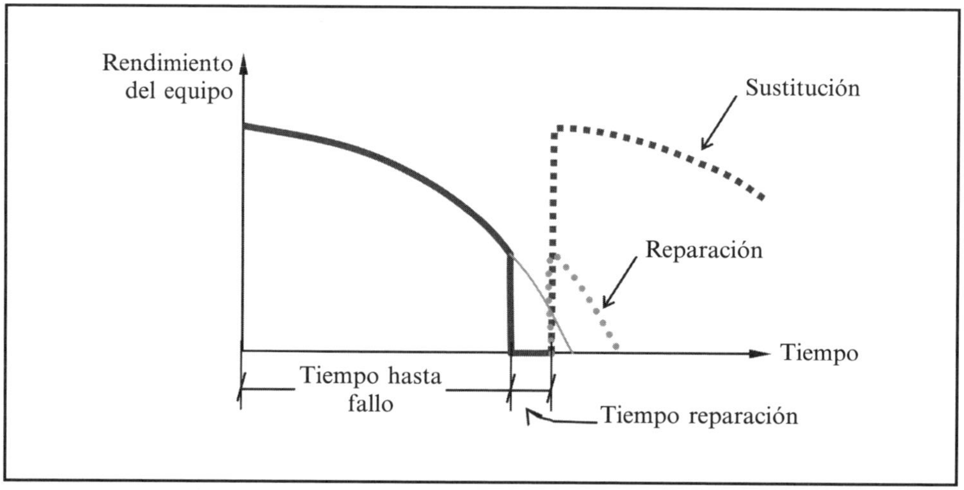

Figura 6.4. Comportamiento de un componente con mantenimiento correctivo.

— *Reparaciones urgentes:* las averías suponen una parada de la máquina. En muchas casos, es prioritario restablecer el servicio en lugar de arreglar la máquina; es decir, la reparación que se realiza es provisional, y el tiempo de máquina parada será el mínimo necesario. El resto de tareas hasta conseguir reparar completamente la máquina se programarán en el futuro.
— *Correctivo planificado:* este tipo de mantenimiento aparece después de una reparación urgente. Después de restablecer el servicio de la máquina, debe planificarse el momento más adecuado para repararla definitivamente. Después de la reparación, el componente puede quedar como nuevo (caso de sustitución de una bombilla, por ejemplo) o tan viejo como antes (caso del arreglo de un pinchazo en una rueda).

Los problemas fundamentales de las tareas de reparación son:

— Las reparaciones se hacen deprisa y bajo presión, lo que puede producir errores y accidentes.
— El tiempo de reparación se puede alargar por falta de recambios, que se solicitan bajo pedido.
— Se pueden producir accidentes por falta de medidas de seguridad en las tareas de mantenimiento.

Emplear una política de mantenimiento sólo correctivo implica mayores costes de personal, especialmente si varios equipos se averían de manera simultánea. Además se debe soportar un nivel de inactividad de las máquinas averiadas. Sin embargo, se puede justificar en algunos casos como, por ejemplo, cuando existen políticas de renovación frecuente de equipos (como los ordenadores de la oficina) o bien los costes de avería son pequeños (cuando se funde una bombilla).

Mantenimiento preventivo sistemático

A principios de los años sesenta, en Estados Unidos la empresa General Electric sistematizó un nuevo tipo de mantenimiento denominado *mantenimiento planificado*. Con este tipo de mantenimiento se buscaba mejorar ciertos aspectos de la máquina después de realizar una reparación. Poco después, el mantenimiento planificado llega a Japón, donde se fijan las bases del **mantenimiento preventivo sistemático**. En un primer momento se trataba de actuaciones sistemáticas que sustituían elementos de la máquina (que todavía funcionaban correctamente) por nuevos componentes.

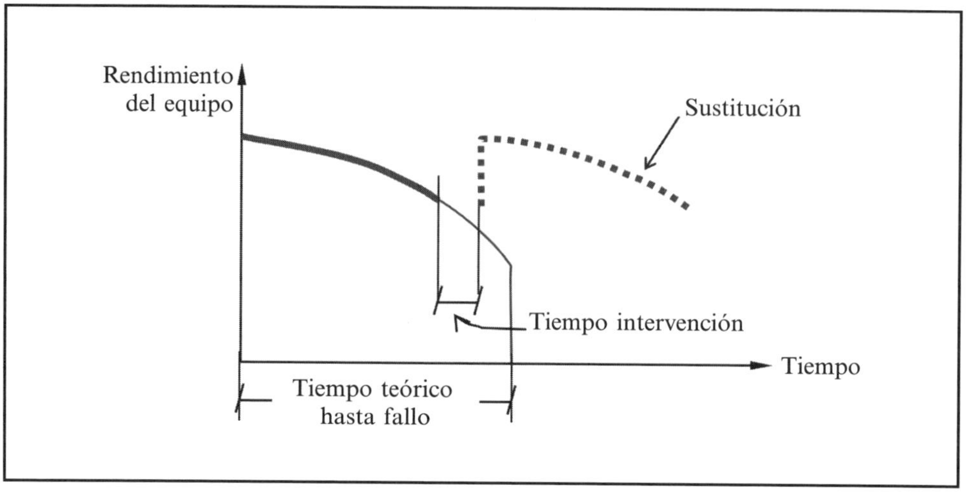

Figura 6.5. Comportamiento de un componente con mantenimiento preventivo sistemático.

Este tipo de mantenimiento se aplica de forma generalizada en elementos que sufren desgaste, como rodamientos y filtros, y en equipos con coste de avería elevado. El cambio sistemático se realiza para evitar la avería. Además, para que este tipo de mantenimiento sea efectivo, es necesario conocer la curva de degradación del componente (figura 6.5).

La sustitución de componentes se puede realizar de forma absoluta, por ejemplo, una política de cambio sistemático puede consistir en cambiar el componente cada semana (aunque este método se está quedando obsoleto); o bien de forma relativa, por ejemplo, cada 300 horas de funcionamiento o cada mil piezas.

Mantenimiento preventivo condicional y predictivo

El mantenimiento preventivo sistemático resultaba caro porque muchos componentes se reemplazan a pesar de estar en buen estado. El mantenimiento preventivo condicional es una técnica que cambia el componente en función de su estado en el momento de la inspección (figura 6.6). Con esta política de mantenimiento, la vida efectiva de componentes costosos se puede extender.

En el mantenimiento condicional no es crítico conocer de forma precisa la ley de degradación, pero este tipo de mantenimiento resulta más efectivo si el rendimiento del componente se puede monitorizar (a través de algunos

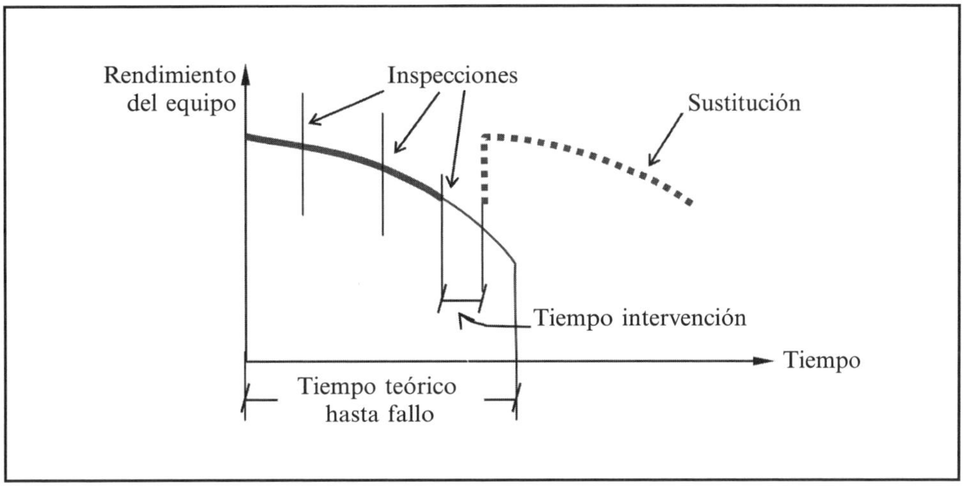

Figura 6.6. Comportamiento de un componente con mantenimiento preventivo condicional.

atributos del componente) o puede ser juzgado por el operario. No obstante, hace falta un mayor control tomando datos, analizando y actuando o no en función de los resultados.

En ocasiones, es posible monitorizar, en tiempo real, el estado de un componente y determinar cuándo presenta anomalías de funcionamiento. En ese momento se procede a su sustitución inmediata. Este mantenimiento se denomina *mantenimiento predictivo*.

La diferencia principal entre el mantenimiento preventivo condicional y el mantenimiento predictivo consiste en que las variables se están detectando constantemente. Es necesario buscar una correlación entre un parámetro y la degradación del componente.

Las variables que se pueden medir son la temperatura (termómetros), los ruidos (fonómetro), las grietas (rayos X) o las pérdidas de presión (manómetros).

6.3. IMPLANTACIÓN DE PROGRAMAS DE MANTENIMIENTO

Antes de comenzar con la metodología para mejorar la disponibilidad del equipo (reduciendo el número de averías), es necesario conocer el origen de las averías y la situación actual de las máquinas en términos de mantenimiento. La vida de las máquinas sigue una ruta común a todos los equipos, hasta el momento de su eliminación:

— *Defectos menores latentes.* Resulta difícil detectar su aparición, ya que apenas se oyen o se observan a simple vista. A este tipo de defectos, al no detectarse, no se les presta atención y no se solucionan, ya que no afectan a la funcionalidad. Un ejemplo podría ser el aumento de fricción en un eje.
— *Defectos menores aparentes.* Pasado el tiempo, los defectos se advierten mejor y, por ejemplo, aparecen pequeñas vibraciones en la máquina. Al no incidir directamente en una disminución de las prestaciones del equipo, tampoco se reparan.
— *Ejecución por debajo de expectativas.* En este caso, los defectos menores afectan a la capacidad del equipo. En algunos momentos, resulta difícil que la máquina funcione con precisión y no se cumplen los estándares de calidad. Sin embargo, el problema no se llega a resolver porque el componente dañado no se localiza fácilmente.
— *Paradas intermitentes.* En esta etapa la máquina produce artículos defectuosos y son numerosos los ajustes. Las reparaciones pequeñas logran poner la máquina de nuevo en marcha, pero de forma provisional.
— *Paradas y averías.* La máquina funciona pobremente y se para. Las averías son, en este caso, costosas en cuanto a tiempo y dinero (figura 6.7).

En numerosas empresas, los equipos no son nuevos. Por lo tanto, han pasado ya por algunas de las etapas descritas anteriormente y, generalmente, se encuentran en la fase de «paradas y averías».

Además, los equipos productivos son cada día más complejos, más rápidos y más caros (lo que aumenta su período de amortización), por lo que una parada tiene mayor repercusión económica y las reparaciones deben hacerse rápido. La implantación de los turnos de trabajo (hasta cinco en

Figura 6.7. Equipo pobremente mantenido.

algunos casos) limita los horarios para posibles intervenciones del departamento de mantenimiento.

El objetivo es operar «aguas arriba» en el proceso descrito anteriormente, pero recorriendo todo el camino, es decir, implantando primero un mantenimiento correctivo eficaz antes de iniciar labores preventivas y después estableciendo tareas predictivas.

6.3.1. Antes de empezar

El primer paso para implantar cualquier política de mantenimiento es familiarizarse con los equipos que necesitan ser mantenidos. Por razones contables y de localización única en el taller, es recomendable codificar los equipos, ya que es muy probable que existan máquinas idénticas que hay que distinguir de algún modo.

También es importante codificar los tipos de averías posibles, así como las tareas de mantenimiento, de forma que, en el estudio de los datos históricos, sea factible agrupar las causas de fallo de los equipos y tomar las medidas oportunas. Existe bibliografía especializada en sistemas de codificación, aunque la mayoría de las veces el sentido común y la sencillez conducen a un buen sistema de códigos.

Después de esta fase preliminar, se debería disponer de los dos siguientes documentos:

- *Listado de medios.* Este documento recoge todos los equipos que forman parte de la planta y sus características principales: código, número de ficha, tipo de máquina, etc.
- *Fichas de cada máquina.* Se trata de un documento (puede ser electrónico) en el que se recogen tanto los datos que suministra el fabricante como información sobre la ubicación del equipo en la planta, el croquis o la foto de la máquina, las características de la instalación o los tipos de repuestos necesarios.

6.3.2. Implantación del mantenimiento correctivo

En el viaje «aguas arriba» se plantea una primera necesidad: organizar de forma efectiva los procedimientos y acciones del mantenimiento correctivo. En el momento en que se produce una avería, el operario que la ha descubierto rellena el **parte de averías,** un documento que será distinto en cada fábrica porque la información necesaria en cada departamento de mantenimiento puede cambiar.

Si la avería puede ser solucionada por el operario, éste deberá emitir un informe al servicio de mantenimiento para que quede registrada. En caso contrario, se enviará el parte al departamento de mantenimiento, que emitirá una **orden de trabajo (OT).**

Dependiendo de la urgencia, se actuará sobre la máquina de forma inmediata o se planificará la intervención. El arreglo puede ser provisional o definitivo. En el primer caso es recomendable dejar la OT abierta hasta que se complete la reparación.

Mantenimiento correctivo planificado

La variabilidad del mantenimiento correctivo se puede amortiguar si se planifica debidamente. Para completar las reparaciones de forma eficiente, se deberían desarrollar diagramas de flujo de los trabajos repetitivos explicando cómo se debe hacer la reparación y los materiales que deben emplearse. Para ello se deben desarrollar gamas de correctivo.

Pero las tareas del personal de mantenimiento, cuando realizan operaciones correctivas, no terminan con el arreglo del equipo. Deben recopilar toda la información sobre la avería que se ha producido (figura 6.8) y el proceso que se ha llevado a cabo para solucionarla.

Cada máquina debe contar con un archivo en el que se recoja el **histórico de las averías** que ha sufrido. De otra forma no podrán analizarse las causas de forma rigurosa y anticiparse a los futuros problemas. Este archivo se actualizará con cada intervención de mantenimiento para reparar la máquina; por tanto, las labores del personal no terminan cuando el equipo está de nuevo en funcionamiento, sino cuando se ha registrado la avería.

La evolución del mantenimiento correctivo no sólo consiste en cambiar las piezas, sino en estudiar las causas y la frecuencia de las averías. Es el primer paso para introducir en la empresa el mantenimiento preventivo.

Figura 6.8. Los operarios de mantenimiento deben recoger toda la información sobre las averías.

6.3.3. Implantación del mantenimiento preventivo

Las funciones del mantenimiento preventivo son numerosas, pero la principal es evitar que se produzcan averías en las máquinas, al mínimo coste posible. El mantenimiento preventivo incluye dos tipos de acciones:

- *Inspecciones.* El objetivo de este proceso es observar y detectar posibles anomalías. Generalmente son chequeos frecuentes, incluso diarios, que siguen un plan concreto de inspección.
- *Revisiones.* Estas acciones suponen paradas de máquinas programadas e implican la sustitución sistemática de determinados componentes.

En empresas con máquinas que funcionan en secuencia, la parada programada suele realizarse el fin de semana (o durante períodos no productivos), lo que aumenta los costes de intervención. La planificación de tareas de mantenimiento preventivo se exige en las normas ISO. Existen tareas diarias, semanales, trimestrales, o incluso anuales, que deben planificarse siempre en momentos que no afecten al funcionamiento normal de la planta. Sin embargo, la realidad es que el día a día obliga a replantearse continuamente estas tareas, pero es preciso realizar un esfuerzo para respetar las tareas de mantenimiento preventivo planificadas.

Las intervenciones preventivas en las máquinas se denominan **gamas de mantenimiento.** La determinación del contenido de cada una de ellas debería basarse en un estudio de las causas de fallos de los equipos. Este estudio puede realizarse empleando la herramienta del *AMFE de medios* descrita en el apartado de herramientas de este mismo capítulo.

6.3.4. Mantenimiento autónomo

Existen algunas gamas de mantenimiento que las realizará personal propio del departamento de mantenimiento, pero otras pueden ser realizadas por el operario de producción y se conocen como *gamas de mantenimiento de uso.*

Estas gamas son clave en el desarrollo del mantenimiento autónomo y deben ser sencillas y muy gráficas, indicando al operario la situación exacta de todos los elementos que debe inspeccionar y las tareas que debe realizar sobre ellos (figura 6.9).

De nuevo, el calendario de intervenciones de mantenimiento autónomo es fundamental porque muchas tareas de inspección se deben realizar todos los días. Por otro lado, el departamento de mantenimiento recibe multitud de avisos que se podrían resolver de manera muy sencilla en el puesto de

Figura 6.9. Las gamas de mantenimiento de uso deben ser fáciles de entender y de llevar a cabo.

trabajo (un botón atascado, un enchufe que no funciona, etc.). En algunos casos, se tarda más tiempo en hacer el bono de trabajo que en arreglarlo. El mantenimiento autónomo incluye estas pequeñas tareas y, además, tres medidas preventivas diarias: limpieza, lubricación y chequeo.

Figura 6.10. Limpieza, lubricación e inspección del equipo.

Por supuesto, la seguridad es crucial a la hora de fijar qué tareas puede realizar el operario (figura 6.11). En el curso de estas inspecciones y reparaciones nunca se debe exigir que el operario tenga conocimientos técnicos específicos de la máquina. Las tareas complejas que lo exijan las asumirá el personal de mantenimiento. Salvo reparaciones muy simples, las posibles averías detectadas en el chequeo deben comunicarse al departamento de mantenimiento.

En la realidad de muchas empresas resulta difícil que el personal de producción realice tareas de mantenimiento. El personal de producción es reticente a realizar tareas ajenas a su trabajo. Esta situación es similar al control del aceite del coche. La mayoría de las veces el aceite está bien y no es necesario que lo controle un profesional. En otras empresas son los propios trabajadores del departamento de mantenimiento quienes se oponen a que otras personas realicen tareas en la máquina.

Figura 6.11. La seguridad es una de las principales restricciones en la asignación de tareas.

El mantenimiento autónomo dispone de una metodología propia de siete pasos (figura 6.12) que conducen a su implantación plena.

⑦ Registrar y analizar la avería
⑥ Estandarizar aplicando el control visual
⑤ Realizar inspecciones autónomas
④ Realizar inspecciones generales
③ Preparar estándares de limpieza y lubricación
② Eliminar fuentes de contaminación y zonas inaccesibles
① Limpieza inicial

Figura 6.12. Metodología de implantación del mantenimiento autónomo.

6.3.5. TPM. Mantenimiento productivo total

En los años setenta, Nakajima desarrolló en Japón el TPM *(Total Productive Maintenance)*, que es una nueva filosofía de gestión del mantenimiento, incluida dentro de las medidas de mejora global impulsadas por la fábrica de coches Toyota.

Nakajima mezcló las teorías del mantenimiento preventivo de la época con el concepto de control de calidad total. Así desarrolló el indicador de la *eficiencia global del equipo*, presentado en el primer capítulo, y que es una de las claves del TPM:

— *Maximizar la eficiencia global del equipo:* mediante la eliminación de las seis grandes pérdidas descritas en el capítulo 1 (averías, preparaciones, paradas menores, pérdidas de velocidad, defectos y retrabajos y pérdidas iniciales).

— *Implantar el mantenimiento autónomo:* romper con la máxima «yo opero-tú reparas».
— *Prevención del mantenimiento:* evitar tener que realizar mantenimiento en los equipos mejorando su mantenibilidad (véase fiabilidad en el apartado de herramientas de este capítulo).
— *Adiestramiento para mejoras en mantenimiento:* los operarios que trabajan con las máquinas deberían poder proponer mejoras que aumenten la disponibilidad del equipo eliminando las averías o el tiempo de reparación.
— *Gestión inicial de los equipos:* para evitar que la puesta en marcha degrade el equipo.

Nakajima propone objetivos concretos en cada una de las pérdidas y desarrolla, principalmente, las actividades relacionadas directamente con el mantenimiento de las máquinas.

Aunque afecten a la máquina, la reducción de los tiempos de preparación y la calidad se contemplan en detalle en otras metodologías, y conviene no mezclarlas. En el campo del mantenimiento, el objetivo del TPM es el *cero averías.*

6.4. HERRAMIENTAS PARA EL MANTENIMIENTO

6.4.1. Fiabilidad

Independientemente del tipo de mantenimiento preventivo que se implante (sistemático, condicional o predictivo), el objetivo es el mismo: evitar que se produzcan fallos aumentando la fiabilidad y la vida eficaz del equipo al menor coste posible. Se define la *fiabilidad* como la *probabilidad* de que un *equipo funcione satisfactoriamente,* durante un *tiempo determinado, bajo unas condiciones operativas concretas.* Los siguientes párrafos explican este concepto en detalle.

La fiabilidad es una **probabilidad,** es decir, no es una medida determinista de la vida del componente a estudiar. Se puede definir de muchas formas, aunque las más habituales se basan en la frecuencia relativa de los fallos.

El equipo debe **funcionar satisfactoriamente,** es decir, no fallar. Ahora bien, se puede producir un fallo catastrófico, originado por un cambio brusco, o puede ocurrir un fallo por degradación resultado de una erosión progresiva. Además, como no es posible que el equipo se diseñe y funcione sin averías, el sistema debe funcionar satisfactoriamente durante un **tiempo determinado.** Esta propiedad surge de la necesidad de que los elementos de una máquina mantengan los estándares de calidad durante un tiempo razonable, ya que su duración no puede ser infinita.

La fiabilidad es una variable temporal, mientras que la calidad se considera de forma puntual en el tiempo en el sentido en que se comparan las características del producto con las especificaciones. Por este motivo, suele definirse la fiabilidad como la habilidad del producto de mantener esas especificaciones en el tiempo. Por tanto, la fiabilidad puede definirse como:

$$\text{Fiabilidad} = \text{Control de calidad} + \text{Tiempo}$$

Sin embargo, la duración del componente o equipo depende de las **condiciones de trabajo** a las que se someta al sistema. Las condiciones pueden ser ambientales (temperatura o humedad) u operativas (continuas paradas y arranques, tensión eléctrica). En dos contextos de funcionamiento un componente no tendrá la misma fiabilidad.

El estado del sistema depende del conjunto de elementos, y cada elemento tiene una vida aleatoria; por lo tanto, es necesario estimar el tiempo de vida de los componentes susceptibles de desgaste y proponer soluciones para evitar que el fallo de un componente afecte a todo el sistema.

Una forma de cuantificar la fiabilidad es mediante el tiempo medio entre fallos **MTBF** *(Mean Time Between Failure):*

$$MTBF = \frac{\text{Tiempo de buen funcionamiento}}{\text{Número de averías}}$$

Otra variable importante es la **mantenibilidad,** que se define como la probabilidad de que, si se ha averiado una máquina, se repare en un tiempo especificado siguiendo un procedimiento definido. La mantenibilidad depende de distintos factores:

- *Factores de la máquina,* como la accesibilidad o la intercambiabilidad entre componentes.
- *Factores organizativos,* como la formación del personal de mantenimiento, la disponibilidad de la documentación o la subcontratación de las operaciones.
- *Factores operativos,* como la habilidad de la mano de obra y la claridad de las instrucciones de trabajo.

La mantenibilidad se cuantifica mediante el tiempo medio entre reparación **MTTR** *(Mean Time To Repair).*

$$MTTR = \frac{\text{Tiempo total de paradas por avería}}{\text{Número de averías}}$$

Curva bañera

Los fabricantes de componentes suelen incluir, entre sus características, una representación de la probabilidad de fallo frente al tiempo. Esta curva suele tener forma de bañera (figura 6.13), por lo que suele denominarse curva bañera.

Consiste en la representación gráfica de la *tasa de fallo* $\lambda(t)$, que se relaciona directamente con la fiabilidad y que se define como la probabilidad de que un elemento falle dependiendo del momento de vida en el que se encuentra. La curva se puede dividir en tres zonas:

— Zona I. *Período infantil.* Esta zona coincide con la puesta a punto del sistema. Normalmente esta zona es decreciente debido a que, a medida que pasa el tiempo, la probabilidad de que algún componente sea defectuoso disminuye. Los problemas en esta zona se evitan haciendo tests exigentes o sustituyendo los elementos en el período de puesta a punto. Es una fase vital, y el personal de mantenimiento tiene la responsabilidad de intentar acortar este período lo más posible sin afectar a la vida útil del componente.

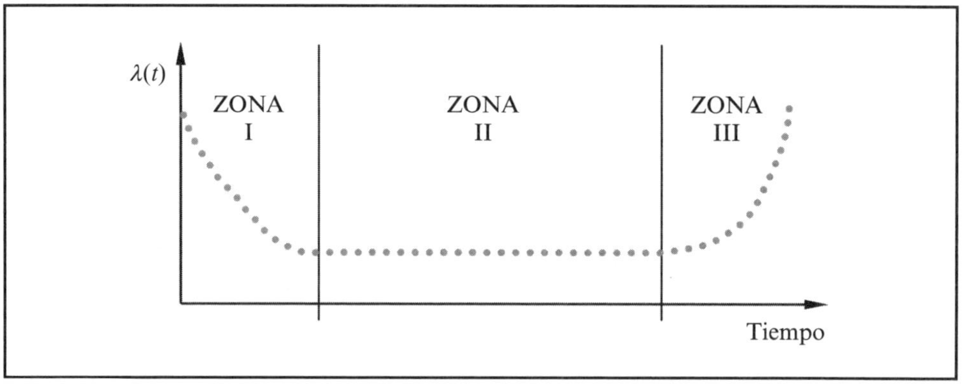

Figura 6.13. Ejemplo de curva bañera.

— Zona II. *Período útil.* En esta parte de la curva, los fallos se deben al azar. En sistemas electrónicos no hay desgaste material, por lo que la forma de curva es prácticamente horizontal. En sistemas mecánicos la curva es ligeramente ascendente.
— Zona III. *Período de desgaste.* Los fallos se deben al envejecimiento de los componentes. En esta fase se recomienda la sustitución de los componentes críticos.

6.4.2. AMFE de medios

Todo **defecto** tiene una **causa,** y para solucionarlo se realiza una **acción.** Por ejemplo, si el defecto es el roce de dos elementos, las causas raíces pueden ser, entre otras, la falta de lubricación o un desajuste. La acción en cada caso sería distinta (engrase o ajuste).

Para determinar un buen plan de mantenimiento preventivo se deben determinar todas las posibles averías, las causas y las acciones que se han de emprender en caso de que se produzcan. Para ello, resulta básico realizar un análisis de los modos de fallo de los medios de fabricación mediante un AMFE de medios (figura 6.14).

El AMFE es una guía para analizar, de forma ordenada, las posibles averías de una máquina. Para ello, se reúne un grupo de operarios que estudiará los problemas y fallos que pueden producirse en el equipo. El grupo establecerá planes de acción para evitar cada uno de los fallos descubiertos.

En el AMFE, el grupo de trabajo deberá registrar los siguiente aspectos, correspondientes a la columnas de la plantilla (figura 6.14):

— *Funciones del medio.* Se recogen en esta columna todas las funciones que debe realizar la máquina que se analiza. Por ejemplo, 1) fabricar piezas o 2) suministrar aire en condiciones específicas.
— *Modos de fallos.* Mediante un *brainstorming* se determinan las posibles formas en las que el equipo deja de realizar cada una de las funciones del apartado anterior. Ejemplos: rotura, atasco, fuga, etc.
— *Efecto del fallo.* Se detallan las consecuencias que puede tener el fallo que se está analizando. Cada efecto se acompaña de la gravedad del fallo (*G*) (en escala de 1 a 4, siendo 1 poco grave, y 4, muy grave). También se indica si el fallo es o no crítico.
— *Causa del fallo.* Se analiza a qué son debidos los fallos. Se trata de identificar la anomalía que puede llevar al fallo (falta de aceite, rotura de un componente, etc.). Es importante estimar la probabilidad de ocurrencia de la causa de la avería (*O*) (también en escala de 1 a 4, siendo 1 poco frecuente, y 4, muy frecuente).

MEDIO_____ REALIZADO POR_____ FECHA_____ PÁGINA___ DE___

Funciones del medio	Modo de fallo	Efecto del fallo	Gravedad	Criticidad	Causa del fallo	Ocurrencia	Controles actuales	Detección	N.P.R.	Medidas recomendadas	Responsable

Figura 6.14. Plantilla para el AMFE de medios.

— *Controles actuales.* Esta columna indica si, en la actualidad, se realiza algún tipo de control para evitar cada causa. También se debe indicar si el control detecta o no la causa del fallo (*D*) (escala 1 a 4, siendo 1 si no lo detecta siempre que se realiza el control, y 4, si se detecta siempre).

Completada la primera parte del AMFE, se calcula el *número de prioridad de riesgo* (NRP), como el producto de las tres variables cuantificadas (*G*, *O* y *D*).

Mediante un diagrama de Pareto, ordenado por el NPR, el equipo de trabajo determinará aquellas causas sobre las que se actuará. Se debe prestar especial atención a aquellos efectos que se han considerado críticos, aunque no tengan un NPR elevado.

El plan de acción y el responsable de llevarlo a cabo se reflejan en la misma plantilla empleada en el AMFE. Generalmente, tras la aplicación de un AMFE de medios, surge la necesidad de desarrollar un plan de mantenimiento preventivo (figura 6.15).

Para determinar los *períodos de intervención* (*T*) de este plan, es preciso conocer la curva de degradación del componente. El registro de las averías que ha sufrido posibilita calcular la fiabilidad del equipo en términos de *tiempo medio entre fallos* (MTBF), tal y como se explica en el siguiente apartado.

En un primer momento, se estima *T* en función del porcentaje de correctivo que quiere soportar la empresa (*K*). Por este motivo, al implantar el mantenimiento correctivo, es importante recoger información relativa al comportamiento del material, para poder predecir con mayor exactitud

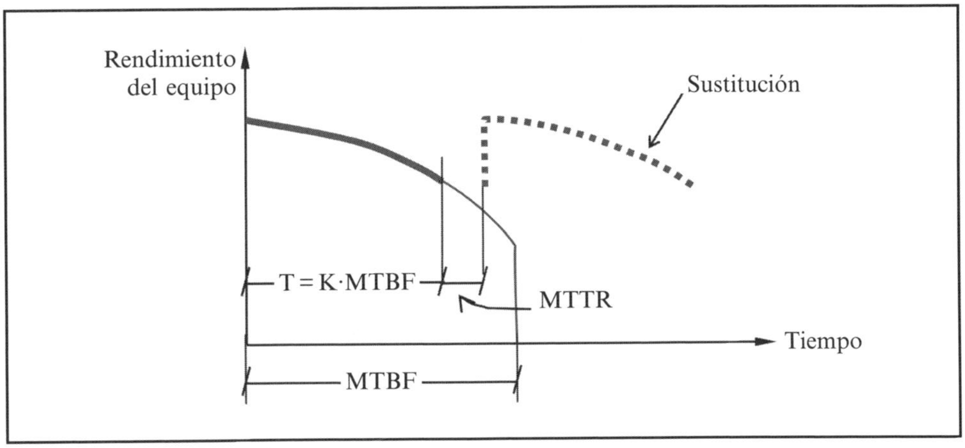

Figura 6.15. Determinación de un plan de mantenimiento preventivo.

su comportamiento. También es importante recordar que un mantenimiento preventivo prematuro o tardío puede ser peor que el correctivo.

Si la fiabilidad, al ser una variable aleatoria, se mide en términos de media y desviación típica, podría decirse que el MTBF es el valor medio y el valor de K mide la zona de desviación típica (figura 6.16). Se entiende ahora por qué dos productos con la misma vida media tienen comportamientos distintos y unos fallan antes que otros. También queda claro que los componentes más fiables son los que tienen una menor dispersión en su MTBF y, aunque normalmente son más caros, ofrecen un mejor comportamiento en los mantenimientos preventivos sistemáticos.

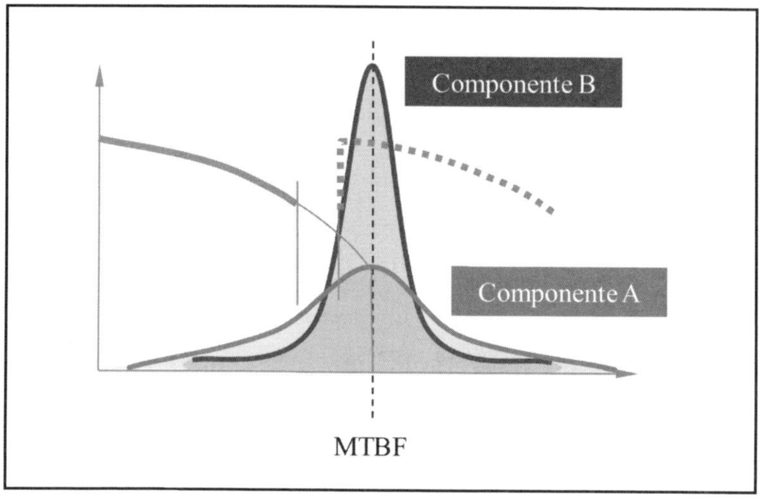

Figura 6.16. Relación entre la fiabilidad y la vida media de un componente.

6.5. RESUMEN

Este capítulo ha presentado un visión general del mantenimiento, un aspecto clave del *lean manufacturing*. La planificación de las actividades de mantenimiento es un factor determinante para la eficiencia de las empresas *lean*. Desafortunadamente, el mantenimiento se percibe como un mal necesario, y no siempre se reconoce como un tarea de ingeniería. Este capítulo ha presentado algunas de las políticas y procedimientos de mantenimiento que pueden emplearse para obtener la meta de cualquier sistema de producción: operar de la forma más eficiente, al menor coste posible.

6.6. LECTURAS RECOMENDADAS

Francisco Rey (1996): *Hacia la excelencia en mantenimiento.* Madrid: TGP-Hoshin, S. L.
Se ocupa de todos los aspectos del mantenimiento correctivo, preventivo y predictivo. La ingeniería del mantenimiento, los recambios y los costes asociados. Básico para implantar un plan de mantenimiento.

John Dixon (1995): *Organización y liderazgo del mantenimiento.* Madrid: TGP-Hoshin, S. L.
Libro general sobre los distintos aspectos del mantenimiento. No profundiza en ninguno, pero presenta sus relaciones.

Salih O. Duffuaa, A. Raouf y John Dixon Campbell (2000): *Sistemas de mantenimiento. Planeación y control.* México: Limusa Wiley.
Incorpora la parte matemática al problema del mantenimiento. Es importante como referencia en caso de necesitar ayuda en esta línea.

François Monchy (1990): *Teoría y práctica del mantenimiento industrial.* Barcelona: Masson.
Combina la teoría y la práctica en un libro. Podría sustituir a los dos anteriores en caso de no necesitar profundizar en ninguno de los aspectos que tratan.

Seiichi Nakajima (1993): *TPM. Introducción al TPM.* Madrid: Productivity.
El libro principal si quieren conocerse las bases de esta filosofía de gestión del mantenimiento industrial.

JIPM (1999): *Mantenimiento autónomo por operarios.* Madrid: TGP Hoshin, S. L.
Similar al libro de Nakajima, pero centrado únicamente en el mantenimiento autónomo.

7 Eficiencia del equipo. Disponibilidad, calidad y SMED

La necesidad de fabricar series de productos cada vez más pequeñas se ha generalizado en los últimos años debido, por un lado, a la adopción de filosofías que exigen entregas de productos en plazos cada vez menores (tanto en el tiempo de desarrollo como en el de fabricación). Por otro lado, la personalización de los productos ha diversificado su gama, por lo que los lotes de producción de productos idénticos son menores.

En este contexto las empresas deben ser ágiles y flexibles. Parte de la agilidad exigida supone reducir los tiempos de cambios a minutos en lugar de horas. En muchos casos, debido a la falta de interés en controlar los tiempos de cambio de las máquinas, resulta muy difícil lograr esta meta.

El SMED *(Single-Minute Exchange of Dies)* es una metodología clara, fácil de aplicar y que consigue resultados de forma rápida y, en algunos casos, sorprendente. El SMED fue desarrollado por Shingo en Japón entre 1950 y 1980. Con esta metodología, además, es posible conseguir resultados positivos sin apenas inversión, lo que favorece su implantación en muchas empresas.

7.1. PROCESO DE PREPARACIÓN

Se entiende por tiempo de cambio el transcurrido desde la última pieza correcta de un lote hasta la primera pieza correcta del lote siguiente. Con esta definición, los ensayos para obtener la primera pieza correcta se consideran parte del proceso de cambio y, por tanto, deben ser estudiados, analizados y mejorados.

SMED se traduce, literalmente, como «cambio de utillajes en minutos de un solo dígito», es decir, que las operaciones de cambio deben hacerse en menos de diez minutos. Durante los años sesenta, en la mayoría de plantas de automoción el cambio de prensas consumía una parte importante del tiempo disponible. No era extraño que el cambio de algunas grandes prensas durara más de un día. Éste fue el primer objetivo de Shingo, cuyo deseo era reducir ese tiempo a unos pocos minutos.

En la mayoría de los casos, no es posible alcanzar ese objetivo, aunque se pueden llegar a conseguir reducciones en torno al 60 por 100 del tiempo original. Sólo en algunos casos se obtienen reducciones del 90 por 100, pero, como regla general, el coste del proyecto resulta elevado comparado con esos ahorros.

También es preciso señalar que no siempre será necesario reducir los tiempos de cambio de una máquina, y que incluso un cambio de ocho horas se puede considerar aceptable en determinadas condiciones. Por ejemplo, ¿a quién le preocupa tardar más de un cuarto de hora en cambiar la rueda del coche? Sin embargo, en Fórmula 1 o en el NASCAR, perder 15 segundos puede ser catastrófico para el éxito del piloto.

La reducción de los tiempos de cambios es una necesidad tanto en el *just in time* como en las veinte claves (clave número 5), como se muestra en la figura 7.1.

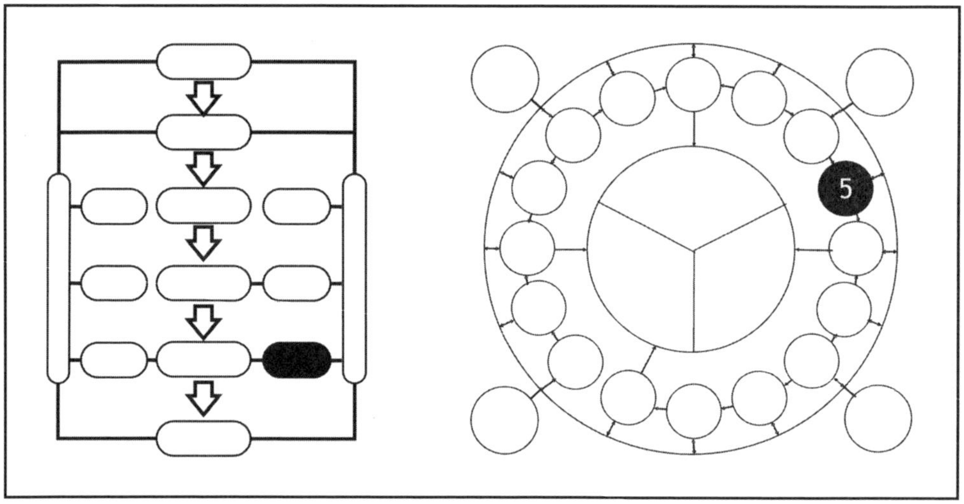

Figura 7.1. Localización de la *reducción de tiempos de cambio* en los esquemas del JIT y de las veinte claves.

El SMED mejora el indicador de disponibilidad y calidad porque reduce el tiempo requerido en el proceso de cambio. En este tiempo se incluyen los ensayos, es decir, las piezas defectuosas producidas durante el arranque.

Por tanto, las piezas defectuosas de los arranques se producen en esta fase de ensayo (figura 7.2).

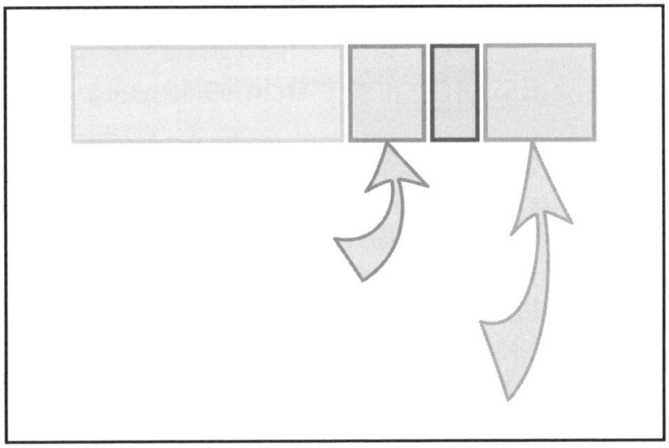

Figura 7.2. El SMED mejora los indicadores de disponibilidad y calidad.

7.2. BASES TEÓRICAS

7.2.1. Pasos básicos en un proceso de cambio

Antes de conocer con profundidad la metodología SMED, es necesario describir las etapas que componen un proceso de cambio genérico. Independientemente del tipo de máquina que se vaya a estudiar para reducir su tiempo de preparación, siempre se podrán distinguir los siguientes cuatro tipos de operaciones:

- — Preparación, ajuste y comprobación (nuevos materiales y herramientas).
- — Desmontaje y montaje de elementos de la máquina.
- — Medidas, ajustes y calibraciones (fijar parámetros, centrar los útiles).
- — Producir piezas iniciales (realizar pruebas y ensayos) y ajustar la máquina.

Estas operaciones están presentes en cualquier cambio, aunque pueden ser significativas (desde el punto de vista de tiempo y trabajo) o no. Los porcentajes del tiempo total de cambio que supone cada etapa pueden variar significativamente de un caso a otro. Las operaciones de preparación, ajuste y comprobación de materiales tienen por objeto asegurar que los componentes que se van a emplear estén disponibles en el momento del cambio y que no supongan un tiempo de inactividad. Las pruebas y los ajustes dependen, en la mayoría de los casos, de la pericia del preparador, y, por tanto, no siempre se puede conocer su duración exacta.

7.2.2. Estrategias tradicionales para mejorar los cambios

Al igual que sucede en otros aspectos de la producción, en un primer momento histórico la duración del cambio no era importante. Los fabricantes se podían permitir tener al cliente esperando (por ejemplo, hasta un año para conseguir un coche), y se planificaba la producción en función de las necesidades de producción, de forma que los cambios apenas afectaban al precio de los productos. Por ejemplo, en los inicios de la automoción no resultaba extraño que la planta se detuviera hasta dos semanas completas para ajustarse al nuevo modelo del año.

Hoy en día, los lotes de fabricación han ido disminuyendo. Esta reducción en el tamaño de lote no significa que se realicen menos pedidos que antes, sino que la flexibilidad que exigen los clientes a sus proveedores es cada vez mayor. Si antes el cliente pedía 50.000 piezas al año, ahora también se piden las mismas piezas, pero en entregas más escalonadas, lo que obliga a fabricar en lotes cada vez menores.

Por otro lado, la aparición de posibles defectos en una etapa posterior, y los tiempos de cambio altos, fuerzan a fabricar más productos de los que pide el cliente. Si, por ejemplo, el pedido es de 500 unidades, el ratio de defectos es del 6 por 100 y se tardan tres horas en preparar una prensa, se procesarán 530 piezas, para cubrir los posibles defectuosos. Si las 530 piezas resultaran correctas, habría que almacenar 30 piezas, con los costes que ello supone.

Con el objeto de que el tiempo de cambio influya lo menos posible en el coste de los productos, se suelen emplear tradicionalmente dos estrategias diferentes:

— Intentar hacer el cambio en el menor tiempo posible.
— Aumentar el tamaño del lote de producción.

Estrategias que implican destreza

La figura del cambiador especializado es frecuente en muchas empresas. El cambiador es una persona experta que conoce perfectamente el funcionamiento de la máquina y está familiarizado con las herramientas necesarias para realizar el cambio (figura 7.3). La dependencia que algunas empresas tienen de estas personas es tal que, en algunas de ellas, se han dado

Figura 7.3. La estrategia que implica destreza supone hacer el cambio más rápido.

casos de cambios de más de ocho horas porque el cambiador no trabajaba en el turno en el que había sido necesario realizar el cambio.

La destreza que tienen los preparadores al montar y desmontar los elementos de la máquina y la dificultad del proceso de cambio parecen impedir la mejora del cambio en algunas máquinas. Sin embargo, no todas las tareas que realizan los cambiadores son críticas, y pueden ser ayudados por el operario de la máquina y, en numerosas ocasiones, la operativa del cambio puede simplificarse considerablemente.

Estrategias relacionadas con grandes lotes

Esta estrategia se basa en la idea de que cuanto mayor es el lote de producción, más pequeño es el impacto del tiempo de cambio en el coste de producción del artículo. El coste de cada producto se basa en el sistema de estimación de costes de la empresa. El sistema de costes divide los costes (directos e indirectos, materias primas, etc.) entre los productos.

Independientemente del sistema de costes empleado, hay una parte del coste que hace referencia a los tiempos de producción y preparación. Este tiempo se denomina T_M.

$$T_M = \text{Tiempo de producción por pieza} + \frac{\text{Tiempo de preparación}}{\text{Tamaño del lote}}$$

Si el tamaño del lote es grande, el efecto del tiempo de cambio se reparte mucho más que si es pequeño. Como resultado, T_M disminuye a medida que aumenta el tamaño del lote (tabla 7.1).

T_M es proporcional al tiempo de preparación, de forma que la ganancia es mayor cuanto mayor sea el tiempo de cambio, como se observa en la tabla 7.2.

TABLA 7.1

Efecto del tiempo de preparación en el tiempo de producción

Tamaño del lote	Tiempo de preparación	Tiempo de procesamiento	Tiempo de procesamiento por pieza (incluido cambio)	Ratio por 100
50	240 minutos	2 minutos	2 + 240/50 = 6,8	100
500	240 minutos	2 minutos	2 + 240/500 = 2,48	36
5.000	240 minutos	2 minutos	2 + 240/5.000 = 2,048	30

TABLA 7.2

Efecto de tiempos de cambio altos en el tiempo de producción

Tamaño del lote	Tiempo de preparación	Tiempo de procesamiento	Tiempo de procesamiento por pieza (incluido cambio)	Ratio por 100
50	360 minutos	2 minutos	2 + 360/50 = 9,2	100
500	360 minutos	2 minutos	2 + 360/500 = 2,72	29
5.000	360 minutos	2 minutos	2 + 360/5.000 = 2,072	22

De esta forma se dispone de un pretexto para aumentar el tamaño del lote, y algunas empresas sólo aceptan pedidos que superen ciertas cantidades para garantizar beneficios a pesar del tiempo de cambio. Si la empresa es grande, se puede permitir esta política, pero en muchos casos no se puede elegir, y es necesario fabricar lotes pequeños.

El razonamiento anterior carecería de sentido si el tiempo de cambio fuera similar al tiempo de producción, porque el tiempo de cambio no influiría en el tiempo T_M. En ese caso la ganancia sería mínima (tabla 7.3) y, por tanto, no tendría sentido buscar lotes grandes.

TABLA 7.3

Efecto de tiempos de cambio pequeños en el coste de producción

Tamaño del lote	Tiempo de preparación	Tiempo de procesamiento	Tiempo de procesamiento por pieza (incluido cambio)	Ratio por 100
50	10 minutos	2 minutos	2 + 10/50 = 2,2	100
500	10 minutos	2 minutos	2 + 10/500 = 2,02	92
5.000	10 minutos	2 minutos	2 + 10/5.000 = 2,002	91

Estrategia de lote económico

Se ha comprobado cómo, cuando los tiempos de preparación son elevados, interesa producir en series grandes. Sin embargo, esta medida trae como consecuencia un aumento en los costes de posesión en inventario de las unidades no vendidas, si éstas se vuelven obsoletas.

El lote económico de fabricación no es más que un compromiso entre el coste de posesión de inventario y el coste de preparación. Su formulación se puede encontrar en cualquier libro clásico que analice la gestión tradicional de inventarios. En todos esos métodos, se presenta que el efecto del tiempo de cambio desciende exponencialmente con el tamaño del lote. Para calcularlo, se supone que el coste de cambio es constante, es decir, el tiempo de cambio es constante.

Esta hipótesis tradicional de partida se basa en que los tiempos de cambio se consideraban constantes y no era posible reducirlos. ¿Qué pasaría si no fuese cierta? (figura 7.4).

El coste de cambio podría reducirse, y entonces el tamaño económico de lote se iría reduciendo hasta llegar a ser la unidad, es decir, compensaría aceptar pedidos de un solo artículo. Este extremo es una utopía, pero sí que se plantea un nuevo enfoque de la expresión del coste total: ¿cuál tiene que ser el coste de cambio para que la cantidad de fabricación sea la demandada por el cliente? y, por tanto, ¿cuánto tiempo tiene que durar ese cambio para que sea rentable aceptar el pedido?

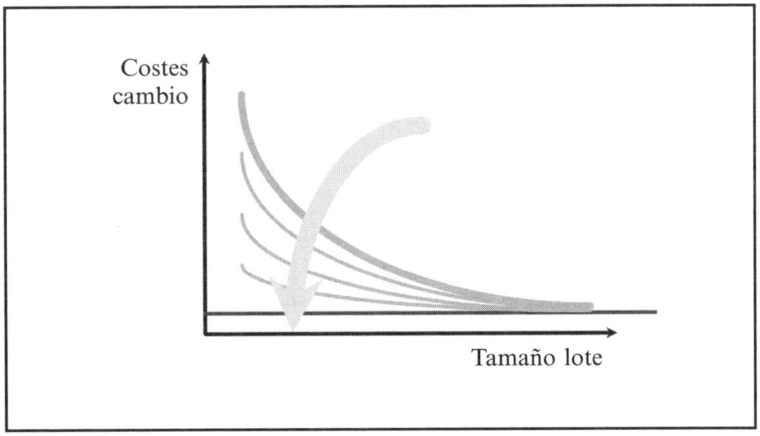

Figura 7.4. Reducción del tamaño del lote basada en una reducción del coste de preparación.

7.3. METODOLOGÍA DEL SMED

En 1950 Shingo descubrió, en la fábrica Toyo Kogyo, que el cambio de una prensa de 800 toneladas se retrasaba porque faltaba un tornillo de apriete. Comprendió entonces que debía haber dos tipos de operaciones en el proceso de cambio:

— Operaciones que se deberían realizar con la máquina funcionando y fabricando piezas del lote anterior, que Shingo llamó operaciones o tareas **externas.**
— Operaciones que era necesario realizar cuando la máquina estuviese ya parada y a las que denominó operaciones o tareas **internas.**

En 1957 Shingo perfeccionó el SMED cuando, al colocar una mesa extra en una cepilladora de la empresa Mitshubitshi, redujo fuertemente el tiempo de cambio. Descubrió que era posible convertir algunas de las tareas internas en externas.

El SMED consta de cuatro etapas conceptuales (figura 7.5), aunque la primera de ellas corresponde al estudio del cambio actual. Gracias a la aplicación del SMED, Shingo redujo el tiempo de cambio de una máquina de hacer tornillos en Toyota de ocho horas a 58 segundos, y en Mitshubitshi, en una taladradora de seis ejes, de 24 horas a 2 minutos y 40 segundos.

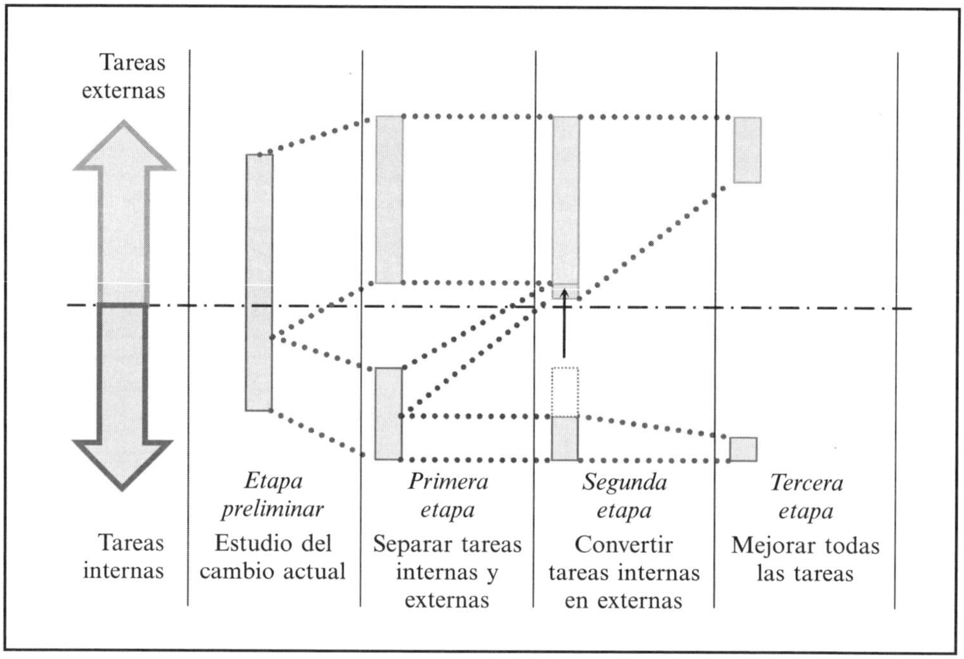

Figura 7.5. La metodología SMED y su impacto en el tiempo de preparación. Reproducido con permiso de A Revolution in Manufacturing: The SMED System. © 1985 by Productivity Press a division of Kraus Productivity. Ltd. www.productivitypress.com.

7.3.1. Etapa preliminar

La etapa preliminar del SMED consiste en estudiar la operativa actual del cambio, porque lo que no se conoce no se puede mejorar (figura 7.6). Es necesario conocer la media y la variabilidad del tiempo de cambio y a qué es debida esta última.

Por tanto, en esta etapa, es preciso registrar los tiempos actuales de cambio. En algunas empresas los cambios son frecuentes y resulta sencillo realizar varias mediciones. En otras, sin embargo, los cambios pueden ser esporádicos y hay que conformarse con los datos referentes a uno o dos estudios. Para la toma de datos debe procederse de forma análoga a la que se sigue en la toma de tiempos de una operación, explicada en el capítulo 3. De hecho, un cambio no es más que un conjunto de operaciones.

Es importante a la hora de comenzar el estudio aclarar, principalmente al preparador (si existe esa figura en la empresa), que el objetivo del SMED no es eliminar su puesto de trabajo. Siempre será necesaria una persona especialista para determinadas tareas. En ocasiones, la oposición del preparador puede hacer fracasar el proyecto; por tanto, es importante asegurarse de que los especialistas no se sienten amenazados.

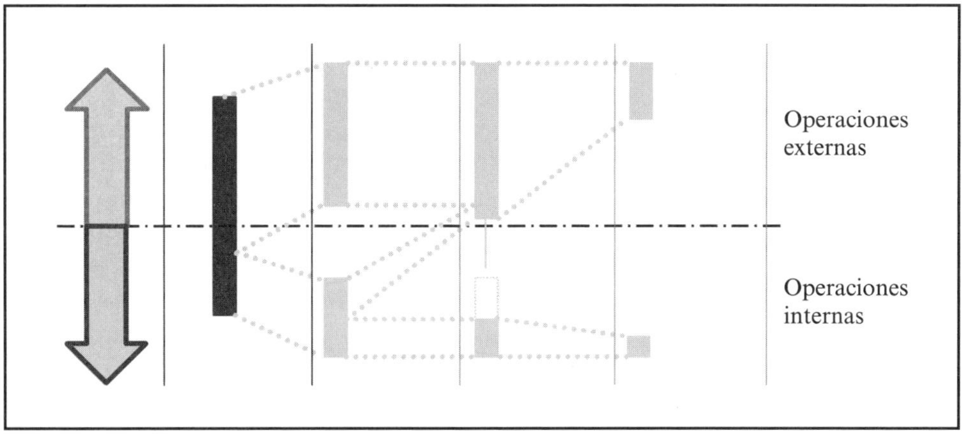

Figura 7.6. Etapa preliminar del SMED.

7.3.2. Primera etapa. Separar tareas internas y externas

La primera etapa consiste en separar aquellas operaciones que deben realizarse cuando la máquina todavía está procesando el lote anterior (operaciones externas) y las que será necesario ejecutar con la máquina parada (operaciones internas). El objetivo es separar las tareas atendiendo a su clasificación interna o externa (figura 7.7). Esta clasificación respeta las mismas operaciones y duraciones del método actual, es decir, sin mejorar ninguna.

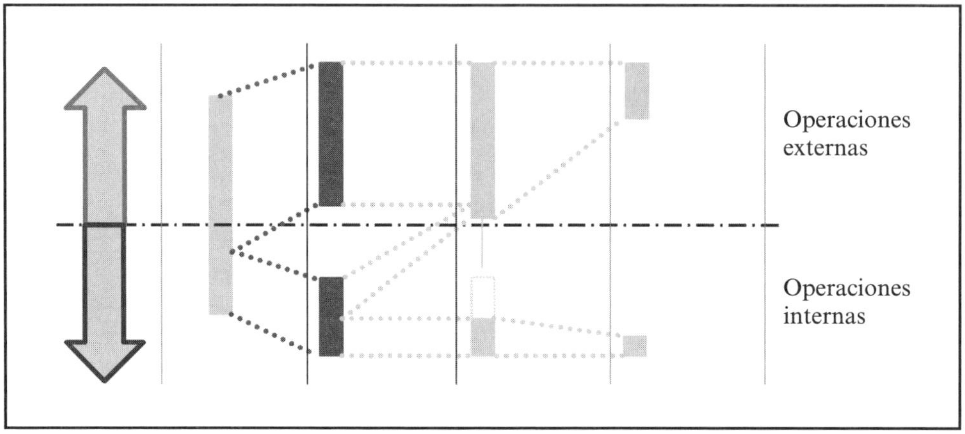

Figura 7.7. Primera etapa del SMED.

Además, en esta etapa hay que asegurar que las operaciones que se definan como operaciones externas se realicen con la máquina funcionando. A primera vista parece que no sería necesario explicar al operario que las herramientas necesarias para el cambio y el nuevo utillaje deben estar preparados antes de empezar el cambio, para ganar tiempo de producción.

En la práctica, no es habitual que las tareas externas empiecen antes de terminar el lote anterior. La razón principal para no hacerlo suele ser la falta de orden y de tiempo para prepararlos.

En esta etapa se consiguen los mayores beneficios del SMED, y es posible reducir el tiempo de cambio hasta en un 60 por 100, en algunos casos, sin invertir dinero.

7.3.3. Segunda etapa. Convertir tareas internas en externas

La reducción que se obtiene en la primera etapa en la mayoría de los casos no es suficiente, así que el SMED continúa (figura 7.8). Para reducir más el tiempo de cambio se plantea la necesidad de convertir algunas de las

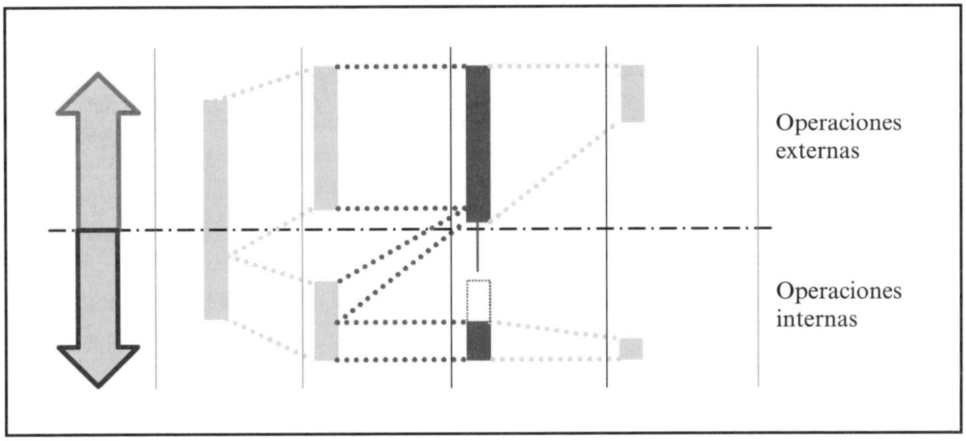

Figura 7.8. Segunda etapa del SMED.

tareas internas en externas, de forma que se realicen con la máquina funcionando.

Esta etapa comprende dos aspectos importantes:

— Reevaluar las operaciones internas para comprobar si alguno de los pasos está considerado erróneamente como interno.
— Buscar, si es posible, alternativas que permitan realizar las operaciones internas, o parte de ellas, con la máquina funcionando. Por ejemplo, ¿es posible amarrar un molde a una prensa antes de colocarlo en ella? La respuesta es sí.

Lógicamente, la mayoría de las ideas que surjan de esta segunda etapa del estudio necesitarán una inversión, y habrá que realizar un estudio económico de ellas para poder aceptarlas definitivamente.

A la hora de decidirse por la viabilidad de una alternativa, no sólo hay que tener en cuenta el punto de vista económico. Se deben estudiar también la fiabilidad del nuevo sistema, la posible aparición de nuevas operaciones (tanto internas como externas) que aumenten el tiempo de cambio y, por supuesto, la seguridad del nuevo dispositivo.

La implantación de esta etapa puede conseguir, en algunos casos, tiempos de cambio cercanos a los diez minutos.

7.3.4. Tercera etapa. Mejorar todas las tareas

Se trata de perfeccionar todas las tareas del cambio, tanto internas como externas, para reducir los tiempos de cada una de ellas, e incluso eliminarlas (figura 7.9). Si bien la metodología SMED aconseja seguir de forma sistemática las cuatro etapas, el sentido común dicta que, en la segunda etapa, no se invertirá en operaciones que previamente no se hayan optimizado.

Por este motivo, la aplicación de la tercera etapa suele hacerse en paralelo con la segunda, dejando para una «tercera etapa» el perfeccionamiento de las operaciones externas y las internas que no se han podido convertir en externas.

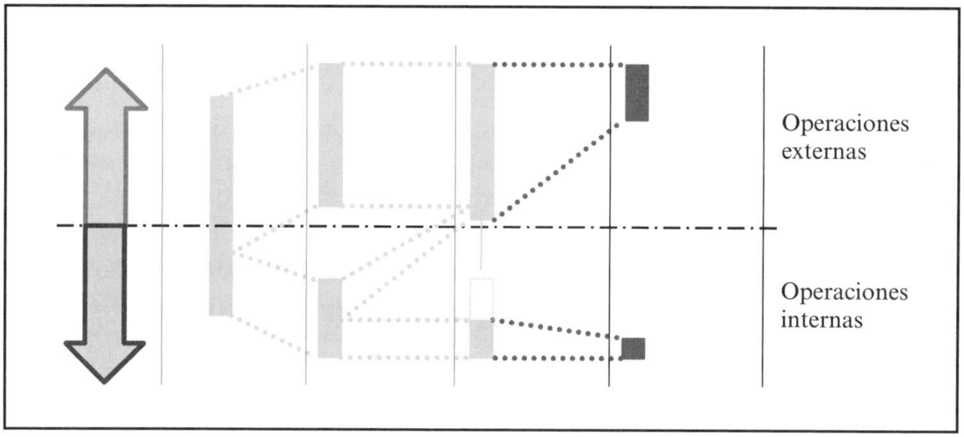

Figura 7.9. Tercera etapa del SMED.

7.4. HERRAMIENTAS DEL SMED

7.4.1. Herramientas de la primera etapa

Parece lógico conocer qué operaciones deben realizarse cuando todavía la máquina está procesando el lote anterior, pero, desafortunadamente, se producen numerosos despilfarros de tiempo en las actividades actuales del cambio. Por ejemplo:

- Los materiales se trasladan al almacén con la máquina parada.
- Los utillajes se entregan tarde, o no se encuentran en condiciones de buen funcionamiento.

— Algunos utillajes que no se necesitan se llevan al almacén antes de poner en funcionamiento la máquina.
— Algunos tornillos y herramientas no aparecen o se recogen durante el proceso de cambio.

Es preciso eliminar todos estos despilfarros. Para ello hay que hacerse determinadas preguntas antes de comenzar el cambio:

— ¿Qué hay que hacer antes de comenzar el cambio?
— ¿Cuántos tornillos hacen falta para amarrar el utillaje?, ¿de qué tipo son?
— ¿Qué herramientas son necesarias?, ¿están en condiciones?
— ¿Dónde hay que colocar los elementos después de utilizarlos?

Para facilitar este proceso de comprobación se han desarrollado una serie de técnicas y herramientas de control visual que aseguran que se realicen todas las operaciones necesarias antes del cambio (figura 7.10).

Lista de chequeo

Esta herramienta es un cuestionario que debería comprobarse antes de cada cambio. Su objetivo es comprobar por anticipado que los elementos que deben estar preparados, antes de que la máquina termine el lote actual, lo estén. La lista de chequeo puede ser común a todos los cambios o específica de cada producto. En el primer caso se colocará cerca de la máquina; en el segundo, deberá acompañar a la orden de fabricación.

Figura 7.10. El control visual es la herramienta más importante de la primera etapa.

Panel de comprobación

Si el número de herramientas es pequeño, o si la máquina dispone de herramientas exclusivas, se puede colocar un panel de comprobación junto a la máquina (figura 7.11).

Esta herramienta presenta numerosas ventajas. Por ejemplo, el operario puede comprobar visualmente si están todas las herramientas que hacen falta. En ocasiones, incluso las herramientas están silueteadas, de forma que se sabe qué herramienta falta. En otra estrategia se codifican las herramientas y se coloca una pegatina en la máquina y otra en la herramienta.

Figura 7.11. Un ejemplo de panel de comprobación.

Comprobaciones funcionales

La lista de chequeo y el panel de comprobación no muestran el estado de los útiles. Algunos moldes de inyección de plástico pueden tener incrustaciones de material que deben limpiarse y se descubren en la fase de pruebas, por lo que la limpieza del molde se realiza con la máquina parada.

Existen dispositivos especiales para comprobar los moldes antes de colocarlos en la máquina; ahora bien, si no se dispone de uno, sería preciso invertir en él y, por tanto, se analizará en la segunda etapa del SMED.

En otros casos es preferible inspeccionar el molde una vez que se ha terminado de procesar un lote de piezas, aunque la máquina esté parada, ya que algunos defectos no se detectarán hasta volver a tener el molde a la temperatura correcta y para arreglarlo será preciso dejarlo enfriar, lo que implica una importante pérdida de tiempo.

Mejorar el transporte de útiles y piezas

Los transportes de utillajes y piezas desde el almacén deben realizarse con anterioridad a que empiece el cambio, aunque ello puede suponer repetir trabajos. En un cambio «tradicional» del molde de una prensa, el operario desmonta el molde viejo, lo carga en una grúa, lo lleva al almacén, carga el nuevo y lo monta. Si el molde es pesado, los desplazamientos se harán despacio y se puede consumir mucho tiempo, tiempo que la máquina estará parada.

La propuesta del SMED en esta fase obliga a duplicar trabajo, pero el tiempo de máquina parada se reduce. En el «nuevo» cambio, el operario iría al almacén, cargaría el nuevo molde y lo dejaría junto a la máquina. Esperaría a que la máquina terminara, sacaría el molde y lo dejaría junto a la máquina. Montaría el molde nuevo, pondría la máquina en funcionamiento y cargaría después el molde viejo para llevarlo al almacén.

Este nuevo procedimiento aparentemente supone más tiempo y operaciones que el tradicional. Sin embargo, de acuerdo con la definición de Shingo de tiempo de cambio, el tiempo que la máquina está parada se reduce drásticamente y, como consecuencia, el tiempo de cambio también.

7.4.2. Técnicas de la segunda etapa

Se ha comentado anteriormente que la segunda etapa se suele mezclar con la tercera, en el sentido de que al intentar convertir una tarea interna en externa, se busca primero la forma de optimizarla. Sin embargo, existen algunas recomendaciones que tienen como fin facilitar el estudio de casos complejos. Por ejemplo, en esta segunda etapa no se deberían cuestionar los movimientos alrededor de la máquina, que se consideran operaciones internas y se tratarán en la tercera fase. Tampoco se supone que se eliminarán operaciones, aunque, si en algún caso es evidente, se hará. Existen técnicas de uso muy extendido y que conducen a buenos resultados. Algunas de ellas se comentan brevemente a continuación.

Método de los materiales continuos

En numerosos casos se emplean bobinas para suministrar material al proceso y se debe realizar el cambio de bobina al terminarse la anterior; por ejemplo, en trenes de estampación y líneas envasadoras. El cambio de bobinas puede desaparecer si se suelda el final de una bobina con el principio de la siguiente (figura 7.12). La máquina funcionaría sin paradas, por lo que el tiempo de cambio sería cero. De esta forma sólo se perdería el producto que contenga la soldadura, mientras que, con el otro sistema, además de la pérdida de tiempo que supone, se desecha la parte final de la bobina anterior. En el caso de las líneas de envasado, no sólo se desperdicia el final de la bobina, sino que se pueden desechar productos elaborados si la línea de fabricación no puede detenerse.

Figura 7.12. Ejemplo del método de materiales continuos.

Contenedores temporales

Desgraciadamente no siempre es posible soldar las bobinas y se hace necesario realizar una parada para llevar a cabo el cambio. En este caso, no hay otra solución que detener la máquina. Los contenedores temporales (figura 7.13) no convierten toda la operación de cambio de bobina en externa, pero sí una parte importante de ella:

— Los contenedores temporales ahorran considerablemente el tiempo de cambio al eliminarse los desplazamientos en busca de la bobina siguiente.

Figura 7.13. Ejemplo de contenedores temporales.

— Si las bobinas lo permiten, es posible incluso amarrar la siguiente bobina y, con un simple giro, realizar el cambio, con lo que el tiempo ahorrado aumenta.

Precalentamiento de moldes

En la mayoría de los procesos de inyección se necesita que los moldes alcancen unas determinadas temperaturas para comenzar a producir piezas. Existen dispositivos que calientan los moldes antes de ser colocados en la máquina. El principal problema en este caso es la seguridad del operario, ya que manipular un molde caliente es mucho más peligroso. No obstante, es posible precalentar a temperaturas moderadas, reduciendo el tiempo necesario para alcanzar la temperatura correcta una vez colocado en la máquina.

Estandarización de funciones

Una manera de convertir en operaciones externas los ajustes de alturas y profundidad de algunas prensas y máquinas de inyección consiste en estandarizar determinadas medidas, como, por ejemplo, la distancia al inyector (figura 7.14). Sólo se estandarizarán aquellas piezas fundamentales para el cambio, teniendo en cuenta dos importantes condiciones:

— El proceso de cambio debe ser al menos tan seguro como el anterior.
— La calidad de las piezas producidas no debe verse afectada negativamente.

Es posible que, a la hora de estandarizar una distancia, sea necesario fabricar un nuevo soporte. Puede ser un buen momento para añadirle nuevas funcionalidades, como, por ejemplo, una guía de centrado.

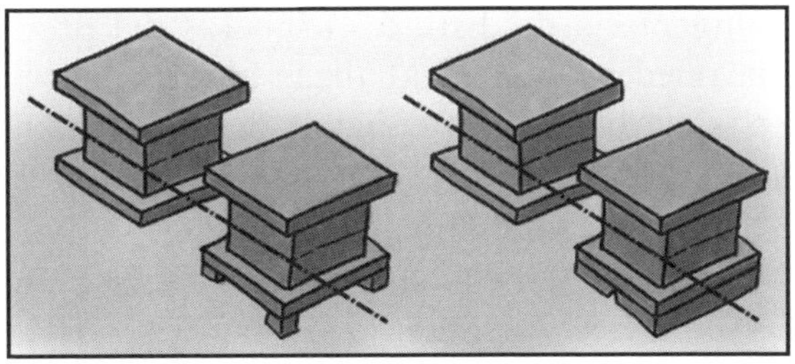

Figura 7.14. Estandarización y mejora de moldes.

Muchas veces no será posible estandarizar todos los utillajes de la máquina debido al gran número de útiles distintos que se emplean. Lo que sí se puede fijar son las características que deben cumplir los futuros utillajes que se fabriquen, además de estandarizar aquellos que más se usan.

Duplicación

En ocasiones es posible disponer de dos elementos idénticos (grúas, herramientas, palés, etc.) que facilitan el cambio. Así, si se dispone, por ejemplo, de una doble grúa, es posible preparar el próximo molde y extraer el anterior sin necesidad de soltar y volver a amarrar los moldes, como se ve en la figura 7.15. Lo mismo ocurriría si un centro de mecanizado estuviera dotado de un almacén de herramientas en el que se dispusieran todas las herramientas que emplea.

Figura 7.15. Doble grúa.

7.4.3. Técnicas de la tercera etapa

La mejora o eliminación de una operación supone realizar un esfuerzo de reingeniería de distintos aspectos del producto o del proceso. La reingeniería puede ayudar a analizar algunos aspectos importantes. Por ejemplo, ¿es posible hacer la operación de otra forma?, ¿es la operación necesaria?, ¿son los procedimientos los más adecuados?

Hasta este momento no se había planteado la necesidad de mejorar las operaciones externas: simplemente se habían separado, y algunas operaciones internas se habían convertido en externas. Sin embargo, ahora se plantean otras cuestiones: ¿tendrá tiempo suficiente el preparador para organizar todo el material y realizar todas las operaciones externas? Si bien no se considera propiamente parte del tiempo de cambio (según la definición que se dio al comienzo del tema), el poder realizar las operaciones externas de forma eficiente resulta básico, sobre todo si el cambiador es un recurso saturado.

Es necesario estudiar la carga de los cambiadores y planificar los cambios de forma que no sean requeridos en dos máquinas al mismo tiempo, ya que, de lo contrario, todo el trabajo realizado en la mejora será inútil. Las operaciones internas se pueden mejorar de distintas formas. En esta etapa es importante analizar los desplazamientos alrededor de la máquina y estudiar el número óptimo de empleados que deben intervenir en el proceso de cambio. Se pueden emplear diferentes técnicas para mejorar y eliminar operaciones. A continuación se citan algunas a modo de ejemplo.

Mejorar las operaciones externas

Mejorar el almacenamiento de útiles. Estrategia de indicadores

La estrategia de indicadores se explica en el capítulo siguiente, el capítulo 8, dedicado a las «5S». Sin embargo, no es necesario emprender una campaña «5S». Esta estrategia persigue ordenar de forma eficiente el almacén, acercando los útiles más empleados y organizando las herramientas para que puedan localizarse e identificarse de forma sencilla recurriendo, por ejemplo, a un código. Las «5S» ofrecen una orientación común a la hora de elegir la forma de codificar, de manera que las distintas secciones de la empresa empleen la misma nomenclatura (figura 7.16).

Figura 7.16. La estrategia de indicadores facilita el almacenamiento de útiles.

Mejorar las tareas internas

Simultanear operaciones

En máquinas de gran tamaño es preciso realizar operaciones en la parte delantera y en la trasera. Un único operario malgasta parte del tiempo de cambio en desplazamientos alrededor de la máquina.

Como muestra la figura 7.17, con la ayuda de un segundo operario, el tiempo se reduce considerablemente. Si un operario necesita dos horas para realizar el cambio, dos operarios podrían tardar menos de una hora, al eliminarse los desplazamiento alrededor de la máquina (aunque es posible que empleen más tiempo en función del reparto de tareas y la secuencia de operaciones).

Es conveniente realizar un mapa de tareas indicando qué operaciones realizará cada operario.

Esta representación permite descubrir cuáles son las tareas más importantes que deben mejorarse, o también cuáles puede realizar el otro operario para descargar de trabajo al primero.

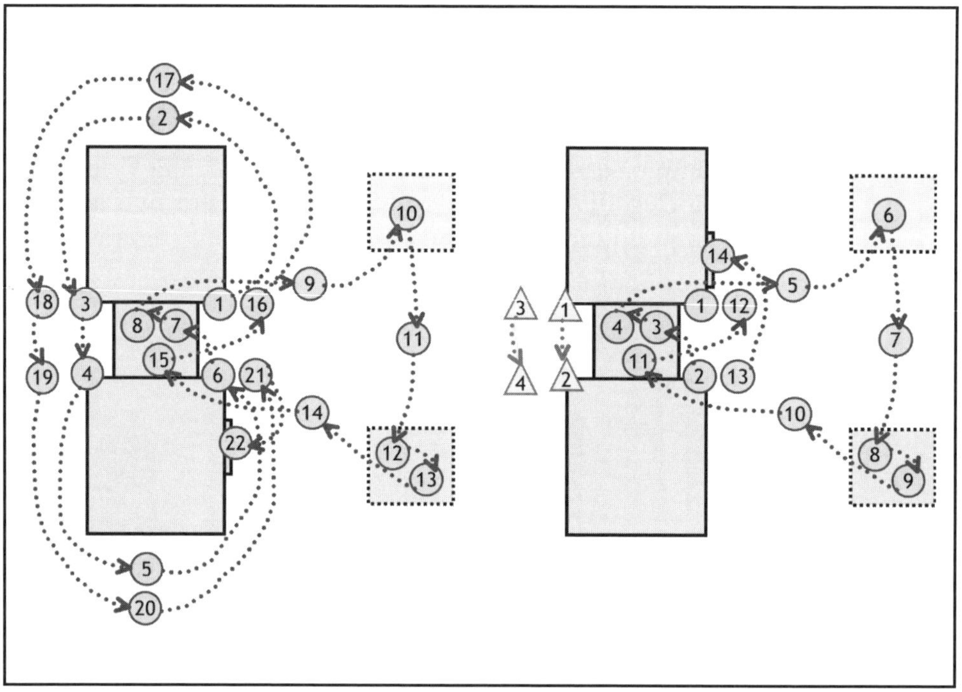

Figura 7.17. Comparación entre la asignación de uno o dos operarios en un proceso de cambio.

Una vez más, la seguridad es prioritaria en este tipo de trabajos sincronizados. Existen dispositivos especiales que evitan riesgos de accidentes, como pueden ser alfombrillas que paran la máquina cuando se pisan, mecanismos de seguridad que bloquean la máquina hasta que no se bajan unas protecciones, botones de confirmación, etc.

Aprovechar movimientos

En algunos procesos de montaje de útiles se puede aprovechar un movimiento para realizar más de una tarea. Por ejemplo, puede aprovecharse el movimiento de descenso de un molde para realizar las conexiones eléctricas e hidráulicas del circuito de refrigeración. En caso de que no se puedan realizar de forma simultánea, pueden agruparse todas las conexiones similares en una regleta que permita conectar de forma rápida todos los enlaces.

Anclajes funcionales

Los anclajes funcionales son dispositivos que se utilizan para mantener un objeto fijo con el mínimo esfuerzo. Se evita de esta forma el uso generalizado de tornillos.

El SMED intenta evitar el uso de tornillos y tuercas como elementos de sujeción. Shingo explicaba que, de toda la rosca de un tornillo, el único hilo que realiza la función de apriete es el último. Por tanto, todos los tornillos deberían tener sólo un hilo. En ese caso el tornillo se consideraría un anclaje funcional.

Desde el punto de vista técnico, un tornillo de un hilo resulta inviable, pero sí que, en muchos casos, puede reducirse el número de hilos de forma considerable. Existen gran cantidad de anclajes funcionales que, aunque muchos de ellos se emplean con tornillos, facilitan el amarre y el desamarre.

— *Orificios en forma de pera.* En tapas con un gran número de tornillos no es necesario desatornillar hasta el final todos los pernos, de modo que con permitir el giro de la tapa es suficiente (figura 7.18).
— *Arandelas en forma de U.* Similar al caso anterior, pero se emplea en un mayor número de casos, ya que sirve para cualquier maniobra de apretado entre un tornillo y una tuerca.
— *Arandelas en forma de C.* Se emplean en situaciones de difícil acceso en las que se corre el riesgo de que la arandela en forma de U se caiga al aflojar el tornillo.
— *Roscas acanaladas.* En un intento de acercamiento al ideal del tornillo con un solo hilo, surgen las roscas acanaladas, en las que es posible conseguir el apretado con sólo 1/3 de vuelta.

— *Métodos de único movimiento.* Los ejes que no giran a elevadas velocidades se pueden sujetar con elementos sencillos, que se liberan por medio de una palanca.
— *Reducir la variedad de útiles.* Unificar los tornillos para que se puedan emplear las mismas llaves, e incluso utilizar pernos con orejeras.

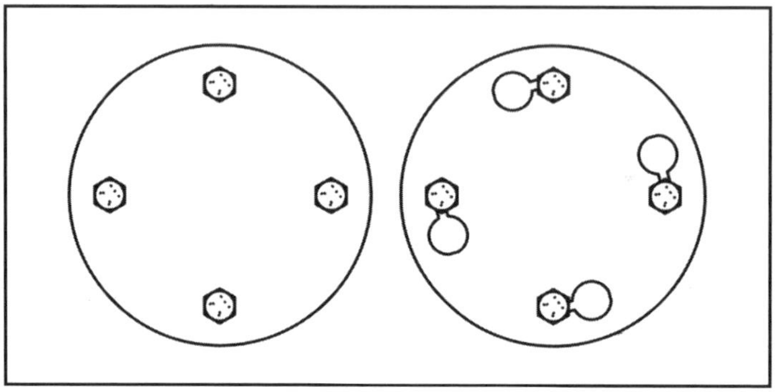

Figura 7.18. Los orificios con forma de pera son anclajes funcionales.

Eliminar ajustes y pruebas

En muchos cambios los ajustes y pruebas hasta obtener la primera pieza buena pueden llegar a suponer un 50 por 100 del tiempo total del cambio. La eliminación de ajustes significa que éstos desaparecen, no que se reducen. Este objetivo supone un esfuerzo importante, porque debe abandonarse la confianza que se tiene en la intuición a la hora de calibrar los parámetros de la máquina (figura 7.19).

Figura 7.19. Las pruebas y ajustes deberían eliminarse.

En muchas empresas los ajustes pueden realizarse sin ensayos de prueba y error, como sucede en la actualidad. Si resulta necesario realizarse un procedimiento de ajuste, éste debe estar escrito, y los valores de los parámetros de la máquina perfectamente especificados. De esta forma, en aquellos casos en los que sea necesario realizar pruebas, serán las mínimas necesarias. Se ha desarrollado una técnica que elimina en algunos casos los ajustes, llamada OTED *(One-Touch Exchange of Die),* que significa cambio de útiles con un solo toque.

Automatizar el cambio

El último recurso que queda, después de probar e implantar con éxito los métodos anteriores, es la automatización, y sólo será efectiva si el proceso sobre el que se aplica está optimizado. Además, la automatización supone, en general, costes elevados (figura 7.20). A pesar de estos costes de implantación, en algunos casos la automatización resulta ser la mejor alternativa.

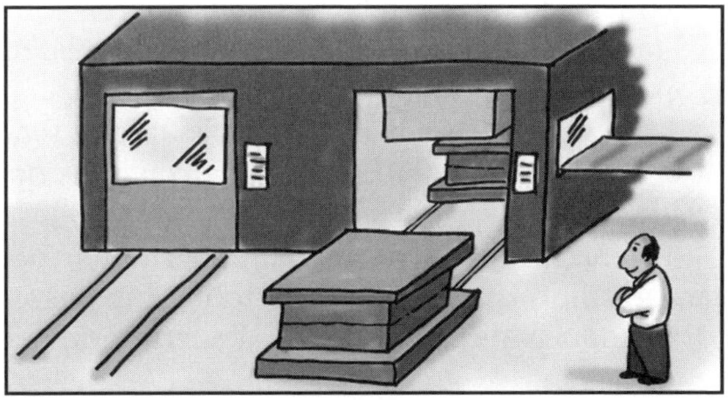

Figura 7.20. La automatización es el último método que debe aplicarse.

7.4.4. Cero cambios de útiles

Con el SMED se pueden conseguir reducciones de tiempo espectaculares, aunque las pequeñas mejoras que se logran son mucho más importantes.

Cuando Shingo murió en 1990, Sekine y Arai siguieron con su trabajo, intentando llegar más lejos de lo que aquél llegó. La barrera se colocó ahora en tiempos de cambio de menos de un minuto, es decir, segundos en lugar de minutos, y, para ello, definieron una estrategia para conseguir el *cero cambio de útiles.*

Desafortunadamente, la única forma de conseguir los tiempos de cambios de segundos que pretendían alcanzar era automatizar el cambio, y, para ello, era preciso invertir grandes cantidades de dinero. Muchos de los logros conseguidos se debieron a ideas ya desarrolladas por Shingo.

7.5. EFECTOS Y BENEFICIOS DEL SMED

La aplicación del SMED en una máquina que lo necesite otorga numerosos beneficios. Al final, todos ellos se traducen en ahorros de dinero, aunque también hay aspectos, como la mejora de la seguridad, que son difíciles de cuantificar económicamente.

7.5.1. Proceso de cambio más sencillo

La reducción en el número y complejidad de operaciones que lleva asociado el SMED, y el establecimiento de una nueva operativa del cambio, suponen que las tareas de preparación se simplifican y, por tanto, el cambio es más sencillo de realizar.

Gracias al SMED muchas de las operaciones las pueden realizar operarios menos cualificados que los cambiadores, de forma que el preparador y el operario colaboran en el proceso.

La seguridad también se beneficia de la sencillez del cambio. Para reducir el tiempo de cambio se han analizado las operaciones, evitando situaciones de riesgo.

La nueva operativa del cambio elimina posibles errores en el proceso, garantizando que, al finalizar todos los pasos, la máquina está dispuesta para producir piezas correctas desde la primera.

7.5.2. Producción con stock mínimo

Si el tiempo de cambio se reduce, las series de fabricación pueden reducirse y no será preciso lanzar órdenes de fabricación con grandes lotes. Entonces, el inventario en proceso de la fábrica se reducirá. Si el inventario en proceso se reduce, el flujo medio de tiempo de los productos disminuye, y el plazo de entrega también, por estar relacionado directamente con el flujo de tiempo.

7.5.3. Simplificación del área de trabajo

La codificación de los utillajes o la necesidad de limpieza en el entorno de la máquina, entre otras propuestas, son herramientas que ayudan a que el área de trabajo se simplifique. Después de la aplicación del SMED, tiene que ser posible localizar herramientas, útiles y piezas en poco tiempo.

7.5.4. Productividad y flexibilidad

Los beneficios del SMED son muchos e importantes, pero los principales beneficios del SMED se centran en dos conceptos clave: el aumento de la productividad y el aumento en la flexibilidad (figura 7.21).

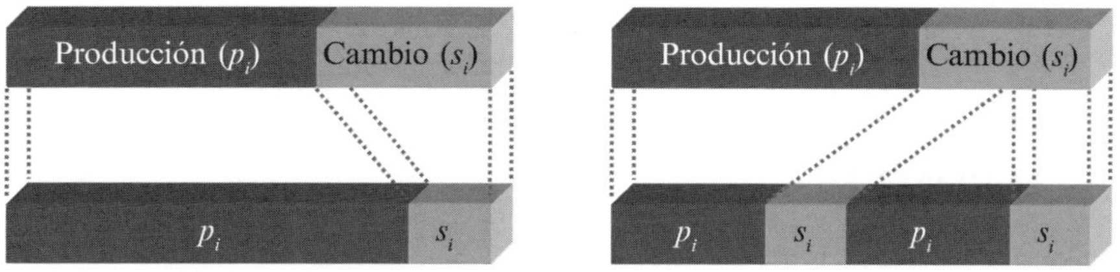

Figura 7.21. Los principales beneficios del SMED son el aumento de productividad y de flexibilidad.

En ocasiones se intenta aplicar SMED para liberar la máquina de carga y conseguir así mayor tiempo productivo. En realidad, si bien gracias al SMED se logran aumentos de productividad, su principal beneficio es el aumento en la flexibilidad.

El principal motivo es que si la empresa busca un aumento de productividad, puede emplear el SMED como una alternativa más, como comprar otra máquina o reducir las inactividades del ciclo. Si, por el contrario, se busca flexibilidad, el SMED es la única solución.

7.5.5. Beneficios económicos

Los beneficios económicos que se desprenden del SMED no son siempre los mismos y dependen de la situación de la máquina en la que se aplique.

— En algunos casos, la máquina sobre la que se aplica la metodología se encuentra saturada. Si el objetivo del SMED es liberar a la máquina de tiempo de cambio para aumentar su disponibilidad, se obtiene un beneficio debido al aumento que se produce en las ventas.

— Si la máquina no está saturada, y no quiere aumentarse el número de cambios, el tiempo necesario para realizar un pedido disminuirá. Si los operarios encargados de la máquina se pueden ocupar de otras tareas, el beneficio económico se deriva de una reducción de la mano de obra necesaria.

Estos dos ejemplos demuestran que, en cada caso, el estudio económico del SMED variará.

En los casos en los que se busca mayor flexibilidad, será muy difícil realizar el estudio económico. La flexibilidad es difícil medirla directamente y es preciso relacionarla con la disminución de stock y con otros beneficios difícilmente cuantificables, como la satisfacción del cliente, que recibe en un menor plazo sus productos. No obstante, la justificación económica de un estudio SMED que busca flexibilidad es complicada. En estos casos sólo será posible presentar beneficios cualitativos.

7.6. RESUMEN

Este capítulo ha presentado una metodología básica pero muy útil para reducir el tiempo de cambio de una máquina: el SMED. El SMED propone organizar las herramientas necesarias para el proceso de cambio antes de que la máquina termine el lote anterior. El principal beneficio de la reducción del tiempo de cambio es el aumento de la flexibilidad, que es un concepto clave en las estrategias de *lean manufacturing.* Sin embargo, la justificación económica de un proyecto SMED, centrado en el aumento de la flexibilidad, es realmente complicado.

7.7. LECTURAS RECOMENDADAS

Shigeo Shingo (1990): *Una revolución en la producción: el sistema SMED.* Madrid: TGP-Hoshin, S. L.

Traducción del libro publicado en Japón en 1983 y que recoge todos los pasos que hay que dar para reducir el tiempo de cambio. Con gran cantidad de ejemplos aplicables a la realidad, es un libro fundamental.

Kenichi Sekine (1993): *Kaizen para preparación rápida de máquinas.* Madrid: TGP-Hoshin, S. L.

Teórica continuación del libro anterior que intenta exponer nuevas ideas para reducir el tiempo de cambio a segundos. Nuevos ejemplos y algunas ideas nuevas.

8 Mejoras en el entorno y la metodología de las 5S

El tercer área que se analizará en este libro es la correspondiente al entorno de trabajo y cómo puede mejorarse. En los últimos años ha proliferado el número de proyectos de implantación de una metodología denominada «las 5S», que corresponden a las iniciales de 5 palabras japonesas (también de 5 palabras inglesas) que son la base de la organización, el orden y la limpieza industrial.

Sin embargo, el objetivo principal de la implantación de esta herramienta reside en educar a los trabajadores y conseguir inculcar el hábito de mantener el entorno y los recursos de trabajo organizados, ordenados y limpios con un esfuerzo mínimo por su parte. Las ideas que se manejan en esta metodología son básicas y de sentido común. Sin embargo, en la mayoría de las empresas no se respetan los principios del orden y la limpieza.

8.1. UN ENTORNO DE TRABAJO LIMPIO Y ORDENADO

Antes de comenzar cualquier mejora es necesario disponer de un lugar de trabajo limpio y ordenado. Hiroyuki Hirano desarrolló una metodología para conseguir trabajar con los elementos indispensables y ordenados en un área de trabajo limpia (figura 8.1).

Gracias a las 5S se crea una actitud en la empresa de respeto por el orden y la limpieza. Esta actitud no se basa en carteles o eslóganes estereotipados que se cuelgan en las paredes, sino en inculcar en los trabajadores a través de esta metodología, un **hábito** que permitirá que otras herramientas de mejora se implanten con facilidad.

Figura 8.1. Las 5S permiten evitar situaciones como la de la izquierda y mantener las de la derecha.

Por este motivo, en la filosofía *just in time,* las 5S aparecen en primer lugar (figura 8.2). Las veinte claves también separan esta clave del resto y la sitúan fuera del círculo (clave 1).

Las 5S se identifican con 5 palabras japonesas:

— *Primer pilar. Organización (seiri):* al aplicar este pilar, se deben distinguir aquellos elementos que son necesarios y los que no lo son.

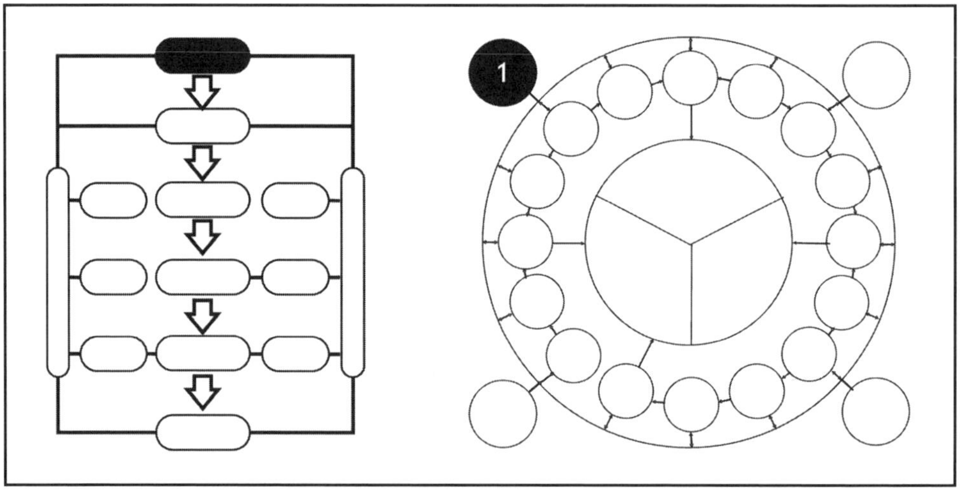

Figura 8.2. Localización de *las 5S* en los esquemas del JIT y de las veinte claves.

— *Segundo pilar. Orden (seiton):* el objetivo de este pilar es conseguir ordenar los elementos necesarios de forma que cualquiera puede encontrarlos, emplearlos y devolverlos al mismo sitio después de su utilización.
— *Tercer pilar. Limpieza (seiso):* este pilar se centra en las tareas necesarias para limpiar la zona de trabajo.
— *Cuarto pilar. Estandarización o control visual (seiketsu):* este pilar mantiene activos los tres pilares anteriores. Después del esfuerzo que suponen, no puede abandonarse el trabajo. Además, debe ser posible detectar anomalías de manera sencilla.
— *Quinto pilar. Disciplina y hábito (shitsuke):* en un primer momento habrá que imponer los nuevos procedimientos de trabajo hasta que se conviertan en hábitos.

8.2. METODOLOGÍA DE IMPLANTACIÓN DE LAS 5S

8.2.1. Antes de empezar

Antes de iniciar la implantación de las 5S, hay un paso previo que resulta fundamental para el éxito de la metodología. Consiste en el convencimiento por parte de los miembros de la dirección de que las 5S suponen una inversión de tiempo por parte de los operarios y la aparición de nuevas tareas (limpieza e inspección) que deberán mantenerse en el tiempo. Además, se debe:

1. *Preparar material didáctico* para explicar a todos los trabajadores la importancia de las 5S y los conocimientos básicos que todos deben tener sobre la metodología.
2. *Elegir un área piloto* donde se puedan conseguir resultados espectaculares en poco tiempo o donde el personal esté más motivado con el proyecto. Esta área no debe ser muy amplia. El objetivo de la experiencia piloto es crear expectación en otras áreas. Si es posible, no elegir como área piloto una oficina, ya que resulta difícil extrapolar los resultados al área productiva.
3. *Diseñar el plan de trabajo.* Algunas preguntas que deben tener respuesta antes de comenzar con la formación básica son: ¿cuándo va a trabajar el equipo?, ¿quiénes formarán parte de él?, ¿se va a remunerar el trabajo?, ¿cambiará el sistema de incentivos?
4. *Preparar la formación y metodología completa para el grupo de trabajo*. La metodología 5S propone que, por cada S: 1) se realice la formación, después 2) se ponga en práctica, y 3) se ponga en común la experiencia. Además se debe disponer de un panel, una cámara

fotográfica y de otros pequeños detalles importantes: carpetas, bolígrafos, etc.

Una vez que se conocen los resultados de la implantación en el área piloto, se puede extender a otras áreas, donde, en ocasiones, los participantes en el primer grupo de trabajo se convierten ahora en facilitadores de nuevos grupos.

En numerosas ocasiones ocurre que las mejoras que se implantan en el área piloto solucionan problemas comunes a otras áreas. Éste es el caso, y si la implantación se va a alargar en el tiempo, parecería conveniente realizar esas pequeñas mejoras en las otras áreas para evitar malestar entre el personal.

Sin embargo, esta medida puede resultar negativa, ya que en estas áreas no se ha recorrido el camino hasta descubrir la necesidad de mejorar y el equipo 5S puede sentirse menospreciado.

La formación previa sobre el sentido y el alcance de las 5S es básica, como también lo es contar con el apoyo de la dirección. Sin este apoyo, la implantación fracasará, ya que en algunos casos habrá que imponer ciertas medidas, y sólo una persona con responsabilidad podrá conseguirlo.

Por último, es importante no fijarse metas muy exigentes en un proyecto 5S. Si se trata de abarcar muchas mejoras y algunas fracasan, puede fracasar todo el proyecto. Por ejemplo, la metodología 5S propondrá mejorar los métodos de trabajo de los operarios, pero esto muchas veces puede suponer un proyecto independiente y debe separarse de las 5S, es decir, no debe aparecer en los paneles ni discutirse en las reuniones de trabajo.

8.2.2. Etapas comunes en los cinco pilares

La implantación de las 5S no se puede hacer siguiendo la intuición, o de forma parcial. Existe una metodología sencilla probada con éxito en muchas empresas, descrita por el autor de las 5S, Hiroyuki Hirano. La metodología de las 5S está recogida en multitud de documentos y cursos, y todos ellos recomiendan los mismos pasos previos a la implantación de esta técnica.

En cualquiera de ellas se sigue de forma sistemática el orden de las 5S. El procedimiento que se sigue es el siguiente:

- Se forma al equipo.
- Se utilizan las herramientas de cada una de ellas (se explican al final del capítulo).
- Se establecen indicadores que permitan verificar el estado de la implantación.

8.2.3. Primer pilar. Organización

En las empresas se pueden encontrar numerosos síntomas de desorganización:

- Los equipos obsoletos se colocan cerca de las paredes, en zonas de poco tráfico. Estos equipos permanecen tiempo ahí, y mientras no interfieran en el funcionamiento normal de la planta, nunca se almacenan o eliminan. Otro síntoma de desorganización es la ausencia de zonas específicas para el inventario en proceso (WIP).
- En alguna empresa incluso sucede que los operarios tienen que rodear máquinas y piezas para trasladarse de una zona a otra. El problema es mayor si los operarios están manipulando piezas con un transpalé o una *fenwick.*
- Otra fuente de desorganización es la acumulación de piezas obsoletas, pertenecientes a máquinas que no se utilizan o a productos que ya no se fabrican.

Las personas suelen dar valor sentimental a los objetos familiares, incluso a las herramientas, máquinas, documentos, etc. Como consecuencia, los operarios no pueden decidir de forma objetiva qué artículos son necesarios y cuáles no, porque a casi todos se les encontrará una utilidad.

El mensaje del primer pilar de las 5S es contundente: ¡Hay que deshacerse de todo eso! Para ello, se pueden agrupar los elementos en tres categorías:

- Los que se utilizan habitualmente.
- Los que es probable que se utilicen.
- Los que no se usarán nunca.

Los elementos que pertenezcan a una de las dos últimas categorías deben retirarse de la zona de trabajo. Temporalmente, los del grupo de elementos que «es probable que se utilicen» pueden almacenarse en una zona especial, que debe estar acondicionada, para evitar tirar elementos de uso poco frecuente.

8.2.4. Segundo pilar. Orden

El segundo pilar requiere que se haya completado la implantación del primer pilar, porque no tiene ningún sentido ordenar objetos innecesarios. El objetivo del orden es reducir los despilfarros en búsquedas (incluso eliminarlos) y facilitar el desplazamiento de objetos por la fábrica. Algunos de estos despilfarros podrían ser no encontrar una herramienta, tener un cajón con bolígrafos mezclados y desordenados, puertas que se abren y golpean a alguien que está detrás, etc.

Hiroyuki propone no sólo ordenar, sino aprovechar para realizar mejoras en algunas tareas para facilitar su realización (figura 8.3).

Para ello se dispone de las técnicas de mejora de métodos estudiadas en un capítulo anterior. Ahora bien, este proceso puede suponer, en algunos casos, invertir mucho tiempo para conseguir mejoras. Por tanto, es aconsejable realizar sólo aquellas acciones urgentes y evidentes, separando en otros proyectos independientes las necesidades descubiertas.

8.2.5. Tercer pilar. Limpieza

Este pilar intenta implantar la limpieza en la fábrica. La limpieza consiste «simplemente» en retirar de los lugares de trabajo el polvo, la grasa, las virutas o el aceite. En definitiva, mantenerlo todo limpio y barrido.

En una fábrica ocurre lo mismo que en una casa cuando la limpieza no está presente: las ventanas están sucias y entra poca luz, los pasillos parecen más oscuros. Pero la falta de limpieza también supone riesgos (figura 8.4): por ejemplo, el aceite en el suelo produce resbalones, la viruta puede clavarse en los zapatos e incluso atravesarlos, etc.

Por último, la falta de limpieza también puede facilitar que se produzcan averías porque, por ejemplo, la suciedad oculta los indicadores de nivel de aceite, que pueden conducir a la máquina a una avería o reducir su tiempo de vida.

La ley de prevención de riesgos laborales, de obligado cumplimiento para las empresas, empieza a concienciar de la importancia de mantener limpia el área de trabajo.

Figura 8.3. El pilar del orden a veces implica mejorar las tareas.

Figura 8.4. La falta de limpieza puede producir resbalones.

Debido al trastorno que suele suponer la limpieza, muchas empresas optan por subcontratar los servicios de empresas especializadas. Estas empresas suelen encargarse de la limpieza general, pero, en muchas ocasiones, no limpian las máquinas y los útiles (zonas críticas de limpieza).

Sea cual sea el método de limpieza elegido, no puede limitarse a «la limpieza de verano», sino que debe ser una actitud constante y, a ser posible, diaria; es decir, la limpieza debe convertirse en un **hábito.**

Una vez implantada la medida de la limpieza general, se pueden incorporar elementos de inspección que se realizan de forma simultánea a la limpieza. En este punto se está en disposición de implantar algunos apartados del mantenimiento autónomo.

Sin embargo, es importante recordar que el punto inicial de esta mejora es un proyecto 5S y no un proyecto de mantenimiento. Por tanto, es recomendable no incluir estos elementos de inspección, sino aprovechar para poner en marcha, si procede, un proyecto de mantenimiento autónomo. Se comprueba, una vez más, la relación de las 5S con otras actividades de mejora de la empresa.

8.2.6. Cuarto pilar. Estandarización o control visual

El cuarto pilar no es una estrategia y no persigue un objetivo concreto, como los tres pilares anteriores. La estandarización es un estado que se alcanza cuando se mantienen los tres pilares anteriores (figura 8.5), e intenta facilitar a los trabajadores conservarlos en el tiempo. Así, existen técnicas concretas para conseguir que la organización, el orden y la limpieza se conviertan en **hábitos.**

Figura 8.5. El control visual permite detectar anomalías con un vistazo rápido.

La estandarización añade la palabra «preventivo» a cada uno de los tres pilares, de forma que el objetivo ahora es evitar que sea necesaria su aplicación. Por ejemplo, la suciedad se dispersa por la fábrica si un trabajador pisa un charco de aceite, lo que obliga a limpiar constantemente. La limpieza preventiva buscará eliminar la fuente de suciedad (en este caso la fuga de aceite). Sin embargo, lo razonable sería aprovechar para iniciar un estudio sobre el mantenimiento del equipo, que traerá como consecuencia la implantación de un plan de mantenimiento preventivo.

Para conseguir el objetivo del cuarto pilar, que consiste en convertir las 3S anteriores en **hábito,** se deben asignar responsabilidades al trabajador. En otras palabras, integrar las tareas de orden y limpieza en las tareas regulares (rutinas diarias) y, si es preciso, vigilar su cumplimiento mediante el uso de *auditorías 5S.*

Debería ser posible detectar las anomalías de forma visual y la actuación debe ser inmediata (lo que se conoce como «los 5 minutos 5S»). Por este motivo también se conoce este pilar como control visual (figura 8.5).

8.2.7. Quinto pilar. Disciplina y hábito

En muchos aspectos de la vida cotidiana la disciplina ayuda a conseguir los objetivos marcados. Si una persona decide ponerse a dieta, empezará con ilusión, pero irá perdiendo la motivación a medida que pase el tiempo y comiencen las dificultades. Por tanto, la disciplina es importante para mantener el camino propuesto (figura 8.6). De modo que conocer los beneficios que supone la tarea que se está realizando también ayuda a mantener la motivación.

En la empresa, sin disciplina, el lugar de trabajo se ensuciará de nuevo y volverán a acumularse nuevos elementos innecesarios. Conviene tener claro desde el principio que esto ocurrirá si no existe disciplina, ya que se pueden ahorrar los esfuerzos que supone la implantación de las 5S.

Además, en caso de volver las cosas al estado inicial después de un tiempo, resultará difícil implantar de nuevo las 5S, ya que se conocen los beneficios que ha aportado, pero sólo temporalmente.

La disciplina supone a veces imponer al principio ciertas actividades que, con el paso del tiempo, se convierten en **hábitos.** Pocas personas tienen

Figura 8.6. Conocer los beneficios ayuda a mantener la motivación.

la autoridad de imponer tareas a las demás dentro de la empresa (gestores y jefes de sección). Contar con el apoyo de la dirección de la empresa, y del jefe de la sección en la que se implanta, es básico, como también lo es controlar a las personas que lideran el grupo de trabajadores y que, en ocasiones, no coinciden con el jefe de sección. Por tanto, la disciplina es el pilar que sostiene los cuatro pilares anteriores porque conduce al **hábito.**

8.3. IMPLANTACIÓN DE LAS 5S EN OFICINAS

Las oficinas de muchas empresas están más desordenadas que la planta de producción. Si bien la metodología 5S describe numerosos ejemplos en el ámbito productivo, su aplicación no se limita a la zona de producción. No hay que olvidar otras zonas de las empresas, como las oficinas, almacenes, áreas comunes, etc. Los cajones de las mesas acumulan objetos inservibles, sobre todo el cajón central. Lo mismo ocurre con los armarios y las pilas de papeles.

En la implantación del pilar del orden, indicar, únicamente, que en las carpetas que se empleen para archivar documentos deben evitarse nombres genéricos, como «varios», «otros» y palabras similares. Pueden confundir a terceras personas, con lo que no cumplirá su objetivo de ordenar.

El último punto que hay que tener en cuenta en los despachos es el material de oficina. Debe existir un procedimiento para reabastecer este material. En algunas empresas se ha llegado a implantar un sistema de punto de pedido para las hojas de la impresora, pero esto es llevar las metodologías de mejora al extremo.

8.3.1. 5S en ordenadores

El cerebro humano realiza una técnica de autoborrado, olvidando aquellas cosas que no se usan frecuentemente. En los ordenadores de las oficinas es preciso emplear esta misma técnica (figura 8.7).

Para ser eficiente en el trabajo, resulta de vital importancia mantener el ordenador organizado, ordenado y limpio, es decir, que el miedo a perder información no suponga un freno para actualizar los equipos informáticos.

Se pueden definir árboles de directorios que, manteniendo una misma estructura, respeten las configuraciones particulares de cada usuario. Se pueden hacer copias de seguridad sólo de archivos de datos, en lugar de registrar toda la memoria del ordenador. Las mismas recomendaciones podrían hacerse para el correo electrónico, el móvil o las tabletas electrónicas.

Figura 8.7. Los ordenadores de la oficina son máquinas que también necesitan las 5S.

8.4. HERRAMIENTAS DE LAS 5S

8.4.1. Estrategia de tarjetas rojas

Es un método sencillo y visual para separar los elementos necesarios de los innecesarios, y, por tanto, se utiliza en el primer pilar *(organización)*. Esta técnica consiste en colocar una tarjeta roja en aquellos elementos que no se utilizan o cuyo uso es improbable.

El color rojo no es casual, y su elección alude a distintos motivos (figura 8.8): es un color llamativo; es el color que se emplea en los semáforos para indicar una parada, y además, en japonés, la palabra «rojo» se emplea para denotar «sucio» (aunque en ruso signifique «hermoso»). El objeto de colocar tarjetas en lugar de retirar directamente los elementos es que posibilita la realización de una foto, que se situará en el panel para que se observe la evolución del área de trabajo (antes y después).

Figura 8.8. El color rojo se emplea en situaciones negativas.

Al realizar la campaña de tarjetas rojas no hay que avergonzarse por «teñir» de rojo la empresa. Se recomienda poner tarjetas rojas en aquellos elementos que no se emplearán durante el mes siguiente, aunque en un primer momento se colocarán sólo en aquellos elementos que sean totalmente prescindibles.

Nunca deben colocarse tarjetas rojas sobre las mesas de las personas. En las empresas de fabricación se deben colocar tarjetas rojas en equipos y en inventarios en proceso obsoletos.

Si se pregunta al operario si algo es necesario, la respuesta siempre será afirmativa, por lo que, en caso de duda, se recomienda poner siempre la tarjeta roja.

No es posible emplear, además del rojo, un segundo color de tarjeta para marcar aquellos objetos que no se sabe si son necesarios o no. En una empresa, el equipo de las 5S optó por colocar también tarjetas amarillas en los productos que «tal vez se empleen» y el resultado fue que no se usó ninguna tarjeta roja.

8.4.2. Estrategia de indicadores

En las ciudades, en las carreteras, en las tiendas de ropa, en todas partes existen letreros que facilitan la localización de un lugar o de un artículo. El ejemplo más simple y utilizado es la señal que distingue los lavabos de señores y de señoras. Sin embargo, en las fábricas los carteles se consideran únicamente elementos decorativos. Parece que no aportan ningún valor y sólo sirven para perder tiempo mientras se realizan. Los indicadores se emplean en el segundo pilar, *el orden*.

Se pueden colocar letreros en las máquinas (figura 8.9) y en las secciones de la planta, pero los más importantes son los que hacen referencia a los inventarios y útiles, porque facilitan las tareas de búsqueda.

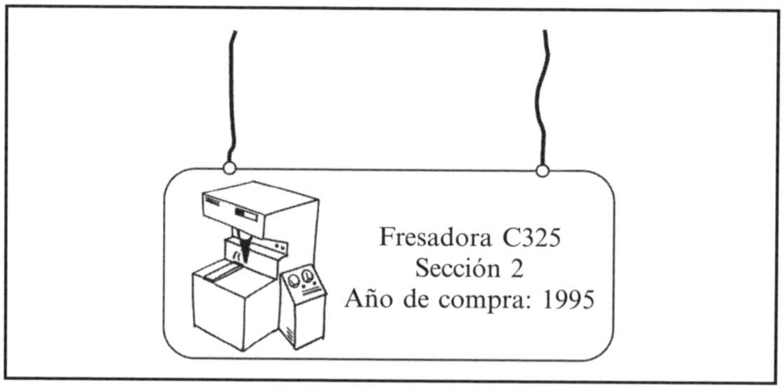

Figura 8.9. Las señales facilitan la identificación de equipos.

El uso de carteles y señales tiene numerosas ventajas. Una de las más importantes es que facilita a las personas de reciente incorporación la localización de cada una de las secciones de la fábrica. La forma de colocar estos letreros se recomienda que sea similar a la que se emplea en las ciudades. En algunos almacenes incluso se habla de calles, de modo que los números pares se encuentran a un lado, y los impares, al otro (figura 8.10).

Los **indicadores de elemento** permiten saber si un elemento que está en un emplazamiento está correctamente situado. Por ejemplo, en un aparcamiento privado no se puede saber si los vehículos están ubicados correctamente, si el identificador del sitio no se corresponde con alguna característica del coche. Por ejemplo, la matrícula podría hacerse coincidir con el hueco del aparcamiento (figura 8.11).

Las piezas no tienen matrícula, pero se pueden codificar (figura 8.12).

Figura 8.10. Los letreros de almacén pueden ser similares a los que se emplean en las calles.

Figura 8.11. El cartel de la izquierda no asegura que el coche aparcado sea el correcto.

Figura 8.12. La codificación de productos facilita su orden.

Además, puede aprovecharse para colocar indicadores de cantidad que, de forma visual, ayudan a gestionar los niveles de inventario porque pueden indicarse las cantidades mínimas y máximas de cada uno de los artículos. Sin embargo, las 5S no proporcionan ninguna metodología para llevar a cabo este estudio. Por tanto, esta medida puede necesitar un estudio más exhaustivo del almacén.

8.4.3. Estrategia de pintura

La estrategia de pintura está dirigida, principalmente, a suelos y paredes. Su objetivo es, en primer lugar, separar las zonas de paso de las de trabajo. También es una herramienta empleada en el segundo pilar, *el orden.*

Gracias a la estrategia de pintura se facilitan las maniobras de los sistemas de manipulación de materiales y se delimitan las zonas de trabajo, zonas que otros operarios deben atravesar con precaución.

En la medida de lo posible, cuando se pinta la planta de producción, el diseño de los pasillos debería ser tan recto como sea posible, evitando esquinas y superficies complejas, como la de la parte derecha de la figura 8.13. Se deben emplear colores vivos para las líneas (amarillo, naranja, blanco). El verde, el azul y el granate se reservan para las zonas de trabajo.

No deben olvidarse las áreas de batida de las puertas, que, en numerosas ocasiones, pueden provocar accidentes. Las zonas dedicadas al inventario en proceso también tienen que señalizarse, y se recomienda pintar únicamente las esquinas de dichas áreas, para no convertir el suelo de la fábrica en el

Figura 8.13. La pintura de los pasillos de la planta debe ser tan recta como sea posible.

suelo de un polideportivo. Finalmente, algunas zonas de riesgo deben señalizarse con marcas de tigre (amarillo y negro). Por ejemplo, la presencia de un tubo en un pasillo o el área de acción de un robot.

La forma de ordenar las plantillas y las herramientas se analizó en detalle cuando se estudió la metodología SMED. Puede ocurrir que no sea necesario implantar el sistema SMED en una máquina, pero sí implantar las 5S. En este caso, las estrategias que se recomiendan son el método de los contornos y la codificación por colores (figura 8.14). En una implantación del SMED, la aplicación de las 5S ofrece uniformidad en la codificación de los pasillos y estanterías de la empresa.

Figura 8.14. El código de colores facilita el orden de herramientas.

8.4.4. Orden preventivo

El orden preventivo pretende evitar que se desordenen las cosas. El orden preventivo pretende hacer imposible que cada cosa se coloque en el sitio que no le corresponde, o, si no se puede llegar a ese extremo, procura hacer difícil que se cometan errores al colocarla. Por ejemplo, en el caso de las herramientas de mano, existen tres técnicas que evitan tener que ordenarlas:

- *Suspensión.* Herramientas colocadas con una polea y un muelle. Esta técnica se emplea de forma generalizada en pistolas de aire comprimido.
- *Incorporación.* Algunos calibres o reglas pueden pegarse a la máquina para facilitar el ajuste de algunas medidas, con marcas concretas que fijan posiciones concretas.
- *Eliminación de uso.* Muchas veces basta con unificar herramientas con una mínima inversión en tornillería y tuercas estándar. En otras ocasiones, se puede sustituir la forma de amarre con tornillos.

8.4.5. Limpieza preventiva

El objetivo de la limpieza preventiva es anticiparse a las fuentes de suciedad para evitar que se ensucien el suelo, las máquinas y demás elementos, es decir, evitar tener que limpiar (figura 8.15).

Hay que concienciar de la importancia del uso de estos dispositivos de seguridad, que, por otro lado, son obligatorios según la ley de prevención de riesgos laborales en Europa o la Ocupational Health and Safety Administration en Estados Unidos.

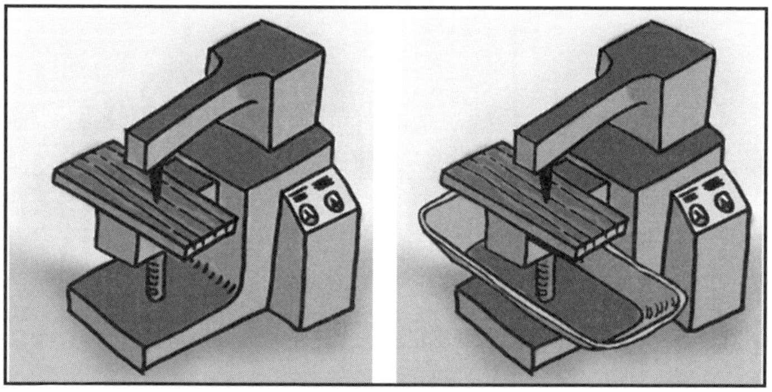

Figura 8.15. La bandeja de la máquina evita que se ensucie el área de trabajo.

8.4.6. Herramientas de promoción

En Japón el equipo responsable de la implantación de la metodología 5S tiene clara, desde el primer momento, la importancia de la disciplina y de convertir en **hábito** los nuevos procedimientos de trabajo. Para fomentar este espíritu cuentan con unas herramientas de promoción del proyecto que tienen como misión motivar al personal de planta.

La principal herramienta de promoción es el entusiasmo con el que el equipo realiza el proyecto de implantación de las 5S (figura 8.16), lo que reduce la oposición de algunos operarios al proyecto.

Pero, además, existen gran cantidad de herramientas de promoción. Algunas de ellas se comentan a continuación:

— *Eslóganes.* En Japón los carteles que se emplean en las 5S se redactan con la forma típica empleada en poemas cortos (llamados *haiku*). Por ejemplo, «incluso las fábricas se sienten bien tomando un baño».
— *Boletines 5S.* Reportajes que se publican de forma muy sencilla, pero que recogen ideas, mejoras, fotografías.
— *Paneles de fotografías.* La colocación de un panel con fotografías sobre la evolución del área de trabajo reflejando los pasos que se han dado motiva a los trabajadores.
— *Competición 5S.* Los japoneses realizan competiciones entre diferentes secciones dos o tres meses al año. Durante esos meses, llamados meses 5S, se imparten seminarios sobre la importancia de las 5S.
— *Insignias y botones.* Son los premios que se otorgan a las secciones que más puntuación obtienen en el informe que presentan las auditorías 5S.
— *Manuales de bolsillo.* La publicación de pequeños manuales que recojan ideas para implantar las 5S en el área de trabajo resulta muy

Figura 8.16. El entusiasmo es la herramienta principal de promoción.

útil. Estos manuales de bolsillo se reparten entre los operarios y ayudan a difundir las mejoras entre diferentes departamentos.

8.5. BENEFICIOS Y EFECTOS DE LAS 5S

Los beneficios que se obtienen al aplicar y mantener las 5S trascienden el ámbito de la mejora del área de trabajo, y es posible relacionar su aplicación con objetivos que se plantean las empresas en lo referente a la gestión, como se verá a continuación.

Las 5S, independientemente de la aplicación o no del SMED, mejoran la disposición de los útiles en los almacenes, por lo que, indirectamente, se puede reducir el tiempo de cambio, lo que posibilita poder ampliar la gama de productos que pueden producirse, aumentando así la flexibilidad del equipo.

Gracias a las 5S, la probabilidad de ensamblar piezas erróneas se reduce, al disponer de estanterías codificadas y de piezas identificadas. En el caso de equipos automáticos, al estar limpios, funcionan con menos errores. En definitiva, la calidad de producto es mayor.

Gran parte de las inactividades relacionadas con búsquedas se eliminan gracias a las 5S; por tanto, los costes de inactividad se reducen, y, con ellos, el coste del producto.

Los suelos limpios y delimitados evitan riesgos de resbalones o caídas. Los almacenes bien ordenados evitan los apilamientos y los riesgos derivados de ellos. Las normativas de seguridad obligan a realizar algunas acciones que ya se contemplan en las 5S.

La limpieza aumenta la disponibilidad de las máquinas, y esto reduce el tiempo necesario para realizar tareas de mantenimiento.

Se comprueba, por tanto, que son muchas las repercusiones positivas que tiene la implantación de las 5S en otras áreas de mejora de la empresa. El SMED, el TPM, la calidad, la prevención de riesgos laborales, casi todos los sistemas se ven favorecidos gracias a las 5S. Sin embargo, se puede caer en el error de pensar que las 5S resuelven estos problemas y no es cierto. El **hábito** que consiguen las 5S logrará que las demás herramientas se implanten más fácilmente.

Se entiende, por tanto, que en el enfoque de la fabricación *just in time* las 5S sean uno de los puntos básicos. En algunas empresas, conscientes de la dificultad de alcanzar los beneficios que presentan las 5S en lo que hace referencia al **hábito,** han puesto en marcha iniciativas más limitadas denominadas **OOL** (organización-orden-limpieza). Otra ventaja de la metodología de las 5S es que se puede comenzar a practicar desde muy pronto (figura 8.17), de manera que se puede conseguir tener el **hábito** de orden y limpieza antes de empezar a trabajar en una empresa.

Figura 8.17. Las 5S en casa, la mejor área de prácticas.

La principal recompensa personal de la implantación de las 5S es trabajar en un lugar agradable. Se dice que en un lugar de trabajo de tercera clase, el personal deja desechos y nadie se para a recogerlos; si es de segunda clase, el personal deja desechos, pero alguien se para a recogerlos; por último, en un lugar de trabajo de primera categoría, nadie deja desechos, pero el personal está dispuesto a recogerlos si, por casualidad, hubiera alguno.

8.6. RESUMEN

Este capítulo, centrado en una de las herramientas más extendidas de la filosofía *lean manufacturing,* comparte acciones explicadas en capítulos anteriores. Sin embargo, la metodología de las 5S tiene un objetivo que no puede alcanzarse con otras herramientas de mejora: educar y mantener una actitud con relación a los hábitos de trabajo de los operarios. La metodología de las 5S crea una cultura empresarial que facilita la implantación de otras metodologías de mejora.

8.7. LECTURAS RECOMENDADAS

Hiroyuki Hirano (1997): *5 pilares de la fábrica visual.* Madrid: TGP-Hoshin.
Explica los principios básicos del orden y la limpieza de las fábricas, es decir, las 5S. Con numerosos ejemplos de cómo ponerlas en práctica, resulta muy útil por los métodos que expone para lograr el éxito de cada estrategia.

Equipo de desarrollo de Productivity Press (1997): *5S para todos.* Madrid: TGP-Hoshin.
Es un resumen práctico del libro anterior. No aporta nada nuevo, pero es más fácil de leer y recoge los conceptos principales.

9 Otras claves de mejora

En los capítulos anteriores se han descrito, ilustrado y analizado diferentes herramientas de mejora que resuelven muchos de los problemas que pueden plantearse en el área de producción. De las veinte claves incluidas en el libro de Kobayashi, faltarían por analizar algunas de ellas. Estas claves pueden agruparse en cuatro categorías:

— Claves relacionadas con los recursos humanos.
— Claves relativas al uso eficiente de los materiales.
— Claves relacionadas con el control visual.
— Claves relacionadas con la tecnología.

En este capítulo se describe brevemente cada una de ellas. Para analizarlas en detalle, es necesario consultar el libro de Kobayashi. También incluye la discusión de la herramienta *jidoka* (autonomatización), en el grupo de claves relacionadas con la tecnología.

9.1. CLAVES RELACIONADAS CON LOS RECURSOS HUMANOS

9.1.1. Racionalizar el sistema

Todas las herramientas descritas anteriormente necesitan la colaboración de todos los integrantes de los departamentos. La respuesta más frecuente cuando se solicita la ayuda de algunos operarios es «ése no es mi trabajo». Por tanto, se deben especificar, por escrito, las obligaciones de cada uno de los miembros de la organización. Si no se dispone de un organigrama, es el momento de desarrollarlo. La clave 2 de las veinte claves hace referencia a este aspecto. Se trata de una clave previa a la puesta en marcha de otras iniciativas de mejora, y por ese motivo se encuentra fuera del círculo (figura 9.1).

Existen diversas metodologías para elaborar organigramas, pero están fuera del alcance de este libro. Lo importante es que se especifiquen las funciones de cada miembro de la organización, y la clave 2 recomienda que se incluyan algunas funciones que hagan referencia a la mejora continua.

También deben analizarse las condiciones de trabajo de los operarios. Los operarios temporales y aquellos cuyo salario esté en función de la producción (incentivos) serán normalmente reacios a colaborar en acciones de mejora que no les reporte un beneficio económico e incluso en algunos casos suponga una pérdida de incentivos. En algunas empresas, los nuevos empleados suscriben un «contrato moral» que «obliga» al que lo firma a mejorar las condiciones de su trabajo y la productividad como una parte importante de sus requisitos laborales.

9.1.2. Actividades de pequeños grupos

Las mejoras deben proponerlas e implantarlas las personas que trabajan en el área en la que se lleva a cabo la acción. Sin su apoyo, no se conseguirá mejorar. Normalmente, los responsables de la empresa no tienen ni tiem-

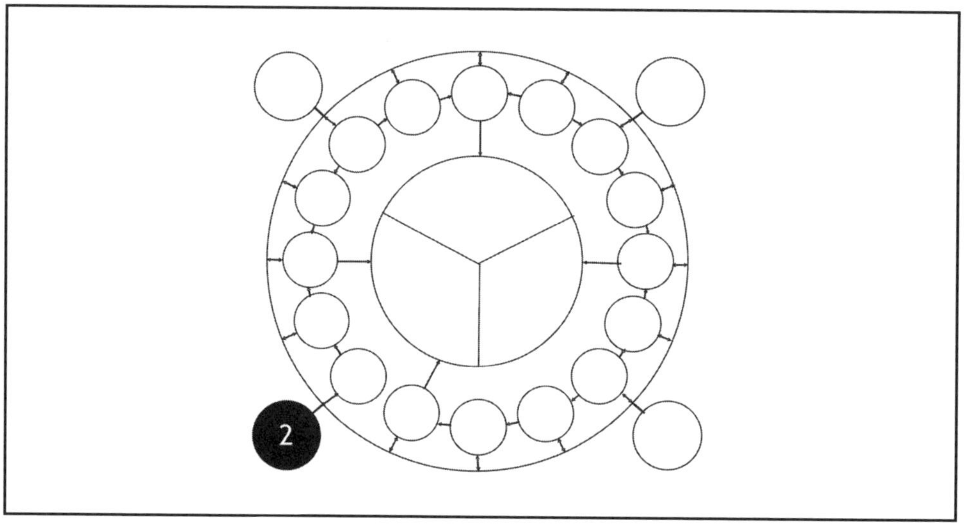

Figura 9.1. Localización de la *racionalización del sistema* en el esquema de las veinte claves.

po ni recursos para mantener los objetivos conseguidos sin la ayuda de los trabajadores.

Incluso en trabajos de consultoría debe conseguirse la cooperación de los operarios. Es frecuente oír a empleados de una fábrica comentar, «vino un consultor, estuvo cinco meses, arregló este problema, pero no sabemos cómo, luego se fue y ya vuelve a estar como al principio».

La clave número 3 (actividades de pequeños grupos) vuelve a ser una clave situada fuera del círculo por las mismas razones que las otras que se encuentran fuera. Si no se fomenta la actividad de los trabajadores, no podrán conseguirse resultados que se mantengan en el tiempo (figura 9.2).

Por un lado, no es responsabilidad exclusiva del consultor formar los grupos de trabajo. La orden debe venir de un mando de la fábrica. Por otro lado, un consultor experimentado reconocerá la necesidad de formar equipos para mantener en el tiempo las mejoras.

Existe una herramienta muy útil, llamada *kaizen teian,* para crear los grupos de mejora, pero no es la única forma de hacerlo. Existen otras técnicas para implantar sistemas de sugerencias. *Kaizen teian* es sólo un ejemplo de estos sistemas. *Teian* significa «sugerencia pequeña». Por eso *kaizen teian* se entiende como «pequeñas sugerencias de mejora continua». Además de los beneficios económicos que puede suponer este sistema, se producen mejoras intangibles, como el aumento de moral y bienestar de los operarios.

Los logros del grupo deben recompensarse de alguna forma, que no tiene por qué ser siempre un incentivo económico. Se ha comprobado, en el

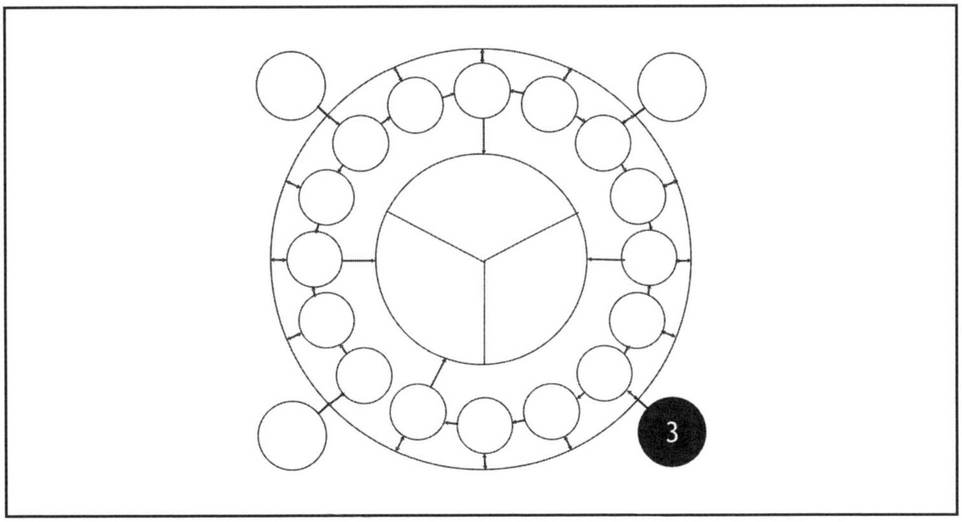

Figura 9.2. Localización de las *actividades de pequeños grupos* en el esquema de las veinte claves.

kaizen teian, que las recompensas pequeñas aumentan el número de sugerencias, sobre todo de pequeñas mejoras que, en conjunto, muchas veces superan a las grandes ideas.

Si se decide implantar el *kaizen teian* se debe contar con un sistema de revisión de ideas. Se tiene que evitar usar expresiones tipo «lo estamos estudiando», que desmotivan a los operarios. Siempre hay que dar respuesta a todas las sugerencias, aunque sea una respuesta negativa.

9.1.3 Educar a los trabajadores para mejorar

Si el objetivo es conseguir que los operarios propongan y realicen las mejoras, hay que enseñarles cómo hacerlo. La clave 14 vigila esta estrategia (figura 9.3).

Algunos trabajadores dominan un proceso específico al usar una y otra vez las mismas máquinas. Algunos de esos trabajadores son capaces de mejorar la operación de esas máquinas ampliando su funcionalidad y diseñando dispositivos que automatizan algunas tareas. Sin llegar a este extremo, trabajar en las mismas máquinas toda la jornada ofrece la posibilidad de conocerlas y mejorar ciertos aspectos de su funcionamiento. La clave número 14 trata de canalizar estas mejoras locales para que se puedan emplear en áreas similares.

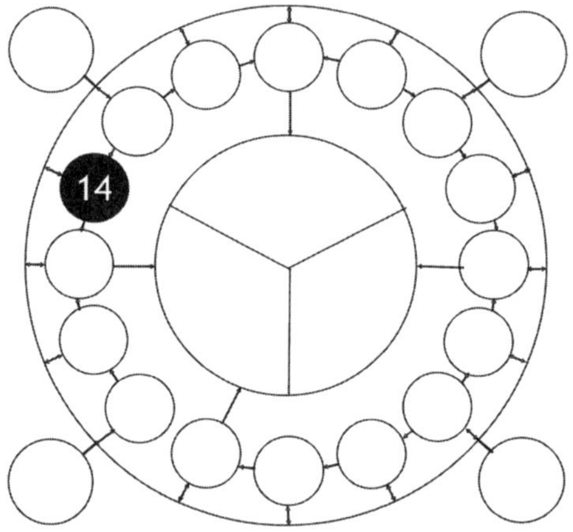

Figura 9.3. Localización de *educar a los trabajadores para mejorar* en el esquema de las veinte claves.

9.2. CLAVES RELACIONADAS CON EL USO DE LOS MATERIALES

9.2.1. Desarrollo de proveedores

La relación con el proveedor no puede limitarse a la compra, inspección y discusión de precios. Los proveedores deben mostrar un fuerte compromiso con el cumplimiento de plazos de entrega, así como trabajar con la empresa para entender los requisitos de compra, de modo que se ajusten a las necesidades de la empresa. El objetivo de la clave número 12 es facilitar el desarrollo de los productos por parte de los proveedores. Muchas veces pequeños cambios en el diseño de las piezas facilitan su procesamiento, abaratando sus costes y reduciendo su plazo de fabricación (figura 9.4).

Además, no hay que olvidar que la empresa, para sus clientes, es un proveedor, y que su relación con la empresa es la misma que la que la empresa tiene con sus proveedores.

9.2.2. Conservación de la energía y materiales

La suma de pequeños detalles puede ahorrar dinero. La mejor forma de descubrirlo es analizar los costes agregados. Cuando se analizan números agregados se pueden descubrir cuáles son los costes más importantes. Éste es el objetivo de la clave número 19 (figura 9.5).

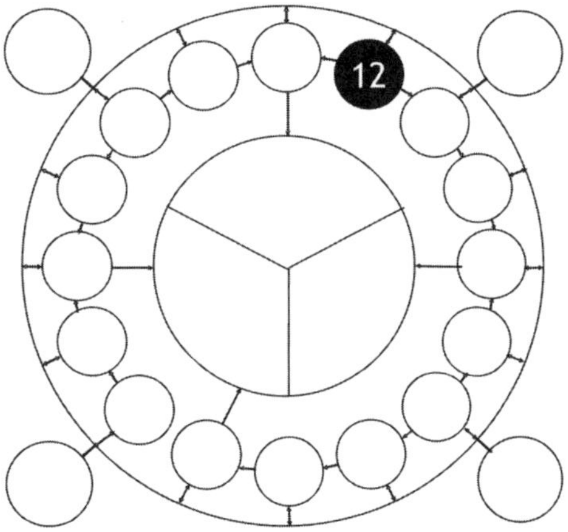

Figura 9.4. Localización del *desarrollo de proveedores* en el esquema de las veinte claves.

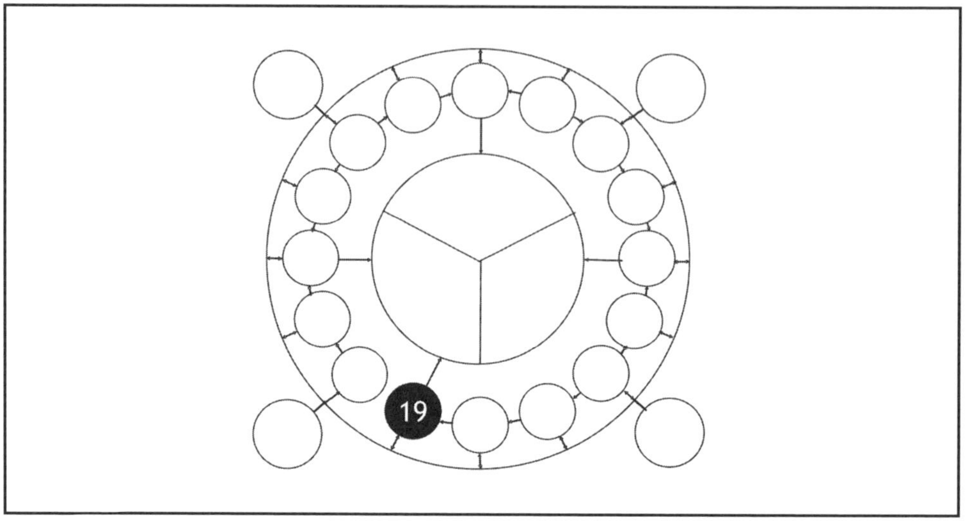

Figura 9.5. Localización de la *conservación de la energía y materiales* en el esquema de las veinte claves.

Los costes de materiales pueden reducirse de forma importante sumando pequeños ahorros que, individualmente, pueden tener poca importancia. También puede ocurrir que una operación no consuma su energía óptima y parezca que funciona de forma eficiente. La repetitividad de esa operación puede suponer un despilfarro importante de energía.

Las materias primas y mermas que no se utilizan para la fabricación se venden a un precio mucho menor que el de compra. Si se aprovecha mejor la materia prima, se pueden reducir costes de materiales (figura 9.6).

Figura 9.6. Ejemplo de mejor uso de la materia prima.

9.2.3. Controlar los stocks

Como consecuencia de la aplicación de las claves estudiadas, los inventarios deberían reducirse. Por ejemplo, mejorando operaciones que suponen un aprovechamiento más idóneo de las materias primas se reduce su cantidad requerida para elaborar artículos.

Puede ocurrir que sea necesario menos inventario, pero que éste no se reduzca de manera automática. Es el caso de los stocks de desacople entre centros de trabajo, que suelen ser fijos. En este caso se deberán reducir conscientemente. De la vigilancia de esta reducción se ocupa la clave número 4 (figura 9.7).

Es importante recordar que el inventario en proceso depende, en parte, de la distribución de las máquinas en la fábrica, por lo que las mejoras en el *layout* supondrán reducciones del inventario. Si el período de maduración de los productos depende directamente del inventario en proceso, también se reducirá, y, como consecuencia, se podrán ofrecer menores plazos de entrega.

9.3. CLAVES RELACIONADAS CON EL CONTROL VISUAL

El control visual hace posible descubrir dónde las cosas están en orden, dónde hay problemas y dónde despilfarros, de un solo vistazo. El objetivo

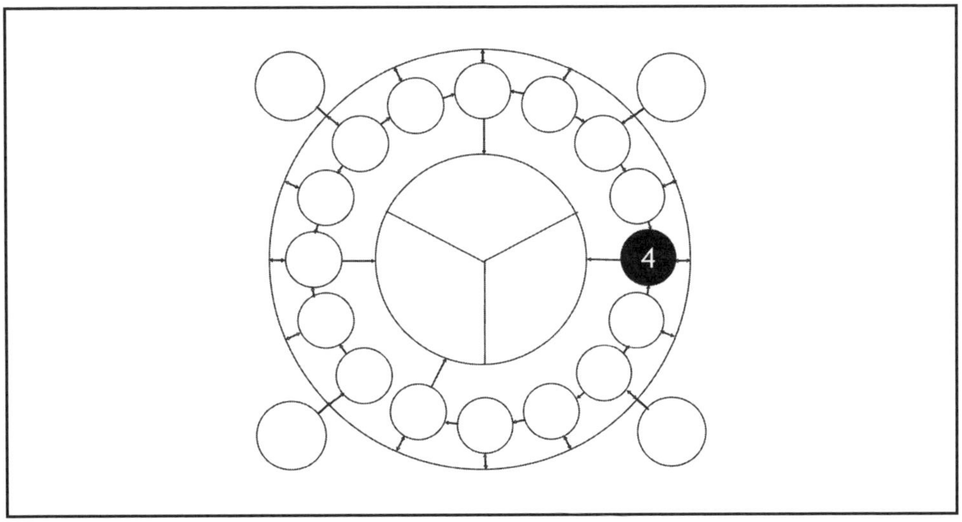

Figura 9.7. Localización de *controlar los stocks* en el esquema de las veinte claves.

del control visual es controlar sólo las anomalías, igual que los vaqueros controlan sólo si se dispersa el ganado. El control visual, como concepto general, es una herramienta de mejora contemplada tanto en el esquema del *just in time* como en las veinte claves (claves 10 y 17) (figura 9.8).

En este apartado se explicarán el *andon* y el *kanban*. En el capítulo 8 se presentó la *estrategia de indicadores*, que también es otra herramienta de control visual. De hecho, los paneles con fotos también se pueden usar para mostrar las mejoras realizadas, o hacer una exposición de defectos (figura 9.9).

Los paneles con programación de tareas en cada puesto de trabajo son frecuentes, así como paneles con gráficos mostrando las inactividades, los objetivos de la sección y los ratios de productividad.

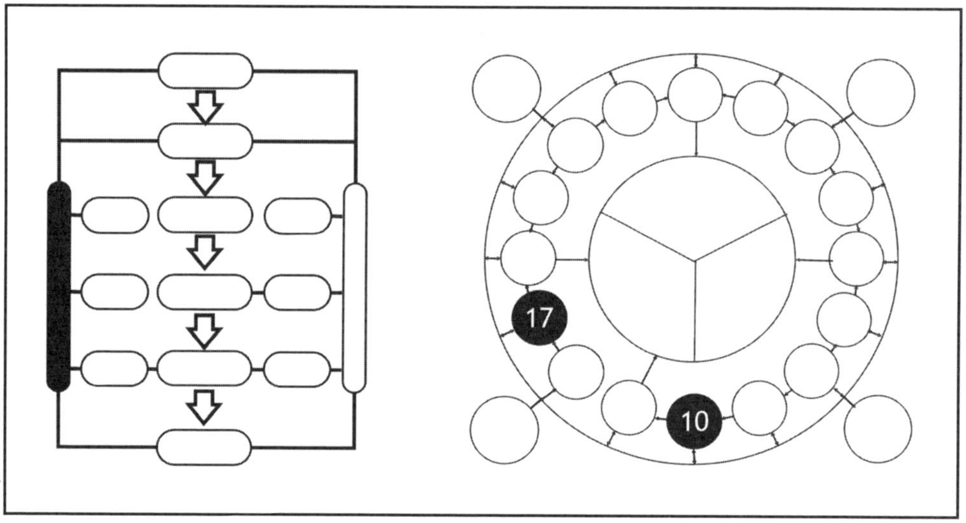

Figura 9.8. Localización del *control visual* en los esquemas del JIT y de las veinte claves.

Figura 9.9. La exhibición de defectos es otra herramienta de control visual.

9.3.1. *Andon*

Uno de los elementos de control visual más populares es el sistema *andon,* consistente en luces de alarma que se emplean para avisar de un problema o una actividad que no marcha correctamente.

Puede utilizarse el *andon* para detectar falta de material (figura 9.10). El operario, encendiendo la luz, puede hacerle saber al supervisor que tiene problemas en la línea.

Figura 9.10. El *andon* es útil para detectar problemas o falta de material en líneas de montaje.

9.3.2. *Kanban*

La filosofía JIT cambió el flujo de materiales. Ohno definió el flujo de materiales viendo cómo funcionaba un supermercado. Teóricamente, cuando se emplea un componente para fabricar o ensamblar un producto, se genera una orden de compra o producción. Este sistema se denomina *sistema pull* porque las órdenes de producción fluyen desde los productos terminados hasta la materia prima. El otro sistema, el más convencional, se denomina *sistema push* (empleado en empresas de Occidente), y las órdenes de producción fluyen desde las materias primas hasta los productos terminados.

El sistema *pull* fue creado para gestionar el material, pero generaba una pregunta: ¿Cómo sabe el proceso anterior lo que quiere el proceso siguiente? Para resolver este problema, Ohno inventó una de las herramientas mejor conocidas del *lean manufacturing,* el *kanban.*

En ocasiones, la gente confunde *kanban* y JIT, o piensa que es el sistema central de la filosofía. Pero se puede comprobar que en la filosofía *just in time* y en las veinte claves (figura 9.11) es considerada una herramienta más, tan importante como todas las demás.

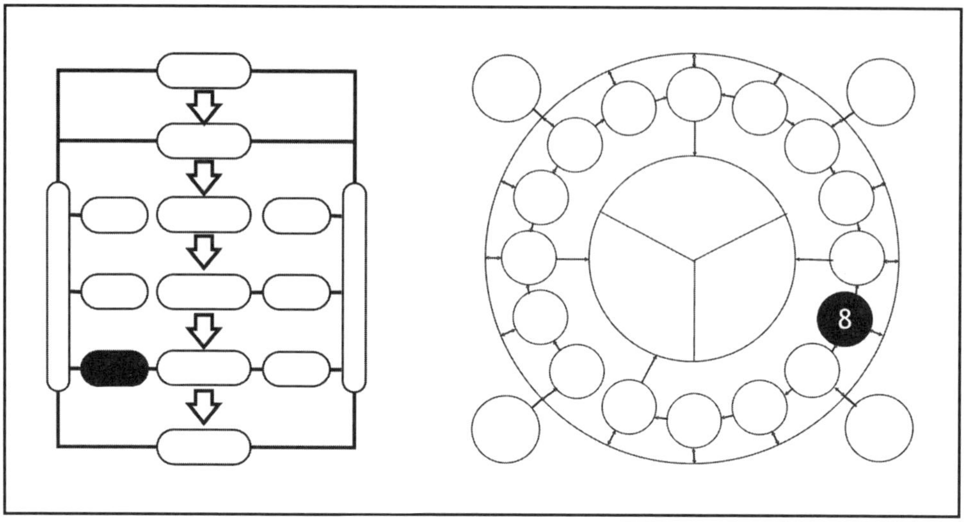

Figura 9.11. Localización del *kanban* en los esquemas del JIT y de las veinte claves.

Kanban se traduce como «tarjeta», y eso es lo que es un *kanban,* una tarjeta situada en el contenedor de piezas y que contiene información sobre la pieza, el proceso que hay que realizar sobre ella, la cantidad que hay en el contenedor, de qué puesto proviene, el tipo de contenedor, etc.

Otra misión importante del *kanban* es establecer la cantidad de inventario en proceso. El número de *kanbans* lo determina la dirección (o el cliente), y los operarios no pueden fabricar más que el número establecido en los *kanbans*.

La gestión del flujo mediante *kanban* tiene unas reglas muy estrictas que deben respetar todos los trabajadores.

1. No enviar productos defectuosos al proceso siguiente.
2. El proceso siguiente es el que retira los productos necesarios y deja los *kanban*.
3. Producir sólo la cantidad extraída (el número de piezas que indica el *kanban*).
4. La producción debe estar nivelada.
5. El *kanban* estabiliza el proceso de producción.

Cuando la demanda fluctúa mucho, no es posible emplear este sistema de control de flujo, porque el número de *kanbans* cambiará constantemente. En esos casos hay que recurrir a otras técnicas, como la gestión por punto de pedido, basadas en el stock de seguridad y la cantidad económica de pedido (EOQ).

Funcionamiento teórico del sistema *kanban*

El funcionamiento teórico del sistema *kanban* es muy sencillo. Suponiendo un sistema en estado estable, no se fabrica ningún artículo hasta que no se vende un producto terminado. Aunque el siguiente ejemplo no representa la forma real de fabricación de coches, explica de forma sencilla el funcionamiento del *kanban* (figura 9.12).

Al venderse un vehículo, el *kanban* del coche se traslada inmediatamente a la estación de trabajo anterior (figura 9.13).

Para terminar de montar el coche es necesario disponer de una carrocería pintada del mismo color que el coche vendido, cuatro ruedas y un techo pintado. Al retirar una carrocería, se envía un *kanban* a la sección de pintura (figura 9.14).

Una vez montadas las ruedas, el vehículo se coloca en el punto que ocupaba el coche vendido (figura 9.15). En este ejemplo, el tamaño estándar del contenedor de ruedas es 8, por lo que la siguiente vez que se ensamble un coche se enviará también un *kanban* a la sección de montaje de ruedas.

Figura 9.12. Situación inicial del sistema *kanban*.

Figura 9.13. Al vender un coche, se inicia el ciclo del *kanban*.

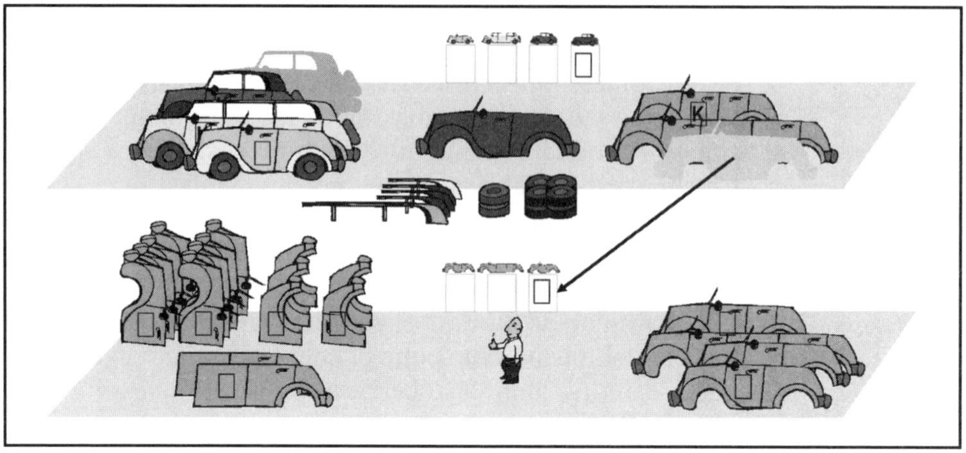

Figura 9.14. El sistema *kanban* mueve los *kanbans* por las secciones.

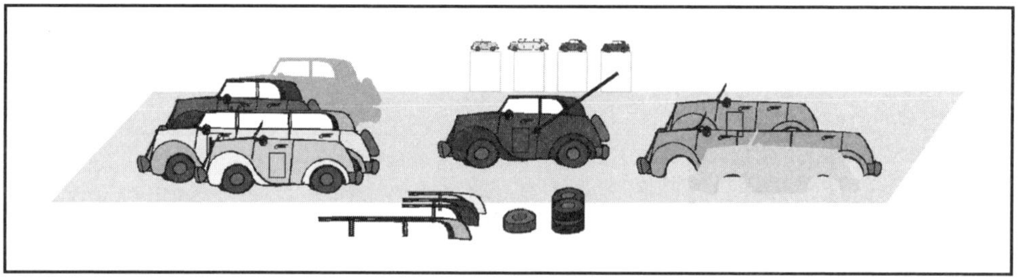

Figura 9.15. Después del montaje, el coche nuevo está completo.

Cuando el nuevo chasis llega de la sección anterior, el proceso se para de nuevo (figura 9.16). El siguiente coche que se venda iniciará de nuevo el ciclo *kanban*. Este proceso se repetirá en cada estación anterior a la de montaje final, de forma que la perturbación generada por la demanda afectará al almacén de materias primas.

Figura 9.16. La fábrica está de nuevo en estado estable.

Kanban en la práctica

La flexibilidad en la producción exigida por el *just in time* a las empresas para planificar según el *kanban* impide la implantación de una estrategia de *kanban* pura. En la práctica, se emplea el sistema *kanban* para la autogestión de los centros de trabajo, es decir, para la planificación autónoma de las células de trabajo. En un mismo puesto se fabrican diferentes artículos, y es responsabilidad del operario elegir qué fabricar de acuerdo con el tablero *kanban* (figura 9.17).

El tablero contiene los *kanbans* provenientes de contenedores empleados en otros puestos que se acumulan de acuerdo con el ratio de consumo de los componentes. Cada columna del tablero (relativa a una referencia de producto) está dividida en tres partes:

— *Por debajo de la línea verde* (línea gruesa inferior). Mientras las tarjetas no superen el primer nivel, no es necesario fabricar (especialmente si no existen otras prioridades que el trabajador deba fabricar).

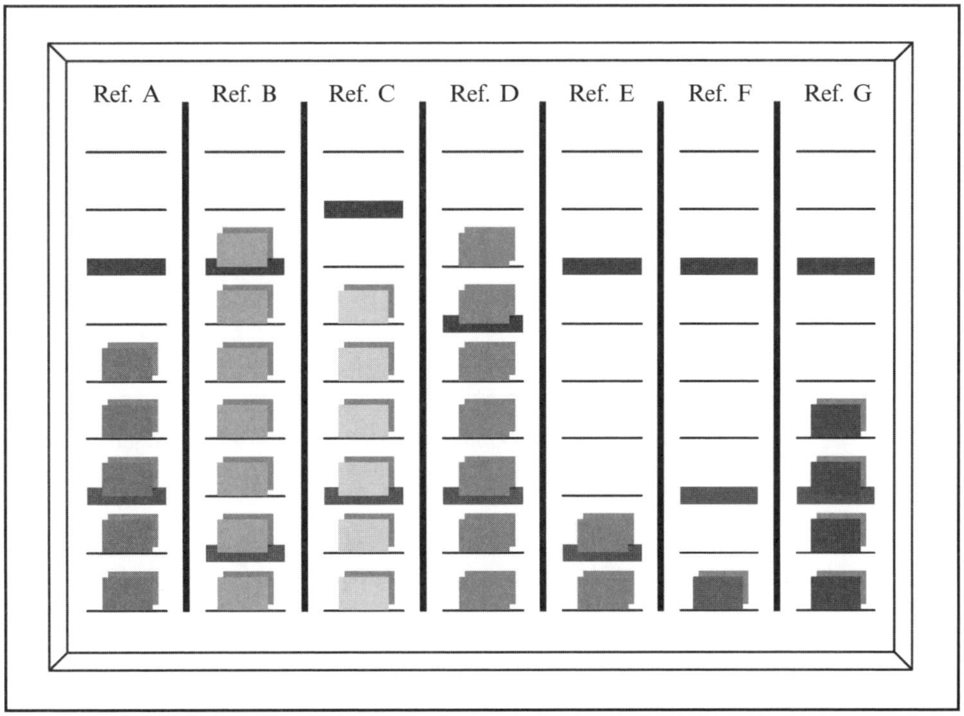

Figura 9.17. Tablero *kanban*.

— *Entre la línea verde y la roja* (línea gruesa superior). Cuando las tarjetas se encuentran entre las dos líneas, el operario debe buscar la manera de planificar los productos para ir completando contenedores y colocando las tarjetas.
— *Por encima de la línea roja.* Si el número de *kanbans* supera la línea roja, eso significa que en el puesto de montaje del que proviene la tarjeta se están empleando los contenedores del stock de seguridad. En este caso, el operario debe parar lo que esté haciendo y comenzar a fabricar el producto que ha superado el nivel de la línea roja.

Como se observa, este método transforma el problema de secuenciación de la producción en un método de gestión visual, similar al sistema tradicional de gestión de almacenes basado en el punto de pedido. Sin embargo, en este caso, el trabajador puede decidir la secuencia de producción. Finalmente, el *kanban* no tiene por qué ser una tarjeta. A veces, un simple trapo sirve para hacer notar la necesidad de un artículo determinado (figura 9.18).

Figura 9.18. El *kanban* también puede ser un objeto, como un trapo u otra señal visual.

9.4. CLAVES RELACIONADAS CON LA TECNOLOGÍA

9.4.1. *Jidoka*

Jidoka se traduce como «autonomatización de los procesos». Es una palabra compuesta por dos conceptos: por un lado, la autonomía de control de los equipos (traducción literal de *jidoka*) y, por otro, la automatización de los procesos de forma sencilla.

El *jidoka*, tanto en las veinte claves como en la filosofía *just in time,* se contempla como una herramienta independiente. En la filosofía *lean production* tiene tanta importancia que se considera uno de los tres pilares fundamentales (figura 9.19).

Las mejoras en los equipos, basadas en la automatización, cuestan dinero, y, a menos que se hayan mejorado los procedimientos, son un despilfarro. Además, las inversiones realizadas no tienen vuelta atrás. Si se ha invertido en el equipo, no puede devolverse.

El principal objetivo de la autonomía de control es disponer de una máquina capaz de fabricar sin producir piezas defectuosas (figura 9.20). Según el *jidoka,* hay que hacer que las máquinas piensen *(ninben no tsuita jidoka).*

El *jidoka* no es una utopía. En muchos entornos de fabricación, e incluso domésticos, hay numerosos casos de autonomatización. Por ejemplo, ¿quién mira la ventana de la lavadora mientras se lava la ropa o el horno mientras se asa un pollo?

Ohno llegó a pintar las ventanas de los centros de mecanizado (CNC) para evitar que los operarios miraran cómo funcionaban. La técnica del *jidoka* busca que los automatismos en las máquinas sean lo más sencillos posibles, es decir, que con un solo botón se pueda parar y poner en marcha una máquina (figura 9.21).

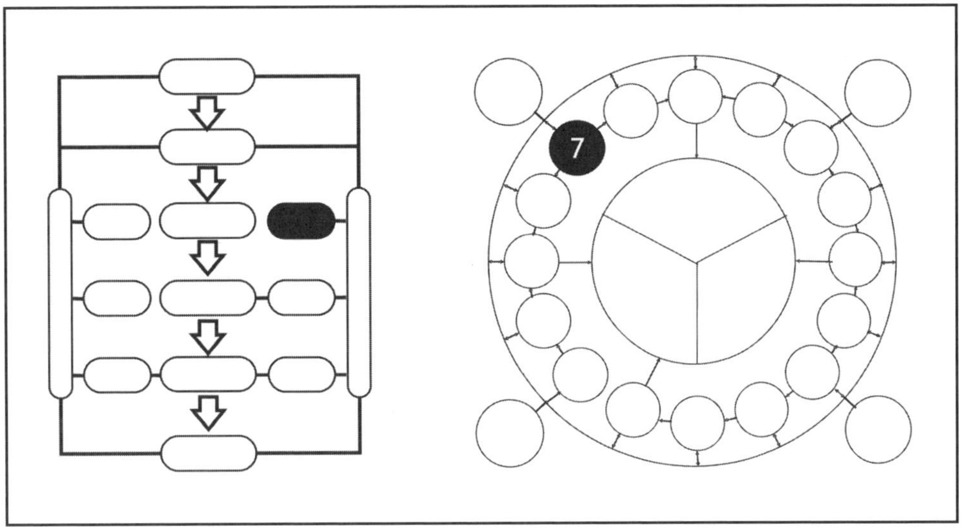

Figura 9.19. Localización del *jidoka* en los esquemas del JIT y de las veinte claves.

Figura 9.20. Autonomía de control significa hacer que las máquinas piensen.

Figura 9.21. *Jidoka* apuesta por una automatización simple. Cuanto más sencillo, mejor.

9.4.2. Utilización de microprocesadores

El uso de los microprocesadores no debe identificarse sólo con el empleo de ordenadores y programas que gestionan la planta. La clave número 18 (figura 9.22) presenta numerosos ejemplos de utilización de sistemas de información y dispositivos electrónicos.

Las posibilidades de los dispositivos electrónicos son infinitas, como sensores, robots, sistemas de captación de datos, etc. El *jidoka* es un caso particular de automatización, aunque las veinte claves lo contemplen de forma independiente.

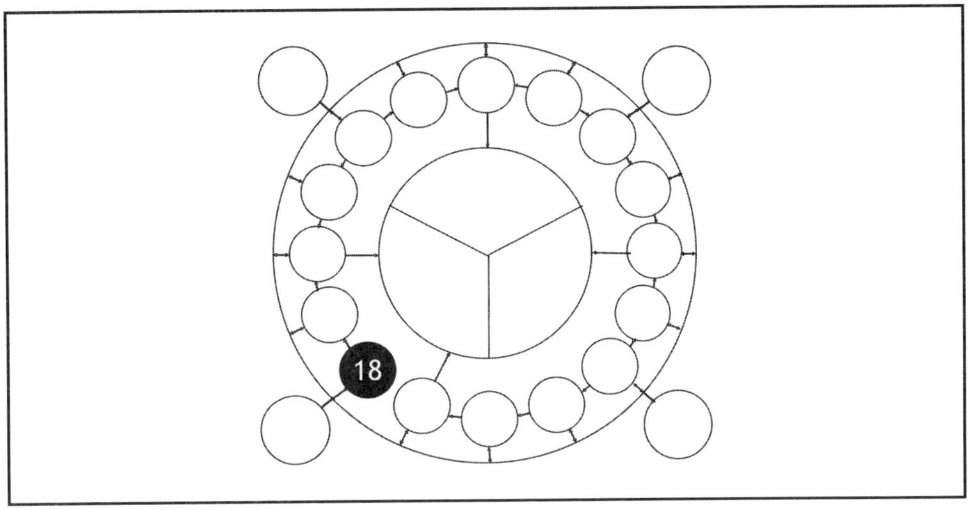

Figura 9.22. Localización de la *utilización de microprocesadores* en el esquema de las veinte claves.

9.4.3. Capacidad tecnológica

Se entiende por capacidad tecnológica el conjunto de destrezas que se han adquirido durante el desarrollo de los procesos de fabricación y mejora. Se conoce también como *know-how*. La clave número 20, la última, enfatiza la importancia de usar y cuidar este *know-how* (figura 9.23).

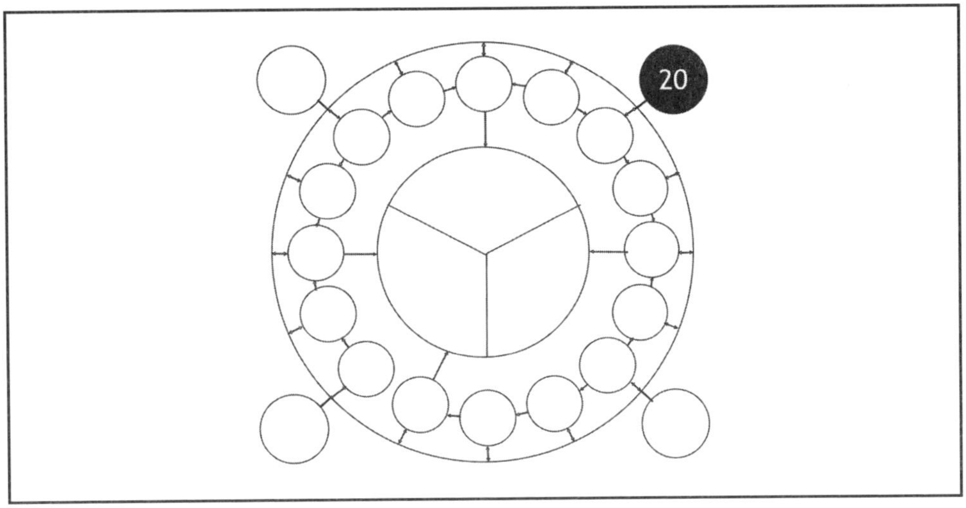

Figura 9.23. Localización de la *capacidad tecnológica* en el esquema de las veinte claves.

La aplicación sistemática de las veinte claves fuerza a la empresa a introducirse en un proceso de mejora continua. Kobayashi concluye su libro diciendo que, gracias a este proceso de mejora continua, la empresa está preparada para perdurar de generación en generación, convirtiéndose en líder del sector.

9.5. RESUMEN

El objetivo de este capítulo ha sido el de presentar otras herramientas recogidas en el libro de Kobayashi que no se habían explicado en los capítulos anteriores. Estas metodologías de mejora se han agrupado en cuatro categorías: claves relacionadas con los recursos humanos, claves relativas al uso eficiente de los materiales, claves relacionadas con el control visual y claves relacionadas con la tecnología.

9.6. LECTURAS RECOMENDADAS

Iwao Kobayashi (2002): *20 claves para mejorar la fábrica,* 2.ª ed. revisada. Madrid: TGP-Hoshin, S. L.

Segunda edición del libro. Sistemático y claro, escrito con un tono informal y con dibujos autoexplicativos. Explica en profundidad las veinte claves que se presentan en este libro, incluyendo las etapas intermedias y cómo avanzar en ellas.

Asociación de Relaciones Humanas de Japón (1996): *Kaizen Teian 1.* Madrid: TGP-Hoshin, S. L.

Libro dedicado al estudio de los sistemas de sugerencias por parte de los empleados. Aunque orientado al mundo japonés, tiene importantes conceptos aplicables a otros países.

Japan Management Assotiation (1989): *Kanban Just-in-Time at Toyota: Management Begins at the workplace.* Portland, OR: Productivity Press.

Sencillo de leer y de entender, explica de forma más amena y general algunos conceptos que se desarrollan en el manual para la implantación del JIT; en concreto la producción nivelada y el sistema *kanban.*

Apéndice. Problemas numéricos

Los problemas numéricos están clasificados en cinco categorías distintas basadas en los capítulos del libro. Algunos capítulos no tienen problemas numéricos específicos, pero algunos conceptos pueden aparecer en problemas de otros capítulos.

Algunos problemas pueden parecer el mismo, pero es importante leer despacio los enunciados para descubrir los pequeños cambios, cuyo objetivo es probar cómo un simple cambio en un dato puede conducir a soluciones diferentes. Traduciendo esta idea a problemas reales, se comprobará que resulta muy difícil implantar soluciones estándar para todos los problemas.

Al final del apéndice se incluyen las soluciones a los problemas, que no son únicas. Por tanto, la no coincidencia numérica no significa que el problema esté mal resuelto. Por último, en algunos problemas aparece como respuesta «mirar teoría», «respuesta gráfica» y no se incluye la solución.

HERRAMIENTAS DE MEJORA CONTINUA

Problema HM1

Se quiere implantar el cálculo de la eficiencia de Nakajima en un equipo industrial del que se dispone de los siguientes datos, registrados en un período de 10 días. El equipo trabaja 24 horas al día y debería ser capaz de fabricar, teóricamente, 100 piezas cada hora.

1. Determine los indicadores de disponibilidad, rendimiento y calidad, explicando cómo se calcula cada uno de ellos.
2. ¿Cuál es la eficiencia del equipo?

Día	1	2	3	4	5	6	7	8	9	10
Mantenimiento correctivo (h)	—	3	1	2	2	4	—	2	—	1,5
Descansos (h)	0,5	0,5	0,5	0,5	0,5	0,5	0,5	0,5	0,5	0,5
Preparación de producto (h)	2	—	—	2	—	—	2	—	—	2
Paradas menores justificadas (h)	0,5	—	—	0,5	1	—	—	1	2	—
Mantenimiento preventivo (h)	0,5	0,5	0,5	0,5	0,5	0,5	0,5	0,5	0,5	0,5
Defectuosos (u)	90	115	100	120	160	100	125	135	150	180
Producción correcta (u)	1.920	1.820	2.100	1.700	1.750	1.750	1.900	1.800	1.930	1.760

Problema HM2

Se quiere implantar el cálculo de la eficiencia de Nakajima en un equipo industrial del que se dispone de los siguientes datos, registrados en un período de 10 días. El equipo trabaja 24 horas al día.

Día	1	2	3	4	5	6	7	8	9	10
Mantenimiento correctivo (h)		3	1	2	2	4		2		1,5
Descansos (h)	0,5	0,5	0,5	0,5	0,5	0,5	0,5	0,5	0,5	0,5
Preparación de producto (h)	2			2			2			2
Paradas menores justificadas (h)	0,5			0,5	1			1	2	
Mantenimiento preventivo (h)	0,5	0,5	0,5	0,5	0,5	0,5	0,5	0,5	0,5	0,5
«Producto E» P. correcta (u)	1.650	1.550	1.800	1.400	1.400	1.250	1.520	1.530	1.500	1.350
«Producto E» defectuosos (u)	120	150	120	140	180	150	170	150	170	190
«Producto T» P. correcta (u)	30	35	20	20	20	50	45	15	20	10
«Producto T» defectuosos (u)	90	115	100	120	160	100	125	135	150	180

Para el cálculo de los tiempos de ciclo la empresa ha suministrado 10 datos de producción total diaria para cada producto, en días en los que sólo se fabricó uno de los productos.

Día	1	2	3	4	5	6	7	8	9	10
Producto E	1.900	2.000	1.900	2.100	2.000	2.200	1.900	2.300	2.100	2.100

Día	1	2	3	4	5	6	7	8	9	10
Producto T	1.000	1.100	1.000	900	1.100	1.000	1.000	950	1.100	1.100

1. Determine el tiempo de ciclo de cada producto.
2. Determine los indicadores de disponibilidad, rendimiento, calidad y eficiencia.
3. ¿Qué primera medida tomaría? Justificar la respuesta.

Problema HM3

Se quiere implantar el cálculo de la eficiencia de Nakajima en un equipo industrial del que se dispone de los siguientes datos, registrados en un período de 10 días. El equipo trabaja 24 horas al día.

Día	1	2	3	4	5	6	7	8	9	10
Mantenimiento correctivo (h)		3	1	2	2	4		2		1,5
Descansos (h)	0,5	0,5	0,5	0,5	0,5	0,5	0,5	0,5	0,5	0,5
Preparación de producto (h)	2			2			2			2
Paradas menores justificadas (h)	0,5			0,5	1			1	2	
Mantenimiento preventivo (h)	0,5	0,5	0,5	0,5	0,5	0,5	0,5	0,5	0,5	0,5
«Producto E» correctos (u)	1.650	1.550	1.800	1.400	1.400	1.250	1.520	1.530	1.500	1.350
«Producto E» defectuosos (u)	120	150	120	140	180	150	170	150	170	190
«Producto T» correctos (u)	30	35	20	20	20	50	45	15	20	10
«Producto T» defectuosos (u)	90	115	100	120	160	100	125	135	150	180

Para el cálculo de los tiempos de ciclo la empresa ha suministrado 10 datos de producción total horaria para cada producto, en horas en los que sólo se fabricó uno de los productos.

Día	1	2	3	4	5	6	7	8	9	10
Producto E	98	103	96	97	107	103	98	99	98	101

Día	1	2	3	4	5	6	7	8	9	10
Producto T	48	49	52	53	50	48	48	49	52	51

1. Determine el tiempo de ciclo de cada producto.
2. Determine los indicadores de disponibilidad, rendimiento, calidad y eficiencia.
3. ¿Qué primera medida tomaría? Justificar la respuesta.

Problema HM4

Se quiere implantar el cálculo de la eficiencia de Nakajima en un equipo industrial del que se dispone de los siguientes datos, registrados en un período de 10 días. El equipo trabaja 24 horas al día y debería ser capaz de fabricar, teóricamente, 100 piezas cada hora. Sin embargo, cuando el equipo reprocesa piezas, sólo es capaz de fabricar 50 productos por hora.

Día	1	2	3	4	5	6	7	8	9	10
Mantenimiento correctivo (h)		3	1	2	2	4		2		1,5
Descansos (h)	0,5	0,5	0,5	0,5	0,5	0,5	0,5	0,5	0,5	0,5
Preparación de producto (h)	2			2			2			2
Paradas menores justificadas (h)	0,5			0,5	1			1	2	
Mantenimiento preventivo (h)	0,5	0,5	0,5	0,5	0,5	0,5	0,5	0,5	0,5	0,5
Producción correcta (u)	1.650	1.550	1.800	1.400	1.400	1.250	1.520	1.530	1.500	1.350
Defectuosos (u)	120	150	120	140	180	150	170	150	170	190
Retrabajados correctos (u)	30	35	20	20	20	50	45	15	20	10
Retrabajados defectuosos (u)	90	115	100	120	160	100	125	135	150	180

1. Determine los indicadores de disponibilidad, rendimiento y calidad, explicando cómo se calcula cada uno de ellos.
2. ¿Cuál es la eficiencia del equipo?

Problema HM5

Una línea de fabricación de pirámides acústicas para techos ofrece los siguientes datos correspondientes a 10 meses (160 horas/mes). La producción teórica es de 1.000 m^2/mes. El coste de avería es de 30 €/h; el de cambio, 60 €/h; el de producción, 3 €/m^2, y el precio de venta es de 10 €/m^2.

Mes	1	2	3	4	5	6	7	8	9	10
Averías (h)	20	20	22	18	14	19	26	28	25	20
Cambios (h)	20	20	20	20	20	20	20	20	20	20
Defectos (m^2)	80	60	100	150	—	50	50	80	—	30
Producción total (m^2)	700	750	700	650	760	700	600	700	600	600

Después de llevar a cabo un proyecto de reingeniería se fijó una nueva producción teórica de 1.600 m^2/mes. El coste del proyecto es de 60.000 € y debe amortizarse en 20 meses. Se recogieron datos en los 10 meses siguientes a la implantación del proyecto:

Mes	1	2	3	4	5	6	7	8	9	10
Averías (h)	8	7	8	10	17	20	21	20	25	28
Cambios (h)	20	20	20	20	20	20	20	20	20	20
Defectos (m^2)	60	80	110	120	—	—	150	100	70	70
Producción total (m^2)	1.200	1300	950	1.050	1.000	1.200	1.150	1.150	950	1.100

1. ¿Cómo ha variado el indicador de la eficiencia global del equipo?
2. ¿Ha merecido la pena el proyecto? ¿Por qué?

Problema HM6

Una línea de fabricación de leds para iluminación de interiores ofrece los siguientes datos correspondientes a 10 meses (160 horas/mes). La producción teórica es de 1.000 m/mes. El coste de avería es de 30 €/h; el de cambio, 60 €/h; el de producción, 3 €/m, y el precio de venta es de 10 €/m.

Mes	1	2	3	4	5	6	7	8	9	10
Averías (h)	20	20	22	18	14	19	26	28	25	20
Cambios (h)	20	20	20	20	20	20	20	20	20	20
Defectos (m)	80	60	100	150	—	50	50	80	—	30
Producción total (m)	700	750	700	650	760	700	600	700	600	600

Después de llevar a cabo un proyecto de mejora continua se fijó una nueva producción teórica de 1.600 m/mes y se estableció una parada programada de mantenimiento preventivo de 12 horas/mes (coste 10 €/hora). El coste del proyecto es de 60.000 y debe amortizarse en 20 meses. Se recogieron datos en los 10 meses siguientes a la implantación del proyecto. Los datos recogidos son los siguientes:

Mes	1	2	3	4	5	6	7	8	9	10
Averías (h)	28	25	20	21	20	17	10	8	7	8
Cambios (h)	20	20	20	20	20	20	20	20	20	20
Defectos (m)	70	70	100	150	—	—	120	110	80	60
Producción total (m)	1.100	950	1.150	1.150	1.200	1.000	1.050	950	1.300	1.200

1. ¿Cómo ha variado el indicador de la eficiencia global del equipo?
2. ¿Ha merecido la pena el proyecto? ¿Por qué?

Problema HM7

En una célula de producción destinada a la fabricación de una familia de productos se dispone de los siguientes datos correspondientes a diez días (24 horas/día). La producción teórica es de 90 unidades/día.

Día	1	2	3	4	5	6	7	8	9	10
Averías (h)	—	2	—	—	5	—	3	—	—	6
Cambios (h)	—	—	3	—	—	3	—	—	3	—
Defectos (uds)	7	6	8	2	1	9	6	5	5	6
Producción total (uds)	70	65	85	80	63	70	73	68	72	67

Con el fin de eliminar los defectos se ha instalado un *poka-yoke* en la máquina y se ha implantado la estrategia de la inspección en la fuente. Al día siguiente de la implantación de ambos métodos se tomaron datos durante diez días. Los datos recogidos fueron los siguientes:

Día	1	2	3	4	5	6	7	8	9	10
Averías (h)	3	—	—	4	—	1	—	7	—	1
Cambios (h)	—	—	3	—	—	3	—	—	3	—
Defectos (uds)	16	14	11	11	8	8	5	5	3	2
Producción total (uds)	81	70	65	67	72	80	83	71	67	69

1. ¿Cómo ha variado el indicador de la eficiencia global del equipo (OEE)?
2. ¿Ha sido efectiva la solución planteada? ¿Por qué?

Problema HM8

La máquina principal de una célula de producción destinada a la fabricación de una familia de productos ofrece los siguientes datos correspondientes a 10 días (dos turnos de 8 horas/día). La producción teórica es de 2.200 unidades/día.

Día	1	2	3	4	5	6	7	8	9	10
Averías (h)	1	2	2	—	1	1	1	—	2	—
Cambios (h)	—	—	—	—	—	—	—	—	—	—
Defectos (uds)	100	110	90	130	140	100	125	135	120	150
Prod. correcta (uds)	1.900	1.700	1.800	1.700	1.750	1.850	1.700	1.600	1.700	1.700

Después de llevar a cabo un proyecto de mejora se ha implementado un dispositivo *poka-yoke* en la máquina que permite la producción de la siguiente pieza si la pieza inspeccionada es correcta. Los datos recogidos en 10 días posteriores a la implantación del proyecto son los siguientes:

Día	1	2	3	4	5	6	7	8	9	10
Averías (h)	1	2	2	—	1	1	1	—	2	2
Cambios (h)	—	—	—	—	—	—	—	—	—	—
Defectos (uds)	30	40	35	30	50	30	35	30	40	30
Prod. correcta (uds)	1.700	1.400	1.600	1.500	1.450	1.500	1.500	1.400	1.400	1.500

1. ¿Cómo ha variado el indicador de la eficiencia global del equipo?
2. ¿Ha merecido la pena el proyecto? ¿Por qué?

Problema HM9

Una máquina semiautomática de fabricación de tornillos ofrecía los siguientes datos correspondientes a 10 días. La producción teórica es de 14,5 mu/día. El coste de avería es de 250 €/h; el de cambio, 60 €/h; el de producción, 1 €/mu, y el precio de venta es de 1,6 €/mu.

Día	1	2	3	4	5	6	7	8	9	10
Averías (h)	—	2	—	3	—	—	2	—	1	3
Cambios (h)	2	—	2	—	2	2	—	2	2	—
Defectos (mu)	0,1	—	0,2	0,1	—	0,1	—	0,1	—	0,2
Producción total (mu)	13	11,7	12	11,5	12,2	12,9	13	12,8	12,4	12,5

Después de llevar a cabo una fuerte inversión de 1,5 millones de euros se modificó la velocidad teórica a 20 mu/día. La inversión debería recuperarse en 3 años (la empresa trabaja 10 meses al año, 20 días al mes, 24 horas/día). La siguiente tabla muestra los datos obtenidos los primeros 10 días, que pueden considerarse representativos de la nueva situación.

Día	1	2	3	4	5	6	7	8	9	10
Averías (h)	1	—	3	—	4	—	1	—	1	—
Cambios (h)	—	2	2	—	2	2	—	2	—	2
Defectos (mu)	—	0,2	—	0,3	—	—	0,1	—	—	0,1
Producción total (mu)	17,5	16,5	14,8	16,5	14	16,5	17,5	15,2	16	15,3

1. ¿Ha merecido la pena el proyecto? ¿Por qué?
2. Calcule el incremento de beneficio teórico que esperaba obtener la empresa (sin tener en cuenta pérdidas) y el incremento de beneficio esperado teniendo en cuenta la eficiencia que ofrecía la máquina antes de la inversión. ¿Era razonable la inversión?

Problema HM10

Una línea de fabricación de cepillos de dientes ofrece los siguientes datos correspondientes a 10 días (24 horas/día). La producción teórica es de 27.000 unidades/día. El coste de avería es de 250 €/h; el de producción, 1 €/unidad, y el precio de venta es de 1,5 €/unidad.

Día	1	2	3	4	5	6	7	8	9	10
Averías (h)	3	5	2	—	2	2	3	3	5	5
Cambios (h)	—	—	—	—	—	—	—	—	—	—
Defectos (mu)	1	4	—	3	1	—	4	—	3	1
Producción total (mu)	22	20	24	22	24	21	21	23	20	20

Después de llevar a cabo un proyecto sobre mantenimiento se ha decidido realizar una parada programada de 4 h diarias para realizar tareas de mantenimiento preventivo, con un coste de 60 €/hora. Unos meses después del proyecto se han tomado los siguientes datos, durante un período de 10 días:

Día	1	2	3	4	5	6	7	8	9	10
Averías (h)	—	1	—	2	—	2	—	—	1	—
Cambios (h)	—	—	—	—	—	—	—	—	—	—
Defectos (mu)	1	—	2	3	2	1	1	2	2	2
Producción total (mu)	22	21	21	20	21	20	21	21	21	20

1. ¿Cómo ha variado el indicador de la eficiencia global del equipo?
2. ¿Cómo ha variado el beneficio de la empresa después del proyecto?
3. ¿Ha merecido la pena el proyecto? ¿Por qué?

Problema HM11

Una línea de fabricación de cepillos de dientes ofrece los siguientes datos correspondientes a 10 días (24 horas/día). La producción teórica es de 27.000 unidades/día. El coste de avería es de 250 €/h; el de producción, 1 €/unidad, y el precio de venta es de 1,5 €/unidad.

Día	1	2	3	4	5	6	7	8	9	10
Averías (h)	3	5	2	—	2	2	3	3	5	5
Cambios (h)	—	—	—	—	—	—	—	—	—	—
Defectos (mu)	1	4	—	3	1	—	4	—	3	1
Producción total (mu)	22	20	24	22	24	21	21	23	20	20

Después de llevar a cabo un proyecto sobre mantenimiento se ha decidido realizar una parada programada de 1 h diaria para realizar tareas de mantenimiento preventivo, con un coste de 60 €/hora. Unos meses después del proyecto se han tomado los siguientes datos, durante un período de 10 días:

Día	1	2	3	4	5	6	7	8	9	10
Averías (h)	—	1	—	2	—	2	—	—	1	—
Cambios (h)	—	—	—	—	—	—	—	—	—	—
Defectos (mu)	1	—	2	3	2	1	1	2	2	2
Producción total (mu)	25	23	25	23	24	23	25	22	24	25

1. ¿Cómo ha variado el indicador de la eficiencia global del equipo?
2. ¿Cómo ha variado el beneficio de la empresa después del proyecto?
3. ¿Ha merecido la pena el proyecto? ¿Por qué?

Problema HM12

La máquina principal de una célula de producción destinada a la fabricación de una familia de productos ofrece los siguientes datos correspondientes a 10 días (24 horas/día). La producción teórica es de 120 unidades/día.

Día	1	2	3	4	5	6	7	8	9	10
Averías (h)	—	2	—	5	—	—	3	—	—	6
Cambios (h)	—	—	12	—	12	12	—	—	12	—
Defectos (mu)	0	0	8	0	7	9	0	0	5	0
Producción total (mu)	65	62	42	70	35	40	64	68	35	70

Después de llevar a cabo un proyecto SMED se recogieron datos en 10 días dos meses después de la implantación del proyecto. Los datos recogidos son los siguientes:

Día	1	2	3	4	5	6	7	8	9	10
Averías (h)	3	—	—	4	—	1	—	7	—	1
Cambios (h)	2	—	1	—	—	2	—	2	2	—
Defectos (mu)	0	0	0	0	0	0	0	0	0	0
Producción total (mu)	71	80	65	67	72	80	83	71	67	69

1. ¿Cómo ha variado el indicador de la eficiencia global del equipo?
2. ¿Ha merecido la pena el proyecto? ¿Por qué?
3. ¿Son coherentes los resultados obtenidos y el tipo de proyecto empleado?

Problema HM13

Una vieja máquina de fabricación de galletas ofrece los siguientes datos correspondientes a 10 días (24 horas/día). La producción teórica es de 5 mu/h.

Día	1	2	3	4	5	6	7	8	9	10
Averías (h)	2	4	5	—	2	5	2	—	2	4
Cambios (h)	—	6	—	—	—	4	—	—	—	6
Defectos (mu)	15	40	10	20	50	40	20	25	50	45
Producción total (mu)	95	65	80	115	100	40	100	105	90	45

Después de llevar a cabo un proyecto de SMED se recogieron datos 10 días después de la implantación de la primera etapa.

Día	1	2	3	4	5	6	7	8	9	10
Averías (h)	5	6	6	—	5	6	6	—	4	5
Cambios (h)	2	2	2	—	2	2	2	—	2	2
Defectos (mu)	30	30	35	15	30	35	30	20	30	35
Producción total (mu)	80	60	70	100	70	70	80	90	85	60

1. ¿Ha merecido la pena el proyecto? ¿Por qué?
2. ¿Era esperable el resultado obtenido? ¿Por qué?
3. La empresa se está planteando detener el proyecto. ¿Es recomendable? ¿Qué tendría que hacer?

Problema HM14

Una máquina de fabricación de galletas ofrece los siguientes datos correspondientes a 10 días (24 horas/día). La producción teórica es de 5 mu/h.

Día	1	2	3	4	5	6	7	8	9	10
Averías (h)	2	4	5	—	2	5	2	—	2	4
Cambios (h)	—	6	—	—	—	4	—	—	—	6
Defectos (mu)	15	40	10	20	50	40	20	25	50	45
Producción total (mu)	95	65	80	115	100	40	100	105	90	45

Después de llevar a cabo un proyecto de SMED se recogieron datos 10 días después de la implantación de la primera etapa.

Día	1	2	3	4	5	6	7	8	9	10
Averías (h)	1	3	—	3	—	2	4	5	2	3
Cambios (h)	2	2	2	—	2	2	2	—	2	2
Defectos (mu)	30	30	35	15	30	35	30	20	30	35
Producción total (mu)	95	70	90	100	100	80	85	90	95	80

1. ¿Ha merecido la pena el proyecto? ¿Por qué?
2. ¿Era esperable el resultado obtenido? ¿Por qué?
3. ¿Cuál sería el siguiente proyecto que se debería poner en marcha?

Problema HM15

Una línea de fabricación de palillos de dientes ofrece los siguientes datos correspondientes a 10 días (8 horas/día). La producción teórica es de 3.840.000 unidades/día.

Día	1	2	3	4	5	6	7	8	9	10
Averías (h)	2	1	3	4	4	—	2	3	—	2
Cambios (h)	0	0	0	0	0	0	0	0	0	0
Defectos (mu)	0,2	0,3	0,1	—	—	0,1	0,2	0,2	—	0,1
Producción total (mu)	2.700	3.100	2.400	3.800	1.800	3.500	2.800	2.300	3.700	2.500

Después de llevar a cabo un proyecto de 5S se recogieron datos otros 10 días, 1 mes después de la implantación del proyecto. Los datos recogidos fueron los siguientes:

Día	1	2	3	4	5	6	7	8	9	10
Averías (h)	1	—	1	—	—	1	—	—	1	—
Cambios (h)	0	0	0	0	0	0	0	0	0	0
Defectos (mu)	0,1	0,1	0,1	0,2	—	—	—	0,1	0,1	—
Producción total (mu)	3.200	3.800	3.300	3.800	3.750	3.200	3.500	3.700	3.200	3.800

Un año después de la implantación, en una revisión del estado del proyecto, se volvieron a recoger datos en 10 días. Los datos recogidos son los siguientes:

Día	1	2	3	4	5	6	7	8	9	10
Averías (h)	3	3	1	—	—	2	3	4	5	1
Cambios (h)	0	0	0	0	0	0	0	0	0	0
Defectos (mu)	0,1	0,2	0,1	—	0,4	0,1	—	0,2	0,1	0,2
Producción total (mu)	2.200	2.400	3.000	3.800	3.600	2.800	2.300	1.900	1.300	3.200

1. ¿Cómo ha variado el indicador de la eficiencia global del equipo en las dos situaciones posteriores con respecto a la situación inicial?
2. ¿Ha merecido la pena el proyecto? ¿Por qué?
3. ¿Son coherentes los resultados obtenidos y el tipo de proyecto empleado? ¿Por qué?

Problema HM16

Una línea de fabricación de pasta italiana ofrece los siguientes datos correspondientes a 10 días (8 horas/día). La producción teórica es de 5.760.000 unidades/día.

Día	1	2	3	4	5	6	7	8	9	10
Averías (h)	2	1	3	—	4	—	2	3	—	2
Cambios (h)	0	2	0	2	0	2	0	2	0	2
Defectos (mu)	0,2	0,3	0,1	—	—	0,1	0,2	0,2	—	0,1
Producción total (mu)	4.050	3.600	3.600	4.000	2.700	4.200	4.200	1.500	5.500	2.000

Después de llevar a cabo un proyecto de 5S se recogieron datos otros 10 días, 1 mes después de la implantación del proyecto. Los datos recogidos fueron los siguientes:

Día	1	2	3	4	5	6	7	8	9	10
Averías (h)	1	—	1	—	—	1	—	—	1	—
Cambios (h)	0	0,5	0	0,5	0	0,5	0	0,5	0	0,5
Defectos (mu)	0,1	0,1	0,1	0,2	—	—	—	0,1	0,1	—
Producción total (mu)	4.800	5.200	4.950	5.100	5.625	4.500	5.250	5.550	4.800	5.000

Un año después de la implantación, en una revisión del estado del proyecto, se volvieron a recoger datos en 10 días. Los datos recogidos son los siguientes:

Día	1	2	3	4	5	6	7	8	9	10
Averías (h)	1	1	—	—	—	1	1	—	—	—
Cambios (h)	0	0,5	0	0,5	0	0,5	0	0,5	0	0,5
Defectos (mu)	0,1	0,2	0,1	—	0,4	0,1	—	0,2	0,1	0,2
Producción total (mu)	5.000	4.500	5.000	4.200	5.625	4.700	5.000	5.100	5.100	4.800

1. ¿Cómo ha variado el indicador de la eficiencia global del equipo en las dos situaciones posteriores con respecto a la situación inicial?
2. ¿Ha merecido la pena el proyecto? ¿Por qué?
3. ¿Son coherentes los resultados obtenidos y el tipo de proyecto empleado? ¿Por qué?

Problema HM17

Las dos máquinas de una célula de producción son capaces de producir una pieza cada 9 minutos. El coste de avería es de 30 €/h; el de cambio, 40 €/h; el de producción, 6,3 €/u, y el precio de venta es de 9 €/u. La empresa trabaja 10 meses al año, 24 horas al día y 25 días cada mes. La siguiente tabla presenta los resultados obtenidos en 10 meses de trabajo.

Mes	1	2	3	4	5	6	7	8	9	10
Averías (h)	10	10	20	—	30	—	—	—	50	20
Cambios (h)	30	—	10	20	10	—	20	20	10	—
Defectos (u)	60	90	30	—	—	60	30	—	60	30
Producción total (u)	3.200	3.400	3.200	3.400	3.200	3.500	3.300	3.300	3.100	3.000

Se realizó una inversión en dos módulos semiautomáticos de inspección de piezas (80.000 €/módulo), que no permiten procesar la siguiente pieza hasta que no verifican que la pieza procesada es correcta. Se recogieron datos los cinco meses siguientes a la inversión, que debería recuperarse en dos años de trabajo. Se fijó un nuevo ciclo teórico de 7 minutos por pieza y un coste de producción de 4,97 €/pieza.

Mes	1	2	3	4	5
Averías (h)	15	20	10	5	10
Cambios (h)	15	—	—	30	15
Defectos (u)	30	90	50	20	15
Producción total (u)	3.200	3.000	3.200	3.200	3.400

Aunque inicialmente se había rechazado su inversión, se decidió incluir un dispositivo en cada módulo que realizaba la operación de forma automática pero que permitía procesar la siguiente pieza mientras verificaba que la pieza procesada era correcta. Su coste era de 100.000 €/dispositivo y sólo quedaba 1,5 años para recuperar la inversión. Se fijó un nuevo ciclo teórico de 6 minutos por pieza y un coste de 4,3 €/pieza. La siguiente tabla recoge los datos obtenidos los cinco meses siguientes a la implantación.

Mes	1	2	3	4	5
Averías (h)	20	15	10	10	10
Cambios (h)	10	10	—	20	20
Defectos (u)	30	10	30	10	20
Producción total (u)	5.700	5.700	5.800	5.700	5.600

1. ¿Ha merecido la pena el proyecto? ¿Por qué?
2. A la vista de los datos y los resultados, ¿qué hubiera tenido que hacer la empresa?

Problema HM18

Se quiere implantar el cálculo de la eficiencia de Nakajima en un equipo industrial del que se dispone de los siguientes datos, registrados en un período de 10 días. El equipo trabaja 24 horas al día.

Día	1	2	3	4	5	6	7	8	9	10
Paradas programadas (h)	1	1	1	1	1	1	1	1	1	1
Averías (h)	—	3	1	2	2	4	—	2	—	1,5
Preparación producto (h)	2	—	—	2	—	—	2	—	—	2
Defectos (u)	90	115	100	120	160	100	125	135	150	180
Producción correcta (u)	1.920	1.820	2.100	1.700	1.750	1.750	1.900	1.800	1.930	1.760

Para el cálculo del tiempo de ciclo se ha realizado un estudio durante 10 horas. Los datos del estudio se resumen la siguiente tabla.

Hora	**1**	**2**	**3**	**4**	**5**	**6**	**7**	**8**	**9**	**10**
Correctos	78	83	86	85	85	70	82	81	80	79
Defectuosos	12	10	11	16	6	21	18	19	11	12
Retrabajados	8	6	4	8	7	10	1	1	5	5
Defect. después del retrabajo	6	5	2	8	6	8	1	1	3	4

1. Determine el tiempo de ciclo.
2. Determine los indicadores de disponibilidad, rendimiento y calidad.
3. ¿Cuál es la eficiencia del equipo?

Problema HM19

En una célula de producción destinada a la fabricación de una familia de productos se dispone de los siguientes datos correspondientes a 10 días (24 horas/día). La producción teórica era de 14.500 unidades/día.

Día	**1**	**2**	**3**	**4**	**5**	**6**	**7**	**8**	**9**	**10**
Averías (h)	—	2	5	—	—	—	2	—	3	—
Cambios (h)	2	1	—	2	2	—	2	3	4	—
Defectos (uds)	100	150	200	100	150	220	130	80	140	200
Producción total (uds)	12.000	13.280	11.300	12.100	14.000	13.000	12.300	11.900	13.100	11.700

Tras una fuerte inversión, se fijó una nueva producción teórica de 20.000 unidades/día. Después de 10 días de trabajo se recogieron los siguientes datos.

Día	**1**	**2**	**3**	**4**	**5**	**6**	**7**	**8**	**9**	**10**
Averías (h)	—	3	—	—	4	—	4	—	1	—
Cambios (h)	—	3	—	2	—	2	3	2	2	2
Defectos (uds)	200	250	100	130	230	125	240	320	100	180
Producción total (uds)	15.000	13.200	15.600	14.800	15.200	14.800	12.000	15.600	15.100	14.900

1. ¿Cómo ha variado el indicador de la eficiencia global del equipo (OEE)?
2. ¿Ha merecido la pena la inversión?

Problema HM20

Una célula de fabricación se dedica a la fabricación de una familiar de productos desde hace 25 años y ofrece los siguientes datos correspondientes a 10 días (24 horas/día). La producción teórica es de 60 unidades/día.

Día	1	2	3	4	5	6	7	8	9	10
Averías (h)	—	3	—	—	4	2	1	—	2	6
Cambios (h)	—	—	8	—	8	8	—	8	8	—
Defectos (u)	2	1	5	0	7	4	2	0	3	0
Producción total (u)	55	49	40	56	28	33	55	35	33	42

Después de llevar a cabo un proyecto de tecnología de grupos se recogieron datos en 10 días tres meses después de la implantación del proyecto. Después del proyecto la producción teórica se fijó en 100 unidades/día. Los datos recogidos son los siguientes:

Día	1	2	3	4	5	6	7	8	9	10
Averías (h)	—	2	1	3	—	2	1	5	—	3
Cambios (h)	—	2	2	—	1	2	—	2	2	—
Defectos (u)	1	4	2	0	4	0	2	3	1	2
Producción total (u)	90	80	65	67	72	80	83	60	67	69

1. ¿Cómo ha variado el indicador de la eficiencia global del equipo?
2. ¿Ha merecido la pena el proyecto? ¿Por qué?
3. ¿Son coherentes los resultados obtenidos y el tipo de proyecto empleado?

Problema HM21

En una célula de producción destinada a la fabricación de una familia de productos se dispone de los siguientes datos correspondientes a diez días (24 horas/día). La producción teórica es de 90 unidades/día.

Día	1	2	3	4	5	6	7	8	9	10
Averías (h)	3	1	2	—	1	1	2	—	5	—
Cambios (h)	—	4	—	—	—	4	—	—	—	4
Defectos (uds)	6	7	5	3	5	3	3	6	4	3
Producción total (uds)	88	70	78	83	80	60	83	77	75	79

Después de llevar a cabo un proyecto sobre mejora del mantenimiento, se ha decidido realizar una parada programada de 2 horas diarias para realizar tareas de mantenimiento preventivo. Los datos recogidos en 10 días posteriores a la implantación del proyecto son los siguientes:

Día	1	2	3	4	5	6	7	8	9	10
Averías (h)	1	—	—	—	2	—	—	—	3	—
Cambios (h)	—	4	—	—	—	4	—	—	—	4
Defectos (uds)	5	8	3	4	3	5	3	2	2	7
Producción total (uds)	77	72	77	80	70	75	80	72	77	75

1. ¿Cómo ha variado el indicador de la eficiencia global del equipo?
2. ¿Ha merecido la pena el proyecto? ¿Por qué?

Problema HM22

La máquina principal de una célula de producción destinada a la fabricación de una familia de productos ofrece los siguientes datos correspondientes a 10 días (24 horas/día). La producción teórica es de 350 unidades/día.

Día	1	2	3	4	5	6	7	8	9	10
Averías (h)	1	2	2	—	1	1	1	—	2	—
Cambios (h)	—	3	—	—	—	3	—	—	—	2
Defectos (u)	8	12	7	7	13	15	6	11	18	3
Producción correcta (u)	240	265	260	285	280	275	315	260	260	260

Después de llevar a cabo un proyecto sobre mantenimiento, se ha decidido realizar una parada programada de 1 h diaria para realizar tareas de mantenimiento preventivo. Los datos recogidos en 10 días posteriores a la implantación del proyecto son los siguientes:

Día	1	2	3	4	5	6	7	8	9	10
Averías (h)	—	—	—	0,5	—	0,5	—	1	—	—
Cambios (h)	—	—	2	—	—	2	—	—	2	—
Defectos (u)	5	0	4	5	7	6	3	5	3	2
Producción correcta (u)	245	265	260	285	285	270	300	250	270	280

1. ¿Cómo ha variado el indicador de la eficiencia global del equipo?
2. ¿Ha merecido la pena el proyecto? ¿Por qué?

Problema HM23

Una línea de fabricación de bollería industrial ofrece los siguientes datos correspondientes a 10 días (24 horas/día). La producción teórica es de 1.500 unidades/día.

Día	1	2	3	4	5	6	7	8	9	10
Averías (h)	—	2	2	1	3	1	3	1	3	4
Cambios (h)	—	—	6	6	—	6	—	6	6	—
Defectos (u)	100	150	140	200	—	150	90	75	—	30
Producción total (u)	1.000	1.100	700	750	1.300	900	1.100	780	800	1.200

Después de llevar a cabo un proyecto de 5S, se recogieron datos en 10 días dos meses después de la implantación del proyecto. Los datos recogidos son los siguientes:

Día	1	2	3	4	5	6	7	8	9	10
Averías (h)	—	1	—	1	2	—	1	1	2	1
Cambios (h)	—	—	4	4	—	4	—	4	4	—
Defectos (u)	60	80	110	120	—	—	150	100	70	70
Producción total (u)	1.200	1.300	950	1.050	1.300	1.200	1.150	1.150	950	1.200

1. ¿Cómo ha variado el indicador de la eficiencia global del equipo?
2. ¿Ha merecido la pena el proyecto? ¿Por qué?
3. ¿Son coherentes los resultados obtenidos y el tipo de proyecto empleado?

Problema HM24

Una línea de fabricación de pizarras de acero vitrificado ofrece los siguientes datos correspondientes a 10 meses (160 horas/mes). La producción teórica es de 1.600 m^2/mes.

Día	1	2	3	4	5	6	7	8	9	10
Averías (h)	20	20	22	18	14	19	26	28	25	20
Cambios (h)	16	16	16	16	16	16	16	16	16	16
Defectos (m^2)	100	150	140	200	—	150	90	75	—	30
Producción total (m^2)	1.000	1.100	700	750	1.300	900	1.100	780	800	1.200

Después de llevar a cabo un proyecto de 5S se recogieron datos en los 10 meses siguientes a la implantación del proyecto. Los datos recogidos son los siguientes:

Mes	1	2	3	4	5	6	7	8	9	10
Averías (h)	8	7	15	16	17	21	21	25	28	25
Cambios (h)	8	7	9	12	13	16	15	16	16	15
Defectos (m^2)	60	80	110	120	—	—	150	100	70	70
Producción total (m^2)	1.200	1.300	950	1.050	1.300	1.200	1.150	1.150	950	1.200

1. ¿Cómo ha variado el indicador de la eficiencia global del equipo?
2. ¿Ha merecido la pena el proyecto? ¿Por qué?
3. ¿Son coherentes los resultados obtenidos y el tipo de proyecto empleado?

DISTRIBUCIÓN EN PLANTA

Problema DP1

Una empresa dedicada a la mecanización de piezas trabaja 24 horas al día. En las tablas se muestran los datos correspondientes a los productos, procesos y equipos. También se presenta una tabla que es un resumen histórico de los pedidos que ha recibido la empresa durante un período de tiempo que se considera representativo.

Centros de trabajo

CDT	Nombre	Cantidad de máquinas
1	Fresadora	1
2	Tornos	2
3	Control final	1

Rutas

Artículo	Operación (número correlativo)	CDT
A	1	1
A	2	2
A	3	3
B	1	2
B	2	1
B	3	3
C	1	1
C	2	3
D	1	2
D	2	3

Resumen histórico

Artículo	Pedidos
A	50
B	30
C	10
D	10

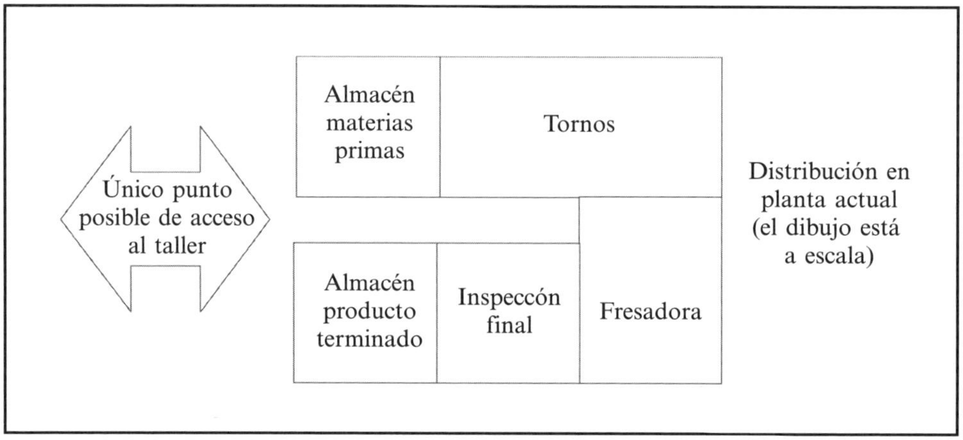

1. Haga la matriz de transferencia.
2. Decida si es necesario o no modificar la distribución en planta actual. En caso afirmativo, dibuje la nueva distribución en planta.

Problema DP2

Precisión, S. A., es una empresa de mecanizado de piezas. La distribución en planta del taller se muestra en la figura. En las tablas se muestran algunos de los datos que existen en la base de datos de la empresa.

La empresa desea hacer un estudio de métodos y tiempos a fin de reducir el despilfarro en tiempo. Como paso previo, se hará el gráfico de flujo del proceso para las piezas más importantes desde el punto de vista de la facturación.

Centros de trabajo

CDT	Número de máquinas	Tipo
1	2	Fresas
2	1	Tornos
3	2	Rectificadoras
4	—	Calidad

Rutas (sólo se muestra la de la pieza P7)

Pieza	Operación (número correlativo)	Autocontrol	CDT
P7	1	NO	2
P7	2	SÍ	1
P7	3	SÍ	2
P7	4	NO	3
P7	5	—	4

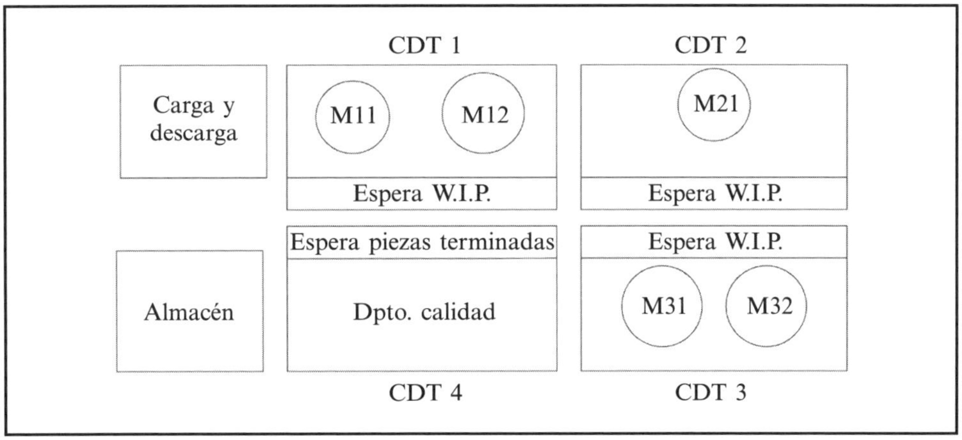

1. Indique qué tipo de distribución en planta tiene el taller. Justifique la respuesta y señale las ventajas e inconvenientes de este tipo de distribución en planta.
2. Haga el gráfico de proceso para la pieza P7.

Problema DP3

En la siguiente tabla se muestra el proceso de producción de cinco artículos.

Pieza	Operación (número correlativo)	CDT
A	1	1
A	2	2
A	3	1
A	4	3
B	1	1
B	2	2
B	3	4
C	1	2
C	2	4
D	1	2
D	2	3
D	3	2
D	4	4
E	1	2
E	2	3
E	3	4

1. Haga la matriz de transferencia.

Problema DP4

Los gestores de una empresa desean hacer un estudio de métodos y tiempos a fin de reducir el despilfarro en tiempo. Como paso previo, se hará el gráfico de flujo del proceso para las piezas más importantes.

En la siguiente tabla se representa el esquema de la planta actual. También se muestra el proceso de producción de cuatro artículos.

Pieza	Operación (número correlativo)	CDT
A	1	1
A	2	2
A	3	1
A	4	3
B	1	1
B	2	2
B	3	4
D	1	2
D	2	3
D	3	2
D	4	4

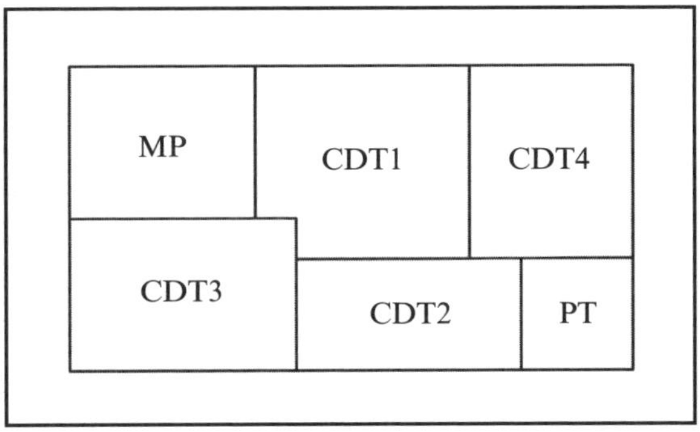

1. Haga el gráfico de proceso de los cuatro productos.

Problema DP5

Una empresa dedicada a la fabricación de bombones presenta la distribución en planta de la figura, donde se representan las distancias entre CDT (en cm).

Los desplazamientos se realizan en carretilla, por los pasillos y siempre por el camino más corto entre los accesos a los CDT, representados por un círculo.

La siguiente tabla recoge datos de los siete productos más vendidos y del número de pedidos del último año, que se considera representativo.

Prod.	CDT según secuencia de producción			Núm. pedidos
A	1	3	5	200
B	1	2	5	150
C	2	4	3	100
D	5	3		100
E	1	4	5	100
F	3	4	5	50
G	1	2		50

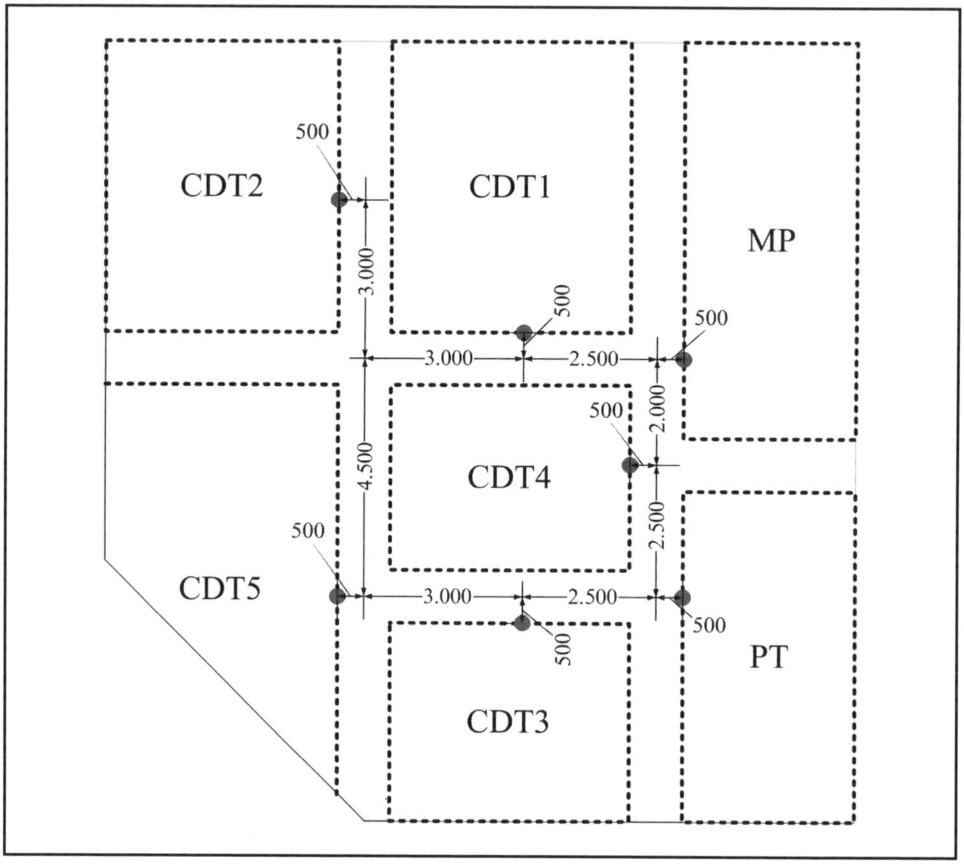

1. Realice la matriz de transferencia de la planta.
2. Proponga una mejora del *layout,* teniendo en cuenta que en todos los CDT las máquinas ocupan la misma superficie (por lo que pueden cambiarse de ubicación) pero los almacenes no pueden moverse.
3. Demuestre cuantitativamente la mejora propuesta.

Problema DP6

Una empresa dedicada a la fabricación de bombones presenta la distribución en planta de la figura, donde se representan las distancias entre CDT (en cm).

La siguiente tabla recoge datos de los seis productos más vendidos y del número de pedidos del último año, que se considera representativo.

Prod.	CDT según secuencia de producción			Núm. pedidos
A	1	3	5	200
B	1	2	5	150
C	2	4	3	100
D	5	3		100
E	1	4	5	100
F	3	4	5	50

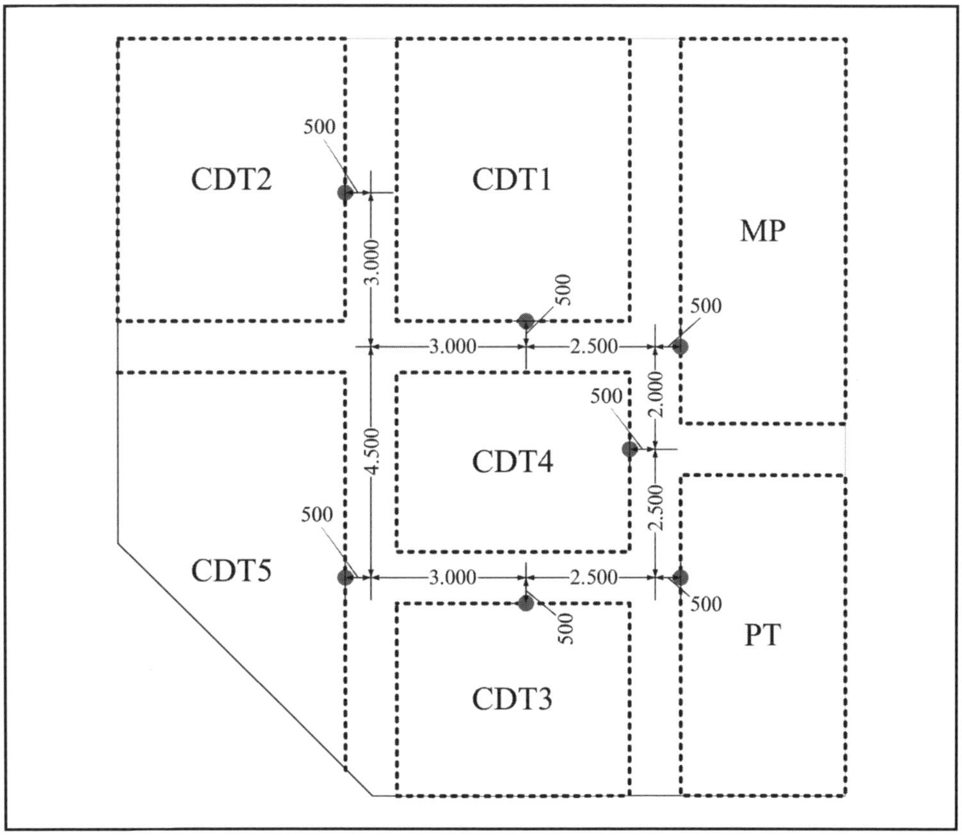

Los desplazamientos se realizan en carretilla, por los pasillos y siempre por el camino más corto entre los accesos a los CDT, representados por un círculo. Los productos no esperan para ser procesados y se transportan al terminarse de procesar en cada CDT.

1. Realice, en gráficos independientes, los gráficos de proceso de cada producto.
2. La empresa ha previsto intercambiar los CDT4 y CDT5 para mejorar el flujo. Demuestre cuantitativamente la mejora propuesta.

EQUILIBRADO DE LÍNEAS

Problema EQ1

En la tabla adjunta se da parte de una hoja de datos de un estudio de tiempos, empleando el método de cronometraje continuo. Para la operación en estudio se ha estimado que un operador dispone de 420 minutos de un total de 480 para llevar a cabo la producción.

Tarea		1	2	3	4	5	6	7	8	9	10	A
1	E											0,95
	A	11	45	81	113	148	183	220	265	303	340	
2	E											1,10
	A	28	63	97	130	165	200	246	285	320	358	
3	E											1,05
	A	35	70	104	137	173	208	254	292	328	365	

1. Determinar el tiempo estándar para la tarea y el número de piezas fabricadas cada hora.

Problema EQ2

Un producto se fabricará en una línea de producción. Según un estudio de mercado, la demanda diaria del producto será de 480 unidades. La línea producirá 8 h/día. Las tareas que deben realizarse se muestran en la tabla.

Tarea	Duración (segundos)	Predecesoras
A	16	—
B	18	A
C	13	B
D	14	—
E	10	D
F	12	C
G	7	C
H	11	E
I	14	E
J	17	F, G, H, I
K	11	J
L	20	K

1. Asigne las tareas según el heurístico del número total de sucesoras.
2. Asigne las tareas según el heurístico de las duraciones individuales.
3. Asigne las tareas según el heurístico del rango de las duraciones posteriores.

Problema EQ3

Un producto se fabricará en una línea de producción en forma de U. Según un estudio de mercado, la demanda diaria del producto será de 480 unidades. La línea producirá 8 horas/día. Las tareas que deben realizarse se muestran en la siguiente tabla.

Tarea	Duración (seg.)	Predecesoras
A	16	—
B	18	A
C	13	B
D	14	—
E	10	D
F	12	C
G	7	C
H	11	E
I	14	E
J	17	F, G, H, I
K	11	J
L	20	K

1. Haga el equilibrado de la línea de manera que se minimice el número de estaciones.

2. Determine la holgura total y el *lead time*.
3. Elabore el esquema de la distribución en planta de las estaciones indicando qué tareas se realizarán en cada una y confeccione un diagrama de Gantt de las operaciones de la célula.

Problema EQ4

Un producto se fabricará en una línea en forma de U. La demanda diaria del producto será de 480 unidades. Las operaciones son todas ellas de montaje, es decir, no necesitan maquinaria. La línea producirá 8 horas al día. Las tareas que deben realizarse se muestran en la tabla.

Tarea	Duración (seg.)	Predecesoras
A	18	—
B	16	A
C	18	B
D	13	C
E	14	A
F	10	E
G	12	D
H	7	D
I	11	F
J	14	F
K	17	G, H, I, J
L	11	K
M	10	L

1. Haga el equilibrado de la línea de manera que se minimice el número de estaciones mediante el heurístico de las duraciones individuales.
2. Determine la holgura total y el *lead time*.
3. Elabore el esquema de la distribución en planta de las estaciones indicando qué tareas se realizarán en cada una y confeccione un diagrama de Gantt de las operaciones de la célula.

Problema EQ5

Se quiere diseñar una célula en U para fabricar un producto que se estima que tendrá una demanda de 42 unidades al día. La línea estará en funcionamiento 7 horas al día. Las tareas que deben realizarse se muestran en la tabla.

Tarea	Duración (min.)	Predecesoras
A	5	—
B	1	A, C
C	1	—
D	3	C
E	12	B, D
F	3	B, E
G	1	D, F
H	1	G
I	5	G
J	3	H, I

1. Haga el equilibrado de la línea de manera que se minimice el número de estaciones aplicando el heurístico del rango de las duraciones posteriores.
2. Determine la holgura total y el *lead time*.
3. Elabore el esquema de la distribución en planta de las estaciones indicando qué tareas se realizarán en cada una y confeccione un diagrama de Gantt de las operaciones de la célula.

Problema EQ6

Se quiere diseñar una célula en U para fabricar un producto que se estima que tendrá una demanda de 42 unidades al día. La línea estará en funcionamiento 7 horas al día. Las tareas que deben realizarse se muestran en la tabla.

Tarea	Duración (min.)	Predecesoras
A	5	—
B	1	A, C
C	1	—
D	3	C
E	12 (automática)	B, D
F	3	B, E
G	1	D, F
H	1	G
I	5	G
J	3	H, I

1. Haga el equilibrado de la línea de manera que se minimice el número de estaciones aplicando el heurístico del rango de las duraciones posteriores.

2. Determine la holgura total y el *lead time*.
3. Elabore el esquema de la distribución en planta de las estaciones indicando qué tareas se realizarán en cada una y confeccione un diagrama de Gantt de las operaciones de la célula.

Problema EQ7

Se quiere diseñar una célula en U para fabricar un producto que se estima que tendrá una demanda de 42 unidades al día. La línea estará en funcionamiento 7 horas al día. Las tareas que deben realizarse se muestran en la tabla.

Tarea	Duración (min.)	Predecesoras
A	5	—
B	1	A, C
C	1	—
D	3	C
E	8	B, D
F	3	B, E
G	1	D, F
H	1	G
I	5	G
J	3	H, I

1. Haga el equilibrado de la línea de manera que se minimice el número de estaciones aplicando el heurístico del rango de las duraciones posteriores.
2. Determine la holgura total y el *lead time*.
3. Elabore el esquema de la distribución en planta de las estaciones indicando qué tareas se realizarán en cada una y confeccione un diagrama de Gantt de las operaciones de la célula.

Problema EQ8

Se quiere diseñar una célula en U para fabricar un producto que se estima que tendrá una demanda de 42 unidades al día. La línea estará en funcionamiento 7 horas al día. Las tareas que deben realizarse se muestran en la tabla.

Tarea	Duración (min.)	Predecesoras
A	5	—
B	1	A, C
C	1	—
D	3	C
E	8	B, D
F	3	B, E
G	1	D, F
H	1	G
I	5	G
J	2	H, I

1. Haga el equilibrado de la línea de manera que se minimice el número de estaciones aplicando el heurístico del rango de las duraciones posteriores.
2. Determine la holgura total y el *lead time*.
3. Elabore el esquema de la distribución en planta de las estaciones indicando qué tareas se realizarán en cada una y confeccione un diagrama de Gantt de las operaciones de la célula.

Problema EQ9

Un producto se fabricará en una línea en forma de U. Las operaciones son todas ellas de montaje, es decir, no necesitan maquinaria. La línea deberá producir 3 artículos/hora.

Tarea	Duración (seg.)	Predecesoras
A	16	—
B	5	A
C	5	A
D	8	A
E	3	C, D
F	6	D
G	1	B, F
H	3	D, E
I	10	G, H

1. Proceda al equilibrado de la línea minimizando el número de estaciones aplicando el heurístico del total de sucesoras.
2. Determine la holgura total y el *lead time*.

3. Elabore el esquema de la distribución en planta de las estaciones indicando qué tareas se realizarán en cada una y confeccione un diagrama de Gantt de las operaciones de la célula.

Problema EQ10

Un producto se fabricará en una línea en forma de U. La línea deberá producir 3 artículos/hora y las operaciones necesarias para su realización se muestran en la tabla.

Tarea	Duración (seg.)	Predecesoras
A	16	—
B	5	A
C	5	A
D	8	A
E	3 (automática)	C, D
F	6 (automática)	D
G	1 (automática)	B, F
H	3	D, E
I	10	G, H

1. Proceda al equilibrado de la línea minimizando el número de estaciones aplicando el heurístico del número total de sucesoras.
2. Determine la holgura total y el *lead time*.
3. Elabore el esquema de la distribución en planta de las estaciones indicando qué tareas se realizarán en cada una y confeccione un diagrama de Gantt de las operaciones de la célula.

Problema EQ11

Un producto se fabricará en una línea en forma de U. La línea deberá producir 3 artículos/hora y las operaciones necesarias para su realización se muestran en la tabla.

1. Proceda al equilibrado de la línea minimizando el número de estaciones aplicando el heurístico del número total de sucesoras.
2. Determine la holgura total y el *lead time*.
3. Elabore el esquema de la distribución en planta de las estaciones indicando qué tareas se realizarán en cada una y confeccione un diagrama de Gantt de las operaciones de la célula.

Tarea	Duración (seg.)	Predecesoras
A	16	—
B	5	A
C	5	A
D	8 (automática)	A
E	3	C, D
F	6	D
G	1	B, F
H	3	D, E
I	10 (automática)	G, H

Problema EQ12

Un producto se fabricará en una línea en forma de U. La línea debe ser capaz de producir una pieza cada 40 minutos durante 8 horas al día. Las tareas que deben realizarse se muestran en la tabla.

Las tareas I y L las realiza una máquina sin necesidad de la intervención de un operario. Las tareas H, J, K y M son tareas de colocación y extracción de piezas por parte del operario (H y J de la operación I; K y M, de la operación L).

Tarea	Duración (min.)	Predecesoras
A	12	—
B	6	A, C
C	10	—
D	5	C
E	6	B, D
F	17	E
G	8	D
H	4	E, G
I	13 (automática)	F, H
J	2	I
K	3	J
L	15 (automática)	K
M	1	L

1. Haga el equilibrado de la línea de manera que se minimice el número de estaciones mediante el heurístico de las duraciones individuales.
2. Determine la holgura total, el *lead time* y el inventario en proceso.
3. Elabore el esquema de la distribución en planta de las estaciones indicando qué tareas se realizarán en cada una y confeccione un diagrama de Gantt de las operaciones de la célula.

Problema EQ13

Un producto se fabricará en una línea en forma de U. Según un estudio de mercado, la demanda diaria del producto será de 24 unidades. La línea producirá 8 h/día. Las tareas que deben realizarse se muestran en la tabla.

Tarea	Duración (min.)	Predecesoras
A	10	—
B	7	A
C	8	A
D	4	C
E	7	C
F	3	B
G	16 (automática)	F, D, E
H	2	G
I	1	G
J	6	H, I

1. Haga el equilibrado de la línea de manera que se minimice el número de estaciones mediante el heurístico de las duraciones individuales.
2. Determine la holgura total y el *lead time*.
3. Elabore el esquema de la distribución en planta de las estaciones indicando qué tareas se realizarán en cada una y confeccione un diagrama de Gantt de las operaciones de la célula.

Problema EQ14

Un producto se fabricará en una línea en forma de U. La demanda diaria del producto será de 480 unidades. Las operaciones son todas ellas de montaje, es decir, no necesitan maquinaria. La línea producirá 8 horas al día. Las tareas que deben realizarse se muestran en la tabla.

1. Haga el equilibrado de la línea de manera que se minimice el número de estaciones mediante el heurístico de las duraciones individuales.
2. Determine la holgura total y el *lead time*.
3. Elabore el esquema de la distribución en planta de las estaciones indicando qué tareas se realizarán en cada una y confeccione un diagrama de Gantt de las operaciones de la célula.

Tarea	Duración (seg.)	Predecesoras
A	18	—
B	16	A
C	75	B
D	13	C
E	14	A
F	10	E
G	12	D
H	7	D
I	11	F
J	14	F
K	17	G, H, I, J
L	11	K
M	10	L

Problema EQ15

Un producto se fabricará en una línea en forma de U. La demanda diaria del producto será de 480 unidades. La línea producirá 8 h/día. Las tareas que deben realizarse se muestran en la tabla.

Tarea	Duración (seg.)	Predecesoras
A	18	—
B	16	A
C	75 (automática)	B
D	13 (automática)	C
E	14	A
F	10	E
G	12	D
H	7	D
I	11	F
J	14	F
K	17	G, H, I, J
L	11	K
M	10	L

1. Haga el equilibrado de la línea de manera que se minimice el número de estaciones mediante el heurístico de las duraciones individuales.
2. Determine la holgura total y el *lead time*.
3. Elabore el esquema de la distribución en planta de las estaciones indicando qué tareas se realizarán en cada una y confeccione un diagrama de Gantt de las operaciones de la célula.

Problema EQ16

Un producto se fabricará en una línea en forma de U. Según un estudio de mercado, su demanda diaria será de 96 unidades. La línea producirá 16 horas al día. Las tareas que deben realizarse se muestran en la tabla.

Tarea	Duración (min.)	Predecesoras
A	4	—
B	2	—
C	1	A
D	6	B
E	1	C
F	2	C
G	5	D, F
H	5	E, G
I	3	H
J	1	H

1. Proceda al equilibrado de la línea de forma que se minimice el número de estaciones aplicando el heurístico de las duraciones individuales.
2. Determine la holgura total, el *lead time* y el inventario en proceso.
3. Elabore el esquema de la distribución en planta de las estaciones indicando qué tareas se realizarán en cada una y confeccione un diagrama de Gantt de las operaciones de la célula.

Problema EQ17

Un producto se fabricará en una línea en forma de U y su demanda diaria será de 96 unidades. La línea producirá 16 h/día. Las tareas que deben realizarse se muestran en la tabla.

1. Proceda al equilibrado de la línea de forma que se minimice el número de estaciones aplicando el heurístico de las duraciones individuales.
2. Determine la holgura total y el *lead time*.
3. Elabore el esquema de la distribución en planta de las estaciones indicando qué tareas se realizarán en cada una y confeccione un diagrama de Gantt de las operaciones de la célula.

Tarea	Duración (min.)	Predecesoras
A	4	—
B	2	—
C	1	A
D	6 (automática)	B
E	1	C
F	2	C
G	5 (automática)	D, F
H	5 (automática)	E, G
I	3	H
J	1	H

Problema EQ18

Un producto se fabricará en una línea en forma de U. Las operaciones son todas ellas de montaje, es decir, no necesitan maquinaria. La demanda diaria será de 1.680 unidades. La línea producirá dos turnos de 8 horas cada uno, pero se prevé que en promedio el 12,5 por 100 del tiempo estará parada por inactividades. Las tareas que deben llevarse a cabo se muestran en la tabla siguiente.

1. Haga el equilibrado de la línea de manera que se minimice el número de estaciones mediante el heurístico de las duraciones individuales.
2. Determine la holgura total y el *lead time*.
3. Elabore el esquema de la distribución en planta de las estaciones indicando qué tareas se realizarán en cada una y confeccione un diagrama de Gantt de las operaciones de la célula.

Tarea	Duración (seg.)	Predecesoras
A	8	—
B	12	A
C	6	—
D	10	B, C
E	5	D, A
F	40	D
G	14	E, F
H	5	F
I	6	H, G
J	10	I
K	9	I
L	5	H, J
M	14	K, L

Problema EQ19

Un producto se fabricará en una línea en forma de U que debería ser capaz de fabricar 1 unidad cada 14 minutos. Las tareas que deben realizarse se muestran en la tabla. La tarea C la realiza una máquina automáticamente, por lo que no necesita la intervención del operario.

Tarea	Duración (min.)	Predecesoras
A	4	—
B	3	A
C	20 (automática)	B
D	5	B, E
E	2	A
F	3	A
G	6	C, D
H	4	F
I	2	G, H
J	3	I
K	1	I

1. Proceda al equilibrado de la línea de forma que se minimice el número de estaciones aplicando el heurístico del número total de sucesoras.
2. Determine la holgura total y el *lead time*.
3. Elabore el esquema de la distribución en planta de las estaciones indicando qué tareas se realizarán en cada una y confeccione un diagrama de Gantt de las operaciones de la célula.

Problema EQ20

Un producto se fabricará en una línea en forma de U y su demanda por hora de trabajo será de 3 unidades. La línea producirá 8 horas al día. Las tareas que deben realizarse se muestran en la tabla.

1. Proceda al equilibrado de la línea de forma que se minimice el número de estaciones aplicando el heurístico de las duraciones individuales.
2. Determine la holgura total y el *lead time*.
3. Elabore el esquema de la distribución en planta de las estaciones indicando qué tareas se realizarán en cada una y confeccione un diagrama de Gantt de las operaciones de la célula.

Tarea	Duración (min.)	Predecesoras
A	7	—
B	1	A, D
C	7	D
D	4	—
E	4	B, C
F	1	C
G	6	F, H
H	7	E
I	3	H
J	5	G
K	5	G, I
L	5	I

Problema EQ21

Un producto se fabricará en una línea en forma de U que debería ser capaz de fabricar 1 unidad cada 14 minutos. Las tareas que deben realizarse se muestran en la tabla.

1. Proceda al equilibrado de la línea de forma que se minimice el número de estaciones aplicando el heurístico del número total de sucesoras.
2. Determine la holgura total y el *lead time.*
3. Elabore el esquema de la distribución en planta de las estaciones indicando qué tareas se realizarán en cada una y confeccione un diagrama de Gantt de las operaciones de la célula.

Tarea	Duración (min.)	Predecesoras
A	4	—
B	3	A
C	9	B
D	16	B, E
E	2	A
F	3	A
G	6	C, D
H	1	F
I	2	G, H
J	3	I
K	2	I

Problema EQ22

Un producto se fabricará en una línea en forma de U que debería ser capaz de fabricar 1 unidad cada 14 minutos. Las tareas que deben realizarse se muestran en la tabla.

Tarea	Duración (min.)	Predecesoras
A	4	—
B	3	A
C	9	B
D	1	B, E
E	2	A
F	3	A
G	6	C, D
H	16	F
I	2	G, H
J	3	I
K	2	I

1. Proceda al equilibrado de la línea de forma que se minimice el número de estaciones aplicando el heurístico del número total de sucesoras.
2. Determine la holgura total y el *lead time*.
3. Elabore el esquema de la distribución en planta de las estaciones indicando qué tareas se realizarán en cada una y confeccione un diagrama de Gantt de las operaciones de la célula.

Problema EQ23

Un producto se fabricará en una línea de producción en forma de U. Según un estudio de mercado, la demanda diaria del producto será de 480 unidades. La línea producirá 8 h/día. Las tareas que deben realizarse se muestran en la tabla. Las tareas D, E, G, H, I, K son automáticas.

1. Haga el equilibrado de la línea de manera que se minimice el número de estaciones mediante el heurístico de las duraciones individuales.
2. Determine la holgura total y el *lead time*.
3. Elabore el esquema de la distribución en planta de las estaciones indicando qué tareas se realizarán en cada una y confeccione un diagrama de Gantt de las operaciones de la célula.

Tarea	Duración (min.)	Predecesoras
A	16	—
B	18	A
C	13	B
D	14 (automática)	—
E	10 (automática)	D
F	12	C
G	7 (automática)	C
H	11 (automática)	E
I	14 (automática)	E
J	17	F, G, H, U
K	11 (automática)	J
L	20	K

Problema EQ24

Se quiere diseñar una célula en U para fabricar un producto que se estima que tendrá una demanda de 42 unidades al día. La línea estará en funcionamiento 7 horas al día. Las tareas que deben realizarse se muestran en la tabla.

Tarea	Duración (min.)	Predecesoras
A	5	—
B	1	A, C
C	1	—
D	3	C
E	12	B, D
F	7	B, E
G	1	D, F
H	1	G
I	5	G
J	3	H, I

1. Proceda al equilibrado de la línea de forma que se minimice el número de estaciones aplicando el heurístico del rango de las duraciones posteriores.
2. Determine la holgura total y el *lead time*.
3. Elabore el esquema de la distribución en planta de las estaciones indicando qué tareas se realizarán en cada una y confeccione un diagrama de Gantt de las operaciones de la célula.

Problema EQ25

Un producto se fabricará en una línea en forma de U que debería ser capaz de fabricar 1 unidad cada 14 minutos. Las tareas que deben realizarse se muestran en la tabla.

Tarea	Duración (min.)	Predecesoras
A	4	—
B	3	A
C	9	B
D	16	B, E
E	2	A
F	3	A
G	6 (automática)	C, D
H	1 (automática)	F
I	2 (automática)	G, H
J	3 (automática)	I
K	2	I

1. Proceda al equilibrado de la línea de forma que se minimice el número de estaciones aplicando el heurístico del número total de sucesoras.
2. Determine la holgura total y el *lead time*.
3. Elabore el esquema de la distribución en planta de las estaciones indicando qué tareas se realizarán en cada una y confeccione un diagrama de Gantt de las operaciones de la célula.

ESTUDIO DE MÉTODOS

Problema MT1

Se dispone de un tostador eléctrico capaz de tostar de forma simultánea dos rebanadas de pan, pero sólo por una de las dos caras de la rebanada (véase dibujo).

Como cada puerta se mantiene cerrada con un resorte, es necesario mantenerla abierta mientras se introduce la rebanada. Por tanto, la persona es sólo capaz de poner una rebanada a la vez. Se quiere tostar tres rebanadas de pan en el menor tiempo posible. Los tiempos para realizar el proceso son los siguientes:

— Poner una rebanada: 10 seg.
— Tostar un lado: 25 seg.

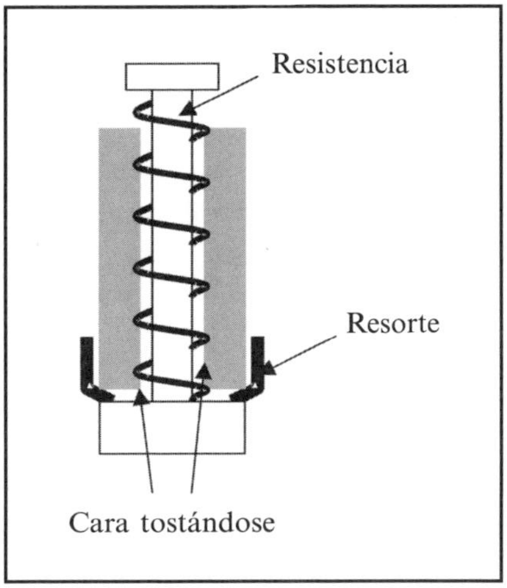

— Dar vuelta a la tostada: 10 seg.
— Quitar la tostada: 10 seg.

1. ¿En cuánto tiempo es posible tostar las tres rebanadas por las dos caras?
2. Mostrar la solución en un diagrama «cara A del tostador»-«persona»-«cara B del tostador» (similar al diagrama operario-máquina).

NOTA: Suponer que el tostador ya tiene la temperatura adecuada para tostar en el instante inicial.

Problema MT2

Considérense los siguientes tiempos y costes de un determinado proceso:

— Operario:

- Introducir pieza: 0,6 minutos.
- Extraer pieza terminada: 0,4 minutos.
- Inspeccionar pieza: 0,6 minutos.
- Registrar: 0,2 minutos.
- Caminar a la siguiente máquina: 0,2 minutos.
- Coste: 2 euros/hora.

— Máquina:

- Tiempo de procesamiento: 4 minutos.
- Coste: 3 euros/hora.

1. ¿Cuántas máquinas atenderá el operario?

Problema MT3

El diagrama operario-máquina de la figura muestra un proceso de fabricación.

Los responsables de la empresa quieren aumentar la producción. No saben si es mejor:

1. Que el operario atienda a dos máquinas iguales.
2. Poner a otro operario en paralelo con otra máquina igual.

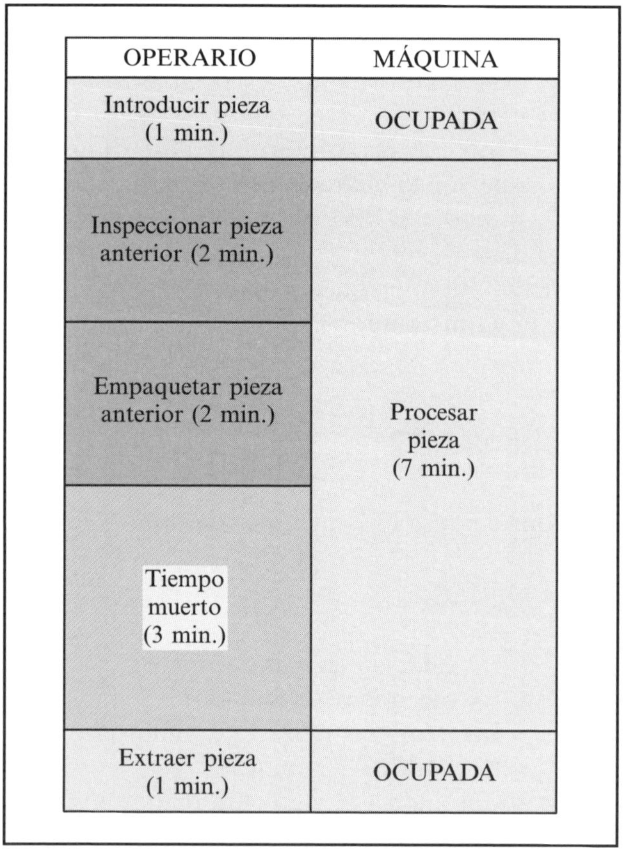

En la empresa trabajan un turno de 8 horas al día, y los costes asociados a este proceso son:

- Coste de un operario: 3 euros/hora.
- Coste de una máquina: 10,2 euros/hora.

1. ¿Cuál de los dos métodos es mejor desde el punto de vista de los costes?
2. ¿Y desde el punto de vista de producción máxima diaria?
3. ¿Qué opción debería elegir la empresa?

Problema MT4

El diagrama operario-máquina de la figura muestra un proceso de fabricación. La célula está formada por tres máquinas atendidas por el mismo operario. En la empresa quieren mejorar el proceso. Para ello han pensado

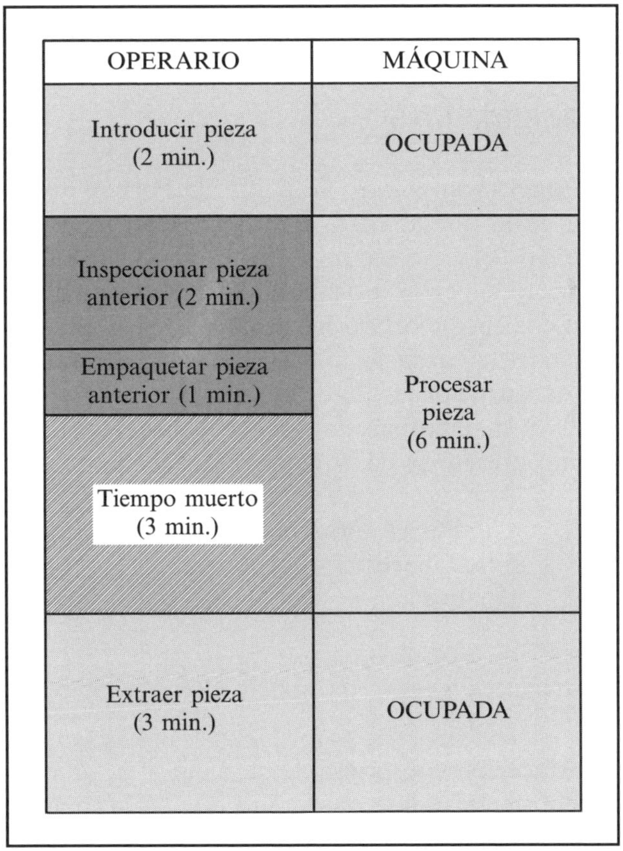

en invertir en un sistema de inspección automática de piezas que elimina la operación de inspección del ciclo del operario y que tiene un coste de 250.000 €.

Los costes asociados a este proceso son:

- Coste del operario: 8 €/hora.
- Coste de una máquina: 15 €/hora.
- Otros costes: 1,0 €/pieza.
- Precio de venta: 12,0 €/pieza.

1. ¿Es rentable invertir en el sistema automático si se quiere recuperar la inversión en 1,5 años de trabajo? La empresa fabricaría el artículo 300 días al año y 24 horas al día.
2. ¿Cuántas piezas se fabricarían en ese tiempo?
3. ¿Es rentable invertir en el sistema automático si se quiere recuperar la inversión con el ahorro en el coste por pieza de las 108.000 primeras piezas después de la inversión?
4. ¿En cuánto tiempo se fabricarán las 108.000 piezas?
5. Justifique brevemente los resultados obtenidos en los apartados 1 y 3.

Problema MT5

En el Gran Teatro Imperial de Port Aventura se quiere añadir la actuación de un malabarista que hace girar platos encima de unos soportes. El objetivo del espectáculo es hacer girar, durante un tiempo todavía por decidir (pero superior a 5 minutos), el mayor número posible de platos.

La disposición de los soportes en la pista es circular, de forma que el malabarista tarda lo mismo en llegar a todos los platos (4 segundos). Los platos son capaces de estar girando sin caerse 2,5 minutos. El tiempo que tarda el malabarista en colocar y hacer girar cada plato es 3 segundos (el mismo que tarda en volver a girar el plato para que no se caiga).

1. ¿Cuál es el número máximo de platos que será capaz de hacer girar el malabarista?
2. ¿Por qué?

Problema MT6

Macario es responsable de mejora en una empresa que fabrica piezas de caucho-metal y ha conseguido que su hermana, alumna de la primera promoción del plan 2009, pueda hacer el PFG en su empresa.

El proceso principal se explica, de forma genérica, en el gráfico operario-máquina. De cada ciclo de prensa se obtienen 15 piezas, y si no se sacan las piezas de la prensa se enfriarán y se estropeará el molde.

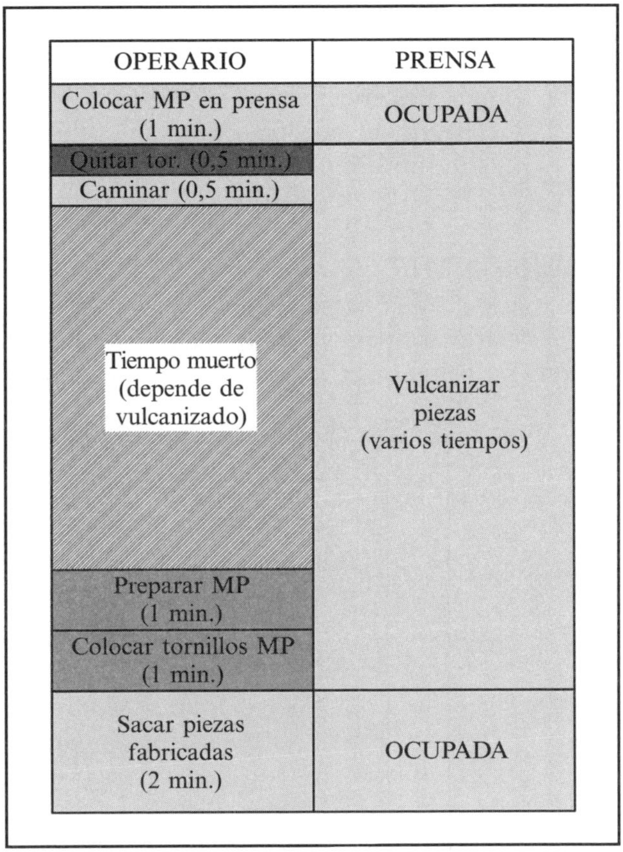

Los costes asociados a este proceso son:

— Coste de un operario: 10 €/hora.
— Coste de una máquina: 20 €/hora.
— Otros costes: 0,03 €/pieza.
— Precio de venta: 3,0 €/pieza.

La empresa, para maximizar los beneficios semanales de fabricación de la sección, está interesada en comparar dos formas de asignar dos o tres operarios (OP1, OP2 y OP3) a las prensas (numeradas del 1 al 7). Las opciones de asignación se explican en la tabla siguiente, junto con los tiempos de vulcanizado de cada prensa.

Prensa	1	2	3	4	5	6	7
Vulcanizado (min)	30	32	24	21	25	15	15
Opción 1	OP1	OP1	OP1	OP2	OP2	OP2	OP2
Opción 2	OP1	OP1	OP2	OP2	OP2	OP3	OP3

1. ¿Qué opción es mejor?
2. Determine el beneficio semanal si la empresa trabaja 11 horas diarias durante 5 días a la semana.

Problema MT7

El diagrama operario-máquina de la figura muestra un proceso de fabricación. La célula está formada por dos máquinas atendidas por el mismo

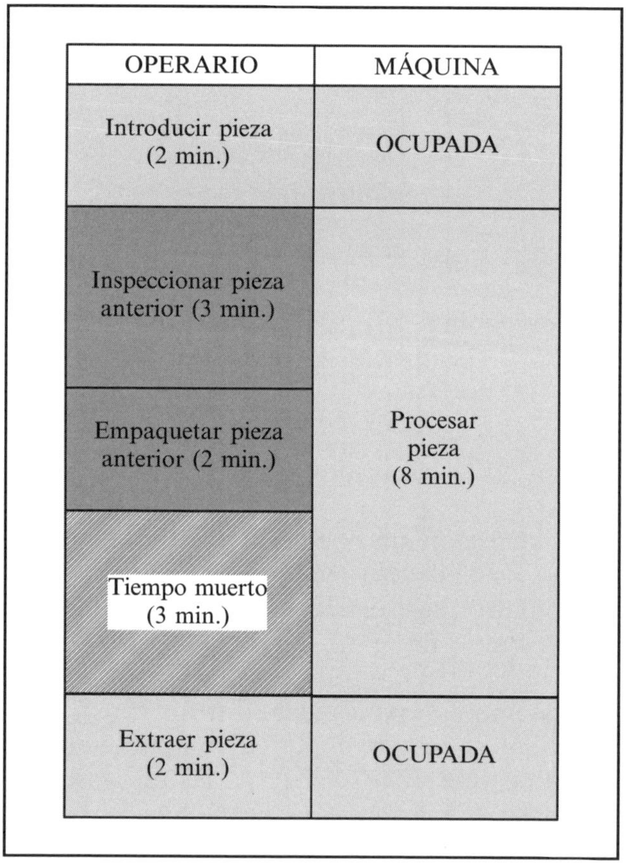

operario. En la empresa quieren mejorar el proceso, reduciendo sus costes. Tienen previsto cambiar las máquinas en 2 años. Para mejorar el proceso han pensado en dos opciones distintas:

1. Colocar un ayudante que realice las operaciones de inspección y empaquetado de las máquinas.
2. Invertir en un módulo automático de empaquetado para cada máquina (8.000 €/módulo) que elimina la operación de empaquetado del ciclo del operario pero añade 1 minuto al ciclo de la máquina.

Los costes asociados a este proceso son:

— Coste del operario: 10 €/hora.
— Coste del ayudante: 8 €/hora.
— Coste de una máquina: 15 €/hora.
— Otros costes: 0,3 €/pieza.
— Precio de venta: 9,0 €/pieza.

1. ¿Qué opción elegiría sabiendo que la empresa fabricaría el artículo 250 días al año y 24 horas al día? ¿Por qué?
2. ¿Y si ampliaran 1 año más el uso de las máquinas?

Problema MT8

El diagrama operario-máquina de la figura muestra un proceso de fabricación. La célula está formada por dos máquinas atendidas por el mismo operario. En la empresa quieren mejorar el proceso, reduciendo sus costes. Tienen previsto cambiar las máquinas en 2 años. Para mejorar el proceso han pensado en dos opciones distintas:

1. Colocar un ayudante que realice las operaciones de inspección y empaquetado de las máquinas.
2. Invertir en un módulo automático de empaquetado para cada máquina (8.000 €/módulo) que elimina la operación de empaquetado del ciclo del operario pero añade 1 minuto al ciclo de la máquina.

Los costes asociados a este proceso son:

— Coste del operario: 10 €/hora.
— Coste del ayudante: 8 €/hora.

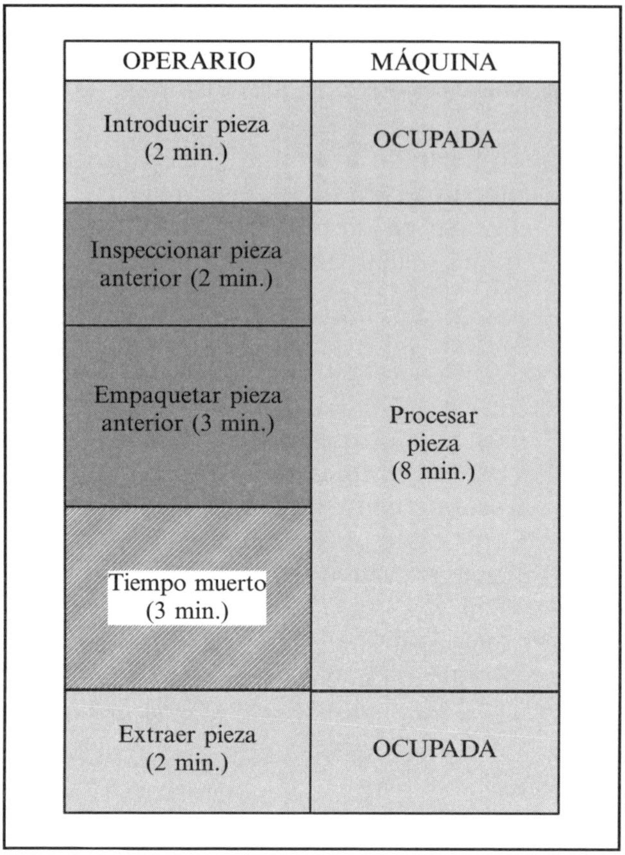

— Coste de una máquina: 15 €/hora.
— Otros costes: 0,3 €/pieza.
— Precio de venta: 9,0 €/pieza.

1. ¿Qué opción elegiría sabiendo que la empresa fabricaría el artículo 250 días al año y 24 horas al día? ¿Por qué?
2. ¿Y si ampliaran 1 año más el uso de las máquinas?

Problema MT9

El diagrama operario-máquina de la figura muestra un proceso de fabricación. En la empresa quieren aumentar la producción. Para ello han pensado en invertir en un proyecto que mejora los métodos de trabajo reduciendo en 3 minutos el tiempo de procesamiento de cada pieza.

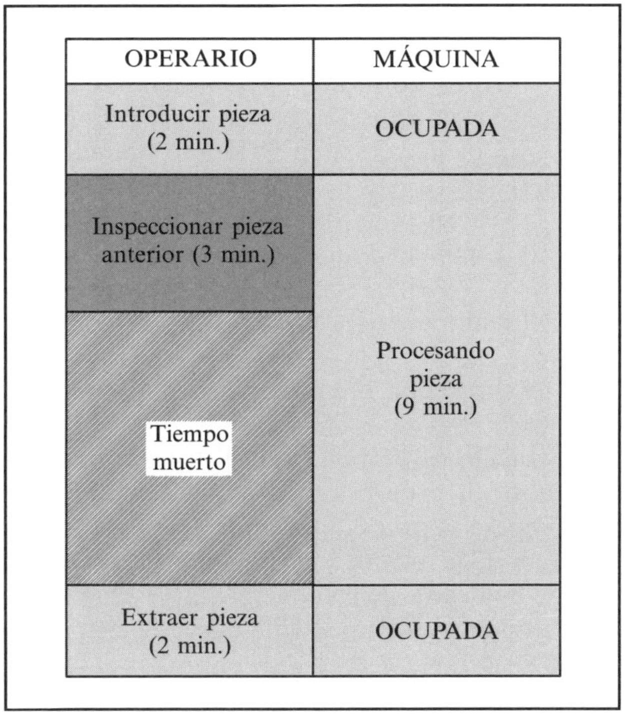

La inversión necesaria es de 1.000 €, y la empresa quiere recuperar la inversión en dos semanas de trabajo. En la empresa trabajan dos turnos de 8 horas cinco días a la semana.

Los costes asociados a este proceso son:

— Coste de un operario: 5 €/hora.
— Coste de una máquina: 10 €/hora.
— Otros costes: 1 €/pieza.
— Precio de venta: 5,5 €/pieza.

1. ¿Es conveniente realizar la inversión en las condiciones que exige la empresa?
2. ¿Cuál es el coste pieza actual? ¿Y el coste por pieza considerando la inversión planteada?

Problema MT10

Macario es un estudiante de ingeniería que quiere ganar algo de dinero trabajando en un restaurante de comida rápida. A continuación se muestran las operaciones involucradas en el proceso:

— Macario:

- Abrir bolsa de patatas: 1 minuto.
- Vaciar bolsa en cesta de la freidora: 1 minuto.
- Colocar cesta en freidora: 1 minuto.
- Sacar cesta de freidora después de fritas: 2 minutos.
- Vaciar cesta de patatas fritas: 0,5 minutos.
- Caminar a la siguiente freidora: 0,5 minutos.

— Freidora:

- Freír una bolsa de patatas: 12 minutos.

El sueldo es proporcional al trabajo que realiza Macario, que cobra 60 céntimos por cada bolsa de patatas que fríe y 3 céntimos por cada ración que prepara (tarda 0,5 minutos en preparar cada ración, y en caso de no preparar él las raciones, las preparará un compañero). Cada freidora dispone sólo de una cesta, por lo que Macario tiene que vaciarla en un gran recipiente antes de poder empezar de nuevo el ciclo.

1. ¿Cuánto dinero como máximo puede ganar al mes si trabaja 8 horas al día 20 días al mes?

NOTA: De cada bolsa se obtienen 15 raciones y hay cuatro freidoras (no tienen por qué emplearse todas y la empresa no pierde dinero si están paradas). Si Macario no saca la cesta de la freidora, se quemarán las patatas.

Problema MT11

Macario es un estudiante de ingeniería que en sus ratos libres quiere ganar algo de dinero trabajando en un restaurante de comida rápida. A continuación se muestran las operaciones involucradas en el proceso:

— Macario:

- Abrir bolsa de patatas: 1 minuto.
- Vaciar bolsa en cesta de la freidora: 1 minuto.
- Colocar cesta en freidora: 1 minuto.
- Sacar cesta de freidora después de fritas: 2 minutos.
- Vaciar cesta de patatas fritas: 0,5 minutos.
- Caminar a la siguiente freidora: 0,5 minutos.

— Freidora:

- Freír una bolsa de patatas: 12 minutos.

El sueldo es proporcional al trabajo que realiza Macario, que cobra 60 céntimos por cada bolsa de patatas que fríe y 3 céntimos por cada ración que prepara (tarda 0,5 minutos en preparar cada ración, y en caso de no preparar él las raciones, las preparará un compañero). Cada freidora dispone de dos cestas, pero la freidora sólo puede freír una cesta en cada ciclo.

1. ¿Cuánto dinero como máximo puede ganar al mes si trabaja 8 horas al día 20 días al mes?

NOTA: De cada bolsa se obtienen 15 raciones y hay cuatro freidoras (no tienen por qué emplearse todas, y la empresa no pierde dinero si están paradas). Si Macario no saca la cesta de la freidora, se quemarán las patatas.

Problema MT12

Macario es un ingeniero industrial de la última promoción del plan 99 que ha encontrado trabajo como responsable de mejora en una empresa que fabrica piezas de caucho-metal. La empresa está interesada en maximizar los beneficios de fabricación en la sección de prensas, donde se realiza el proceso principal de la empresa, denominado «vulcanizado» y donde trabaja un operario, y que a Macario le recuerda mucho al trabajo que realizó en una cadena de hamburguesas durante la carrera.

— Operario:

- Preparar la materia prima: 1 minuto.
- Colocar tornillos en la materia prima: 1 minuto.
- Colocar materia prima en la prensa: 1 minuto.
- Sacar piezas fabricadas de la prensa: 2 minutos.
- Quitar tornillos de las piezas fabricadas: 0,5 minutos.
- Caminar a la siguiente prensa: 0,5 minutos.

— Prensa:

- Vulcanizar: 12 minutos.

El beneficio por cada ciclo de prensa es de 60 céntimos y se incrementa en 3 céntimos por cada pieza que rebaba el operario (tarda 0,5 minutos en rebabar una pieza, y en caso de no rebabar él las piezas, se encargan a un proveedor). Cada prensa emplea tornillos específicos, por lo que el operario tiene que quitar los tornillos antes de poder empezar de nuevo el ciclo y no puede utilizar los tornillos de otra prensa.

1. ¿Cuánto será su beneficio máximo al mes si el operario trabaja 8 horas al día 20 días cada mes?
2. Macario se está planteando duplicar el número de tornillos de las prensas que se utilicen; ¿cuánto se podría gastar en ellos si pretende invertir sólo el incremento de beneficio de ocho meses de trabajo?

NOTA: De cada ciclo de la prensa se obtienen 15 piezas, y hay siete prensas (no tienen por qué emplearse todas, y la empresa no pierde dinero si están paradas). Si no saca las piezas de la prensa, se enfriarán y se estropeará el molde.

Problema MT13

La hermana de Macario se ha matriculado del grado de Ingeniería de Organización Industrial de Tecnun que empezará en 2009. Ha pensado en sacar algo de dinero trabajando, en un restaurante de comida rápida, 2 horas cada día durante los 4 años del grado (considerar años de 10 meses y 20 días cada mes).

El sueldo es proporcional al trabajo que realiza: cobra 60 céntimos por cada bolsa de patatas que fríe y 3 céntimos por cada ración que prepara (tarda 0,5 minutos en preparar cada ración, y en caso de no preparar ella las raciones, las preparará un compañero). Cada freidora dispone sólo de una cesta, por lo que la hermana de Macario tiene que vaciarla en un gran recipiente antes de poder empezar de nuevo el ciclo. A continuación se muestran las operaciones involucradas en el proceso:

— Hermana de Macario:

- Abrir bolsa de patatas: 1 minuto.
- Vaciar bolsa en cesta de la freidora: 1 minuto.
- Colocar cesta en freidora: 1 minuto.
- Sacar cesta de freidora después de fritas: 2 minutos.
- Vaciar cesta de patatas fritas: 0,5 minutos.
- Caminar a la siguiente freidora: 0,5 minutos.

— Freidora:

- Freír una bolsa de patatas: 12 minutos.

El responsable del restaurante le ha ofrecido dos alternativas que le reportan distintos beneficios:

1. Preparar todas las raciones de las freidoras que atienda, cobrando el doble por cada ración.
2. Aceptar el siguiente plan de mejoras compartiendo los costes al 50 por 100:

   — Segundo año, comprar una segunda cesta para las freidoras que atienda (75 €/cesta).
   — Tercer año, comprar una resistencia que reduce 3 minutos el tiempo necesario para freír para cada una de las freidoras que atienda (150 €/resistencia).

1. ¿Qué opción debería elegir la hermana de Macario para maximizar sus beneficios al final de sus estudios?

NOTA: De cada bolsa se obtienen 15 raciones, y hay cuatro freidoras (no tienen por qué emplearse todas, y la empresa no pierde dinero si están paradas). Si no saca la cesta de la freidora, las patatas se quemarán. Las mejoras están disponibles al principio del año en que se realiza la inversión.

Problema MT14

El diagrama operario-máquina de la figura muestra un proceso de fabricación. No saben si, incorporando un ayudante que prepare e inspeccione la pieza, se puede reducir el coste por pieza. En la empresa trabajan dos turnos de 8 horas cinco días a la semana. Los costes asociados a este proceso son:

— Coste de un operario: 5 €/hora.
— Coste de un ayudante: 3 €/hora.
— Coste de una máquina: 10 €/hora.

1. ¿Cuál de los dos métodos es mejor desde el punto de vista de los costes?
2. ¿Y desde el punto de vista de producción máxima diaria?
3. ¿Qué opción debería elegir la empresa?

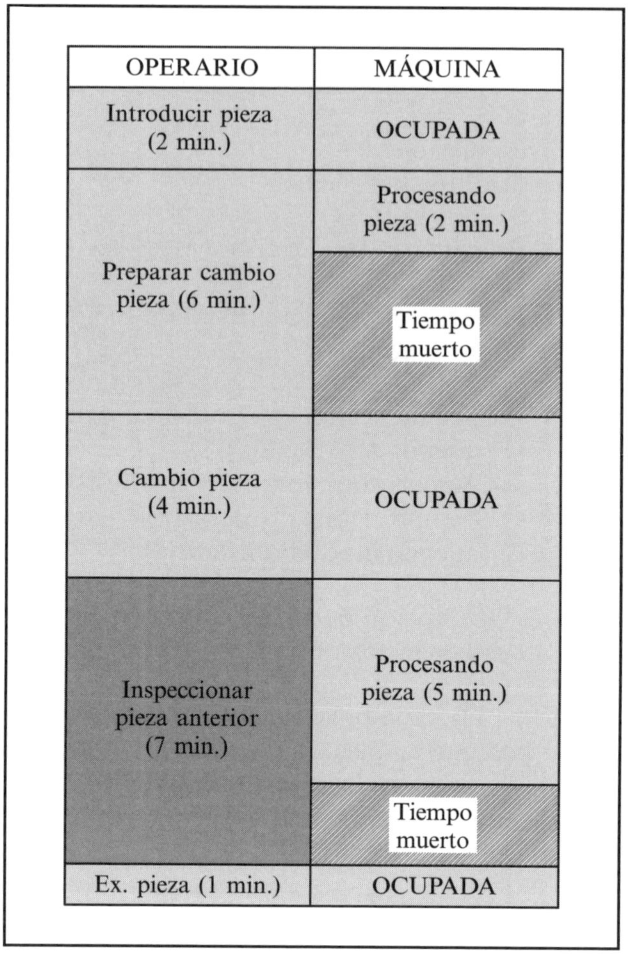

Problema MT15

El diagrama operario-máquina de la figura muestra un proceso de fabricación. Después de aplicar las dos primeras fases del SMED se ha visto la necesidad de invertir en un dispositivo que cuesta 300 € y que permite eliminar la inactividad correspondiente a la preparación (4 minutos). En la empresa trabajan 24 horas al día los siete días de la semana. Los costes asociados a este proceso son:

— Coste de un operario: 5 €/hora.
— Coste de una máquina: 10 €/hora.

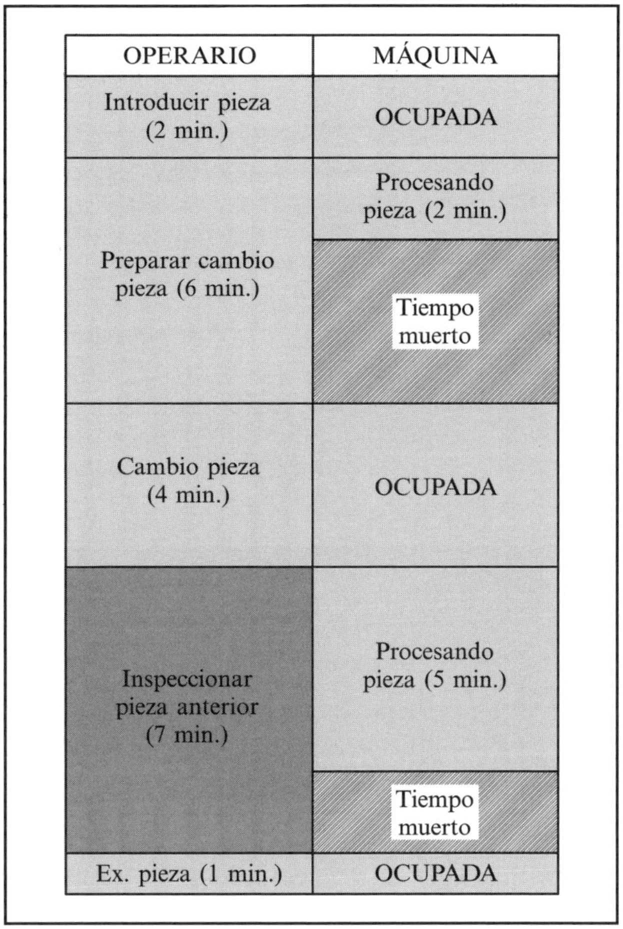

— Otros costes: 1 €/pieza.
— Precio de venta: 6,5 €/pieza.

1. ¿En cuánto tiempo se recuperaría la inversión planteada?
2. ¿Cuál es el coste de pieza actual? ¿Y en la situación planteada?

Problema MT16

Los diagramas operario-máquina de la figura muestran el proceso de fabricación de dos productos.

En la empresa quieren mejorar el proceso. No saben si es mejor: 1) colocar un operario en cada máquina o 2) que un único operario atienda las dos máquinas (en este caso, debe considerarse un tiempo de desplazamiento

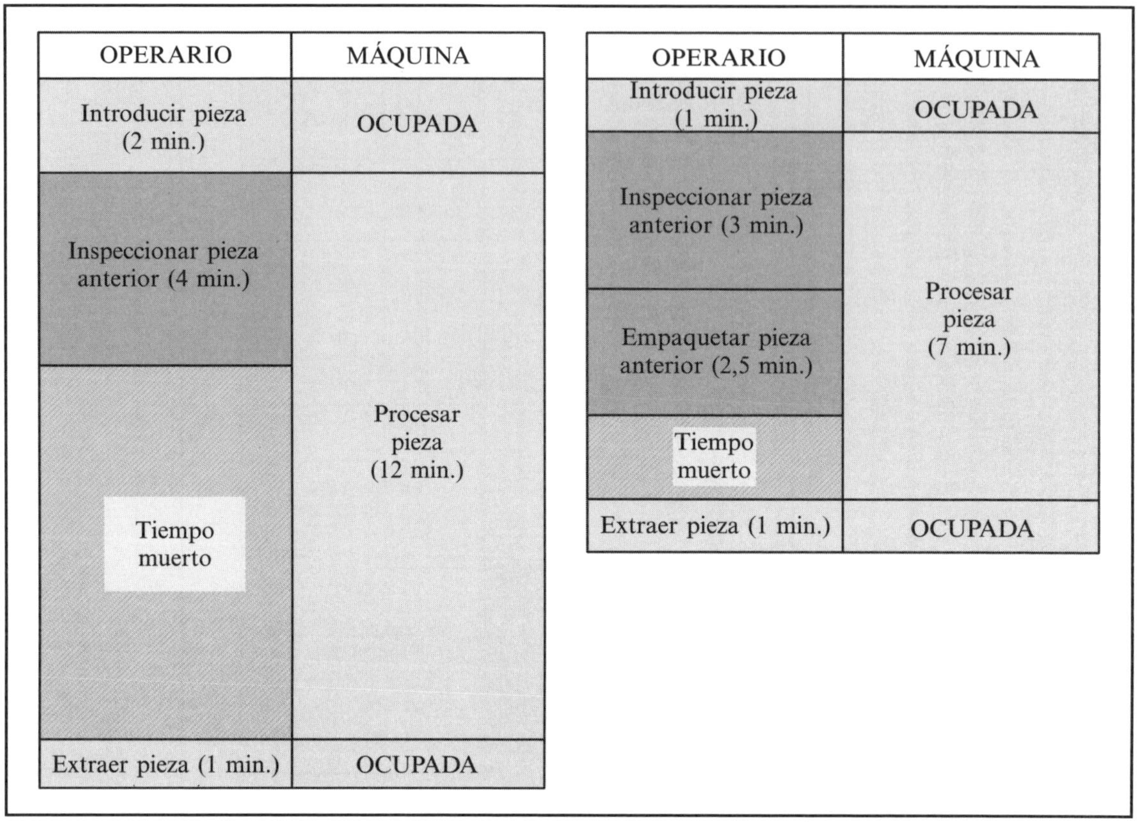

a cada máquina de 15 segundos). En la empresa trabajan un turno de 8 horas al día. Los costes asociados a este proceso son:

— Coste de un operario: 6 euros/hora.
— Coste de cada máquina: 10,2 euros/hora.

1. ¿Cuál de los dos métodos es mejor desde el punto de vista de los costes?
2. ¿Y desde el punto de vista de producción máxima diaria?
3. ¿Qué opción debería elegir la empresa?

Problema MT17

Por medio del cronómetro se ha estudiado el ciclo de un operario que atiende un centro de mecanizado. A continuación se muestran las operaciones y los tiempos obtenidos como media de los datos del cronómetro:

— Operario:

- Colocar pieza: 2 minutos y 15 segundos.
- Extraer pieza: 3 minutos y 25 segundos.
- Medir y empaquetar: 1 minuto y 5 segundos.

— Centro mecanizado:

- Procesar: 10 minutos.

Suponer un 10 por 100 de tiempo extra para descuentos personales y un *factor de actividad* de 1,2. El operario comentó que cada 1.000 piezas debía cambiar la herramienta, lo que le llevaba 25 minutos (tiempo estándar).

1. ¿Cuál es el número óptimo de máquinas que puede atender el operario si su coste es de 6 euros a la hora y el coste de la máquina es 9 euros a la hora?
2. ¿Cuál es el coste de cada pieza procesada?

NOTA: El tiempo de desplazamiento a cada máquina es despreciable.

Problema MT18

La figura representa el proceso de ensamblaje de las piezas que fabrica la célula B24. La máquina realiza el montaje automático de los componentes que se suministran de la M1 y la M2 y su coste de amortización es despreciable.

La empresa quiere mejorar el proceso y está analizando dos alternativas: 1) colocar a un operario realizando las tareas de la M2 y a otro operario en la M1 o 2) colocar a dos operarios haciendo todo el proceso cada uno en una célula (en este segundo caso habría dos máquinas de cada tipo).

En las dos máquinas se tarda un minuto en introducir la pieza, un minuto en extraerla y 2 minutos en inspeccionarla. El cambio de la operación 1 a la operación 2 en la M1 dura un minuto.

En la empresa trabajan un turno de 8 horas al día y los costes asociados a este proceso son:

— Coste de un operario: 4,81 euros/hora.
— Coste de cada máquina: 9,02 euros/hora.

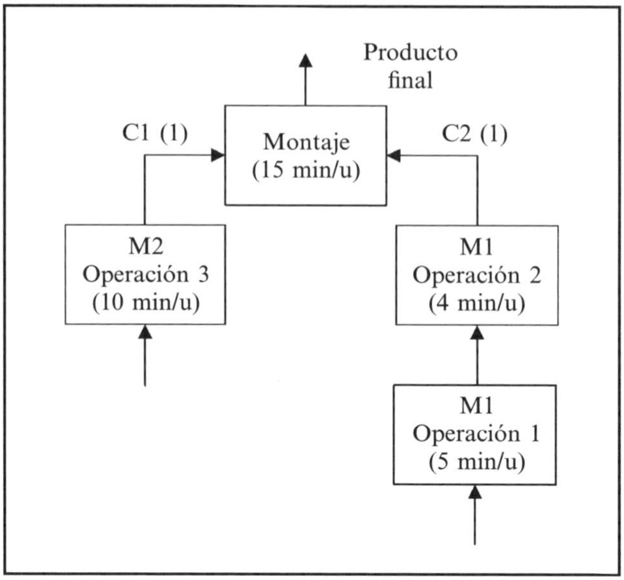

1. ¿Cuál de los dos métodos es mejor desde el punto de vista de los costes?
2. ¿Y desde el punto de vista de producción máxima diaria?
3. ¿Qué opción debería elegir la empresa?

Problema MT19

El diagrama operario-máquina de la figura muestra un proceso de fabricación. La célula está formada por dos máquinas y no saben si es mejor:

1. Que un único operario atienda las dos máquinas.
2. Que las máquinas sean atendidas cada una por un operario.

Los costes asociados a este proceso son:

— Coste del operario: 5 €/hora.
— Coste de una máquina: 10 €/hora.
— Consumo energético[1]: 1 €/hora.
— Precio de venta: 5,5 €/pieza.

[1] El consumo energético se calcula por hora de funcionamiento, aunque no esté procesando.

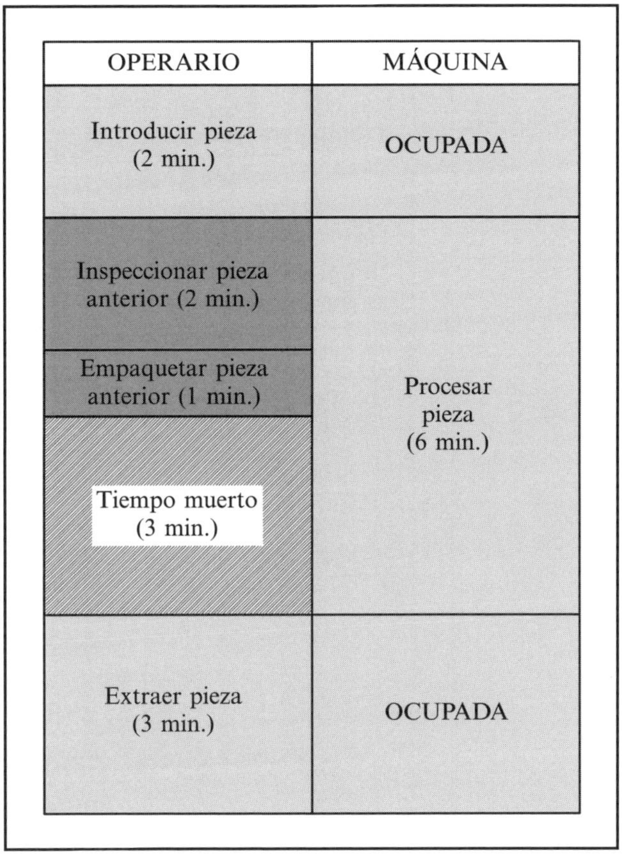

1. ¿Cuál de los dos métodos es mejor desde el punto de vista de los costes?
2. ¿Y desde el punto de vista de producción máxima diaria?
3. ¿Qué opción debería elegir la empresa?
4. ¿Qué opción debería elegir la empresa si el consumo de energía fuera cero cuando la máquina no está procesando?

Problema MT20

El diagrama operario-máquina de la figura muestra un proceso de fabricación. La célula está formada por dos máquinas atendidas por el mismo operario. Los costes asociados a este proceso son:

— Coste del operario: 5 €/hora.
— Coste de una máquina: 10 €/hora.

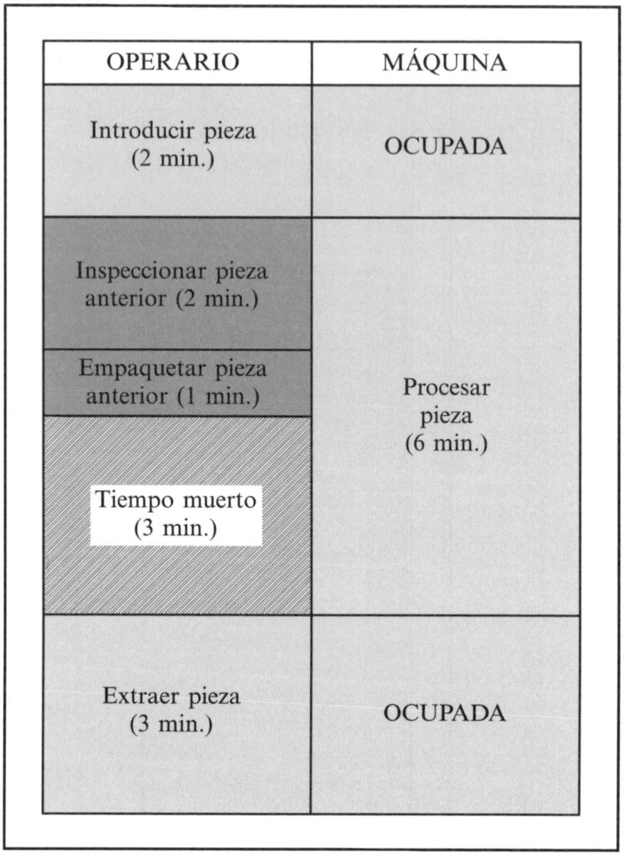

— Consumo energético[2]: 1 €/hora.
— Precio de venta: 5,5 €/pieza.

La empresa ha puesto en marcha un proyecto de ahorro energético por el que se ha estimado un ahorro del 30% en consumo energético por hora realizando una inversión de 6.000 €. Además, la inversión permitirá reducir 17 segundos el tiempo que se tarda en procesar cada pieza.

1. ¿Es rentable la inversión planteada si se quiere recuperar la inversión en un año de trabajo? La empresa fabricaría el artículo 300 días al año y 24 horas al día.

[2] El consumo energético se calcula por hora de funcionamiento, aunque no esté procesando.

Problema MT21

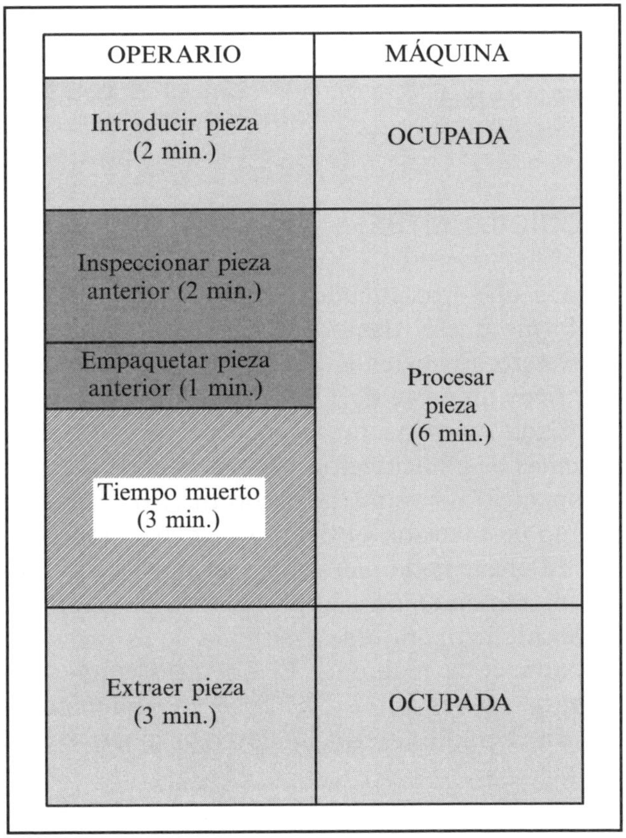

El diagrama operario-máquina de la figura muestra un proceso de fabricación. La célula está formada por dos máquinas atendidas cada una por un operario. Los costes asociados a este proceso son:

— Coste del operario: 5 €/hora.
— Coste de una máquina: 10 €/hora.
— Consumo energético[3]: 1 €/hora.
— Precio de venta: 5,5 €/pieza.

La empresa ha puesto en marcha un proyecto de ahorro energético por el que se ha estimado un ahorro del 30% en consumo energético por hora realizando una inversión de 6.000 €. Además, la inversión permitirá reducir 17 segundos el tiempo que se tarda en procesar cada pieza.

---

[3] El consumo energético se calcula por hora de funcionamiento, aunque no esté procesando.

1. ¿Es rentable la inversión planteada si se quiere recuperar la inversión en un año de trabajo? La empresa fabricaría el artículo 300 días al año y 24 horas al día.
2. ¿En cuánto tiempo se recuperaría la inversión?
3. Si la inversión no redujera el tiempo de producción, ¿en cuánto tiempo se recuperaría la inversión?

Problema MT22

Un operario atiende a cuatro máquinas idénticas dispuestas en círculo, de forma que el tiempo de desplazamiento a una máquina puede considerarse cero. El coste del operario es de 9 euros/hora. Cada una de las máquinas tiene un coste de 15 euros/hora.

Cada máquina tarda en procesar una pieza 25 minutos y cuenta con sistemas de alimentación y extracción de piezas automáticos, pero hasta que el operario no retira la pieza anterior el dispositivo no coge la siguiente, siendo despreciable el tiempo de extracción de la pieza por parte del operario. El ajuste de la pieza debe ser preciso, y el sistema de alimentación tarda un minuto en colocar la pieza en su posición. Debido a que las piezas salen a elevada temperatura, el sistema de extracción tarda 4 minutos en expulsar la pieza de la máquina. El operario emplea 3 minutos en inspeccionar la pieza y 4 minutos en registrarla y empaquetarla.

En la empresa trabajan 250 días al año (tres turnos de 8 horas cada día).

1. Una empresa ofrece un sistema de refrigeración de la herramienta que reduce 3 minutos el tiempo de extracción de la pieza por 150.000 € (para las cuatro máquinas). Si el precio de venta de la pieza es de 10 € y los costes de materias primas son 0,3 €/pieza, ¿conviene hacer la inversión si se espera recuperarla en cinco años de trabajo?
2. ¿Cuánto se reduce el coste de una pieza si se invierte en un calibre digital para el operario que reduce a la mitad el tiempo de inspección teniendo en cuenta el resultado obtenido en el apartado anterior? El coste del calibre es de 60 euros y quiere amortizarse con las primeras 300 piezas fabricadas.

Problema MT23

El diagrama operario-máquina de la figura muestra un proceso de fabricación. En la empresa trabajan dos turnos de 8 horas 250 días al año y los costes asociados a este proceso son:

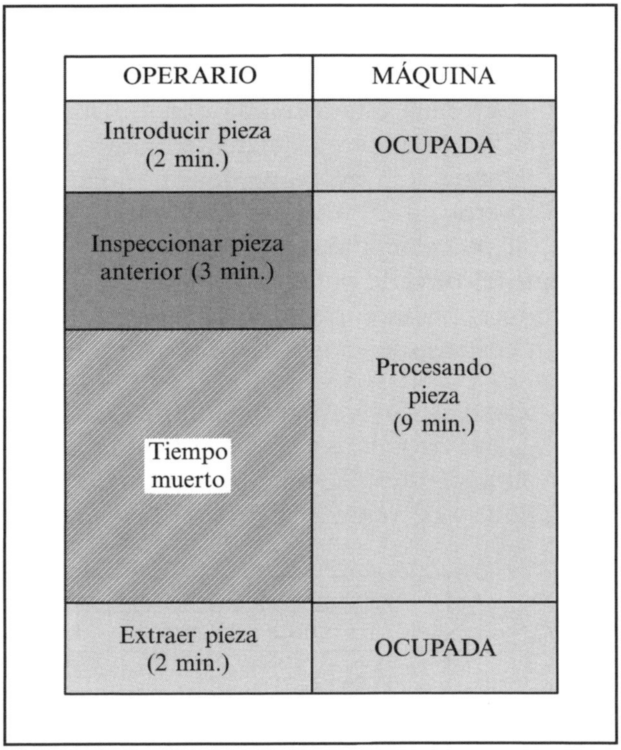

— Coste de un operario: 10 €/hora.
— Coste de una máquina: 20 €/hora.
— Otros costes: 1 €/pieza.
— Precio de venta: 8,0 €/pieza.

El cliente exclusivo de este producto le ha comentado que la competencia vende los productos a 7,5 €/pieza y por tanto le exige este nuevo precio de venta y, a cambio, se compromete a comprar más productos si la producción es mayor que la actual.

1. ¿Cuánto dejará de ganar la empresa en un año de trabajo?
2. La empresa se plantea invertir en una mejora técnica de la máquina para, al menos, mantener los beneficios iniciales el primer año. Dispone de dos ofertas: la primera reduce el tiempo de procesamiento en 1 minuto con un coste de 5.000 € y la segunda le ofrece una reducción de 2 minutos pero por un coste de 12.000 €. ¿Qué oferta debería aceptar? ¿Por qué?

Problema MT24

El diagrama operario-máquina de la figura muestra un proceso de fabricación. La célula está formada por dos máquinas atendidas por el mismo operario. En la empresa quieren mejorar el proceso, reduciendo sus costes y recuperando la inversión en dos años. Para mejorar el proceso han pensado en invertir en un módulo semiautomático de inspección para cada máquina (80.000 €/módulo) que reduce la operación de inspección a un minuto y que no permite procesar la siguiente pieza hasta que no verifica que la pieza procesada es correcta.

Los costes asociados a este proceso son:

- Coste del operario: 10 €/hora.
- Coste de una máquina: 15 €/hora.
- Otros costes: 0,3 €/pieza.
- Precio de venta: 9,0 €/pieza.

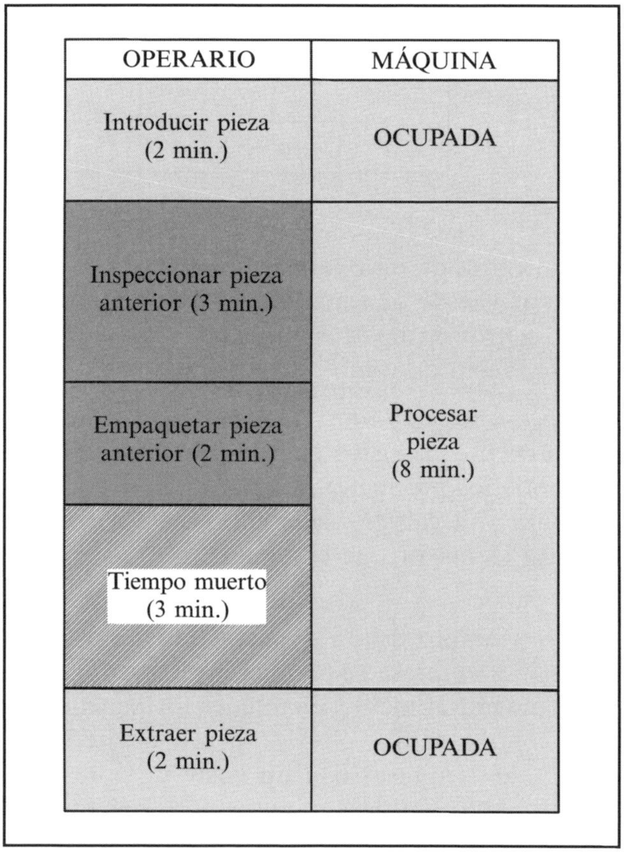

1. ¿Merece la pena la inversión? ¿Por qué? La empresa fabricaría el artículo 250 días al año y 24 horas al día.
2. Existe la posibilidad de incluir un dispositivo en cada módulo que realiza la operación de forma automática en dos minutos pero que sí permite procesar la siguiente pieza mientras verifica que la pieza procesada es correcta. Su coste es de 100.000 €/dispositivo. ¿Merece la pena incluirlo en cada módulo?

Problema MT25

El diagrama operario-máquina de la figura muestra un proceso de fabricación. La célula está formada por tres máquinas atendidas por el mismo operario. En la empresa quieren aumentar la producción. Para ello han pensado en invertir en un sistema de empaquetado automático de piezas que elimina la operación del ciclo del operario.

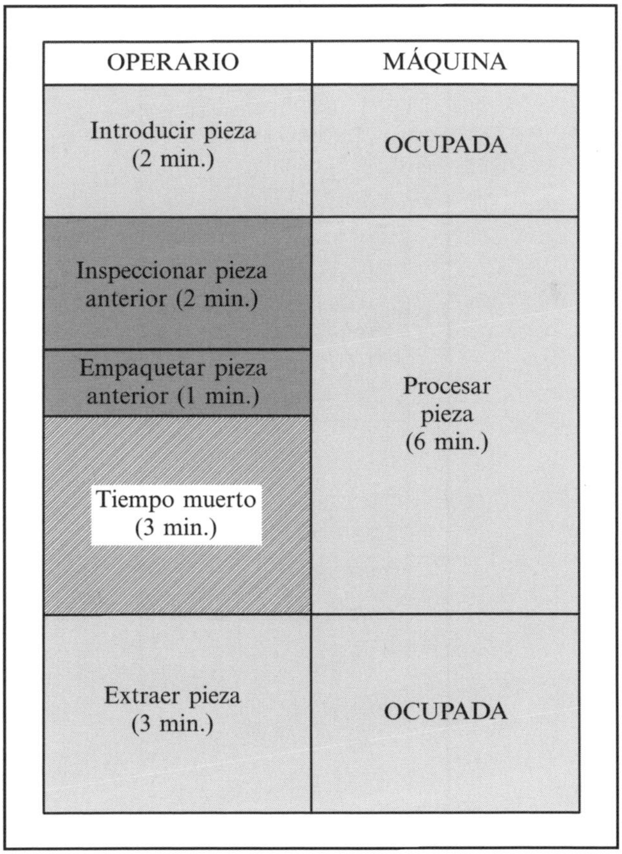

Los costes asociados a este proceso son:

— Coste del operario: 5 €/hora.
— Coste de una máquina: 10 €/hora.
— Otros costes: 0,5 €/pieza.
— Precio de venta: 5,5 €/pieza.

1. ¿Cuánto se podría invertir como máximo en la máquina de empaquetado si se quiere recuperar la inversión en dos años de trabajo? La empresa fabricaría el artículo 300 días al año y 24 horas al día.
2. ¿Cuál es el coste por pieza actual? ¿Y el coste por pieza considerando la inversión planteada?

Problema MT26

El diagrama operario-máquina de la figura muestra un proceso de fabricación. La célula está formada por tres máquinas atendidas por el mismo

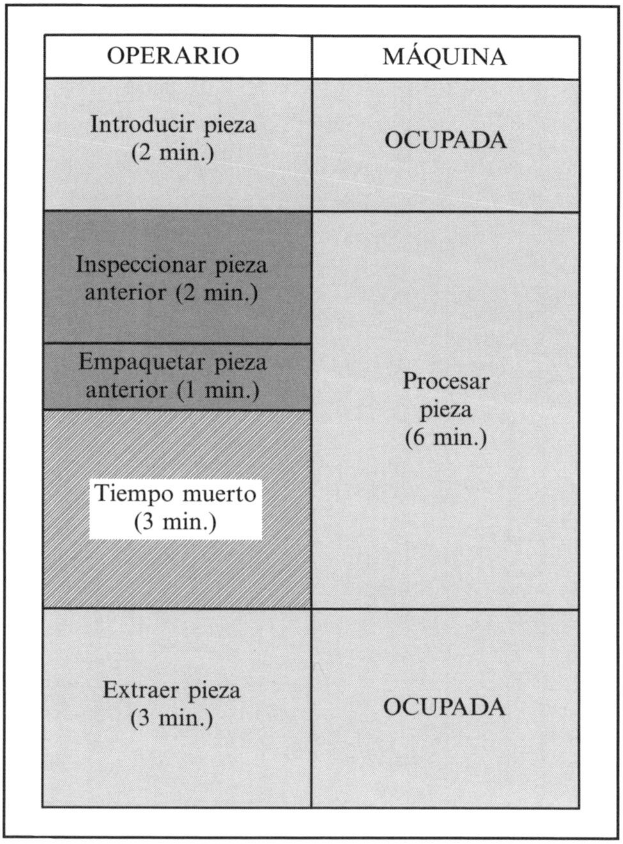

operario. En la empresa quieren mejorar el proceso. Para ello han pensado en invertir en sistema de inspección automática de piezas que elimina la operación de inspección del ciclo del operario.

Los costes asociados a este proceso son:

— Coste del operario: 5 €/hora.
— Coste de una máquina: 10 €/hora.
— Otros costes: 0,5 €/pieza.
— Precio de venta: 5,5 €/pieza.

1. ¿Cuánto se podría invertir como máximo en el sistema de inspección automático si se quiere recuperar la inversión en 1,5 años de trabajo? La empresa fabricaría el artículo 300 días al año y 24 horas al día.
2. ¿Cuánto se podría invertir como máximo en el sistema de inspección automático si está previsto fabricar sólo 22.500 piezas en la célula después de la inversión?

Problema MT27

El diagrama operario-máquina de la figura muestra un proceso de fabricación. La célula está formada por dos máquinas atendidas por el mismo operario. En la empresa quieren mejorar el proceso, reduciendo sus costes porque tienen previsto seguir fabricando la misma pieza al menos tres años más. Para mejorar el proceso han pensado en tres opciones distintas:

1. Colocar un ayudante que realice la operación de lijado.
2. Invertir en una máquina de lijado automático (50.000 €).
3. Invertir en una máquina de lijado e inspección automático (120.000 €).

Los costes asociados a este proceso son:

— Coste del operario: 10 €/hora.
— Coste del ayudante: 8 €/hora.
— Coste de una máquina: 15 €/hora.
— Otros costes: 0,5 €/pieza.
— Precio de venta: 9,0 €/pieza.

1. ¿Qué opción elegiría sabiendo que la empresa fabricaría el artículo 250 días al año y 24 horas al día y que en caso de invertir se quiere recuperar la inversión en un año de trabajo? Justificar la respuesta.

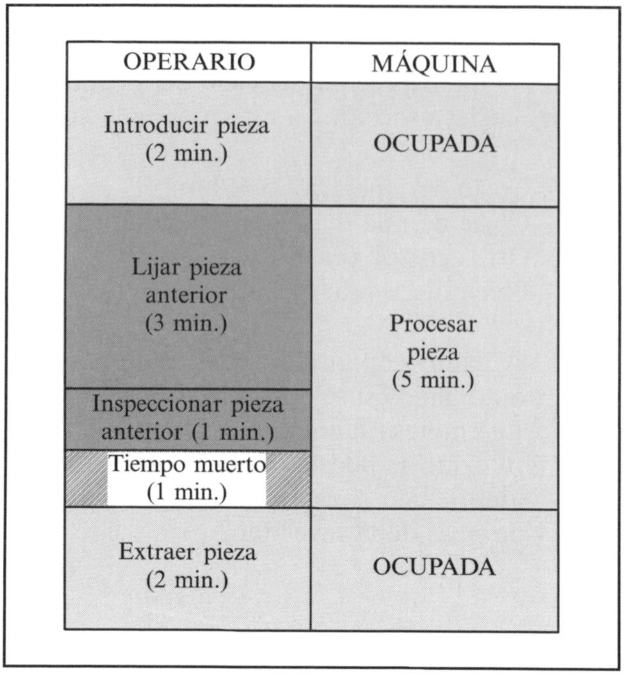

2. ¿Cuál sería el incremento de beneficio en la situación elegida el primer año?
3. ¿Qué opción elegiría si la empresa decidiera recuperar la inversión en tres años en lugar de en uno?

Problema MT28

El diagrama operario-máquina de la figura muestra el proceso de fabricación de una pieza de inyección de plástico. En la empresa no saben si es mejor colocar a dos operarios atendiendo dos máquinas distintas cada uno o bien que un operario atienda el número óptimo de máquinas.

Se trabaja un turno de 8 horas al día y los costes asociados a este proceso son:

— Coste de un operario: 5 euros/hora.
— Coste de una máquina: 9 euros/hora.

1. ¿Cuál de los dos métodos es mejor desde el punto de vista de los costes?

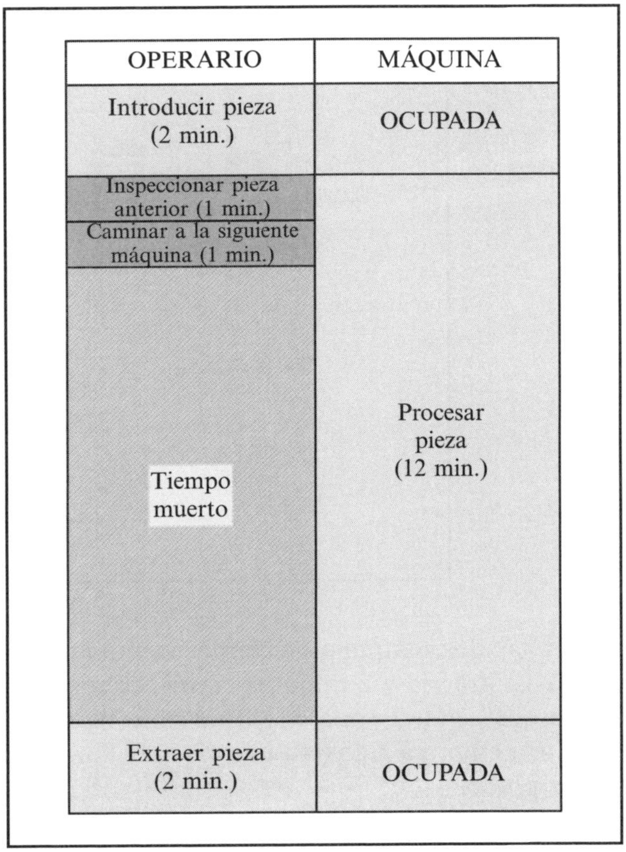

2. ¿Y desde el punto de vista de producción máxima diaria?
3. ¿Qué opción debería elegir la empresa?

Problema MT29

La figura representa el proceso de ensamblaje de las piezas que fabrica la célula B24. La máquina realiza el montaje automático de los componentes que se suministran de la M1 y la M2 y su coste es despreciable.

La empresa quiere mejorar el proceso y está analizando dos alternativas:

1. Colocar a un operario realizando las tareas de la M2 y a otro operario en la M1.
2. Colocar a dos operarios haciendo todo el proceso cada uno en una célula (en este segundo caso habría dos máquinas de cada tipo).

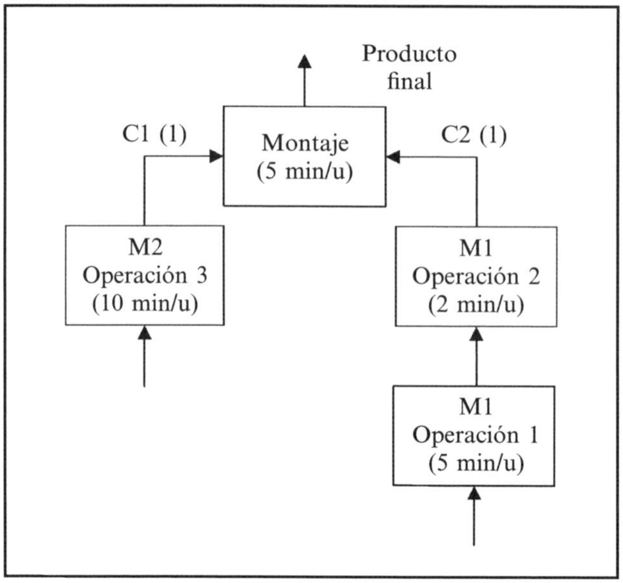

En las dos máquinas se tarda un minuto en introducir la pieza, un minuto en extraerla y 2 minutos en inspeccionarla. El cambio de la operación 1 a la operación 2 en la M1 dura un minuto.

En la empresa trabajan un turno de 8 horas al día y los costes asociados a este proceso son:

— Coste de un operario: 4,81 euros/hora.
— Coste de cada máquina: 9,02 euros/hora.

1. ¿Cuál de los dos métodos es mejor desde el punto de vista de los costes?
2. ¿Y desde el punto de vista de producción máxima diaria?
3. ¿Qué opción debería elegir la empresa?

Problema MT30

Se dispone de dos planchas eléctricas para asar chuletas. Como las chuletas que se emplean son grandes, sólo entra una en cada plancha y es necesario emplear unas pinzas para darles la vuelta que ocupan las dos manos del cocinero.

Se quiere asar tres chuletas en el menor tiempo posible. Los tiempos para realizar el proceso son los siguientes:

— Poner una chuleta: 10 segundos.
— Asar un lado: 25 segundos.
— Dar vuelta a la chuleta: 15 segundos.
— Retirar la chuleta: 10 segundos.

1. ¿En cuánto tiempo es posible asar las tres chuletas por los dos lados?
2. Elabore un diagrama «plancha 1»-«cocinero»-«plancha 2» para demostrarlo.

NOTA: Suponer que las planchas ya tienen la temperatura adecuada para asar en el instante inicial. Si la chuleta no se cambia por otra o se da la vuelta cuando se termina de asar un lado, no se consigue que esté «al punto».

Problema MT31

El diagrama operario-máquina de la figura muestra un proceso de fabricación.

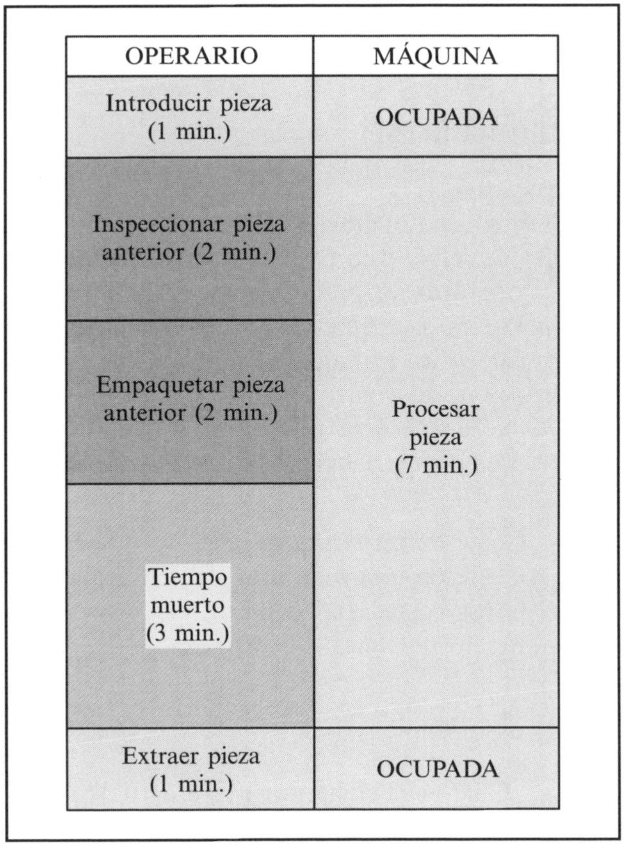

La empresa quiere mejorar la producción. No sabe si es mejor:

1. Que el operario atienda a dos máquinas iguales.
2. Que, atendiendo dos máquinas, un ayudante realice el empaquetado de la pieza anterior.

En la empresa trabajan un turno de 8 horas cada día y los costes asociados a este proceso son:

— Coste de un operario: 5 euros/hora.
— Coste de un ayudante: 3 euros/hora.
— Coste de una máquina: 10 euros/hora.

1. ¿Cuál de los dos métodos es mejor desde el punto de vista de los costes?
2. ¿Y desde el punto de vista de producción máxima diaria?

Problema MT32

El diagrama operario-máquina de la figura muestra un proceso de fabricación. La célula está formada por tres máquinas idénticas atendidas por el mismo operario.

En la empresa quieren reducir los costes de producción y han pensado en invertir en un utillaje que reduce a la mitad los tiempos de introducción y extracción. El coste del utillaje es de 20.000 €, y quedan por fabricar 10.000 piezas de esta referencia hasta que se termine el contrato con el cliente. Los costes asociados a este proceso son:

— Coste de un operario: 5 €/hora.
— Coste de una máquina: 10 €/hora.
— Otros costes: 0,5 €/pieza.
— Precio de venta: 5,5 €/pieza.

1. ¿Es rentable la inversión? La empresa trabaja 300 días al año y 24 horas al día.
2. ¿Cuál es el coste por pieza actual? ¿Y el coste por pieza considerando la inversión planteada?

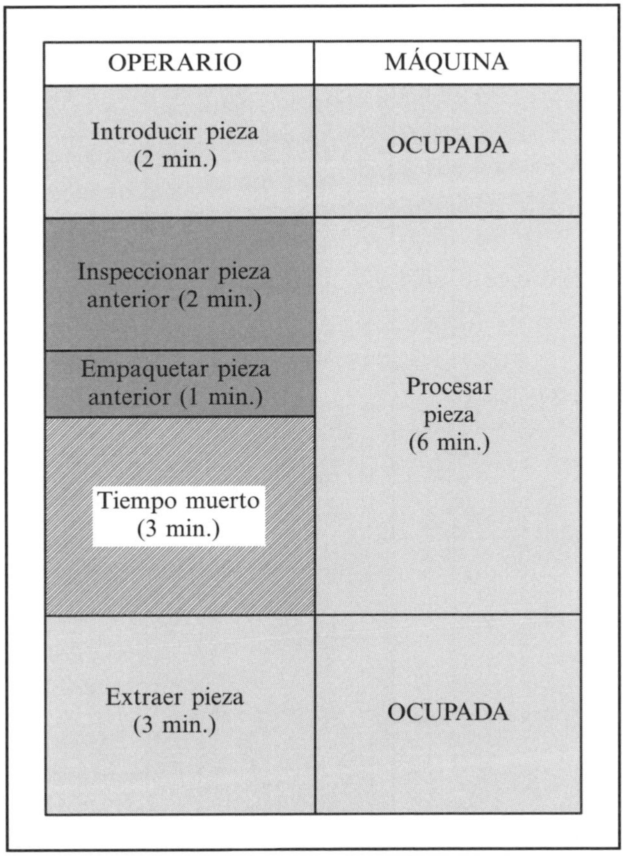

Problema MT33

El diagrama operario-máquina de la figura muestra un proceso de fabricación. No saben si, incorporando un ayudante que prepare, inspeccione y empaquete la pieza, se puede reducir el coste por pieza.

En la empresa trabajan dos turnos de 8 horas cinco días a la semana y los costes asociados a este proceso son:

- Coste de un operario: 5 €/hora.
- Coste de un ayudante: 3 €/hora.
- Coste de una máquina: 10 €/hora.

1. ¿Cuál de los dos métodos es mejor desde el punto de vista de los costes?
2. ¿Y desde el punto de vista de producción máxima diaria?

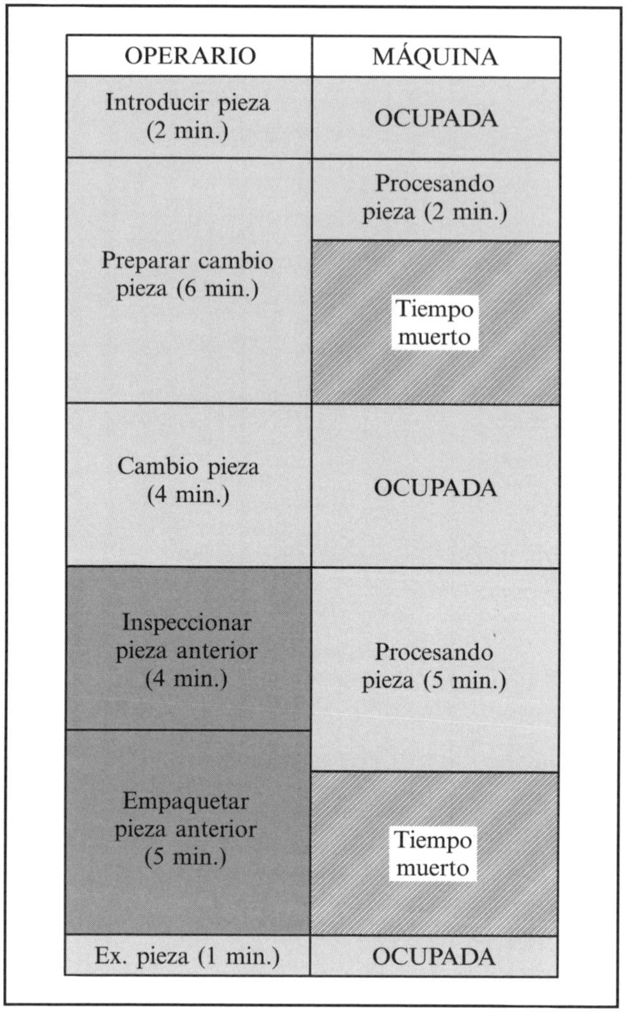

3. ¿Existe otra alternativa mejor, con un reparto diferente de tareas entre el operario y el ayudante? En caso afirmativo, calcular el coste pieza de la propuesta; en caso negativo, realizar el diagrama operario-ayudante-máquina y compararlo con el diagrama operario-máquina.

Problema MT34

El diagrama operario-máquina de la figura muestra el proceso de fabricación de una pieza a la que se le realizan dos operaciones en la misma

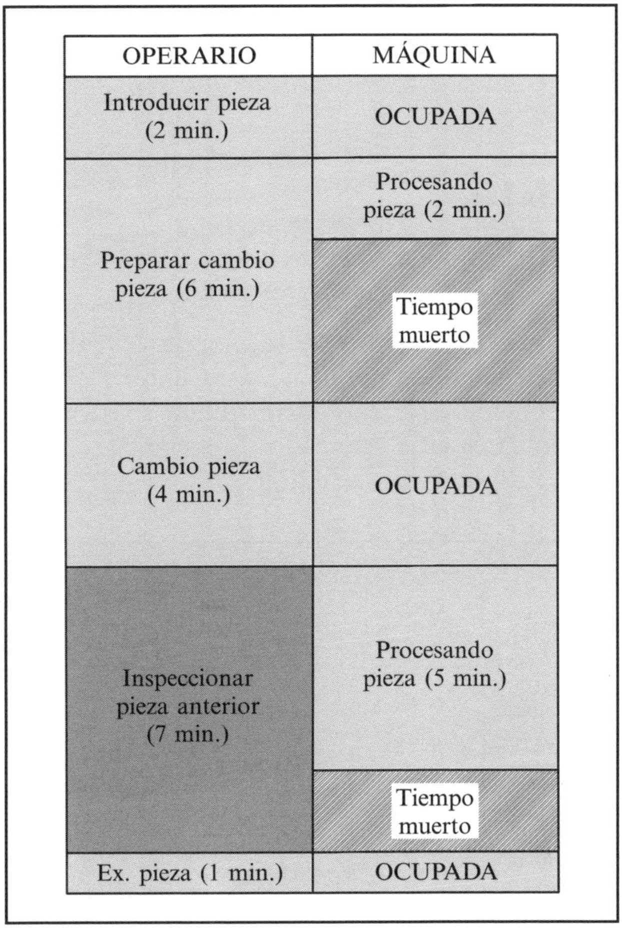

máquina. La empresa quiere aumentar la producción de piezas y está considerando dos alternativas:

1. Que el operario atienda dos máquinas idénticas, incorporando además un ayudante en cada máquina que prepare e inspeccione la pieza.
2. Incorporar un segundo operario atendiendo otra máquina idéntica.

En la empresa trabajan dos turnos de 8 horas cinco días a la semana y los costes asociados a este proceso son:

- Coste de un operario: 5 €/hora.
- Coste de un ayudante: 3 €/hora.
- Coste de una máquina: 10 €/hora.

1. ¿Qué opción debería emplear la empresa?
2. ¿Y si se fabricaran sólo 23.000 piezas después del cambio? ¿Por qué?
3. ¿Y si se fabricara sólo dos años más después del cambio? ¿Por qué?

MANTENIMIENTO

Problema MN1

Un departamento de ingeniería está diseñando una nueva máquina y debe elegir un componente para una función vital, es decir, si se rompe el componente, se parará la máquina. Existen dos proveedores de componentes similares en el mercado. Los componentes presentan las curvas bañera que se exponen en la figura:

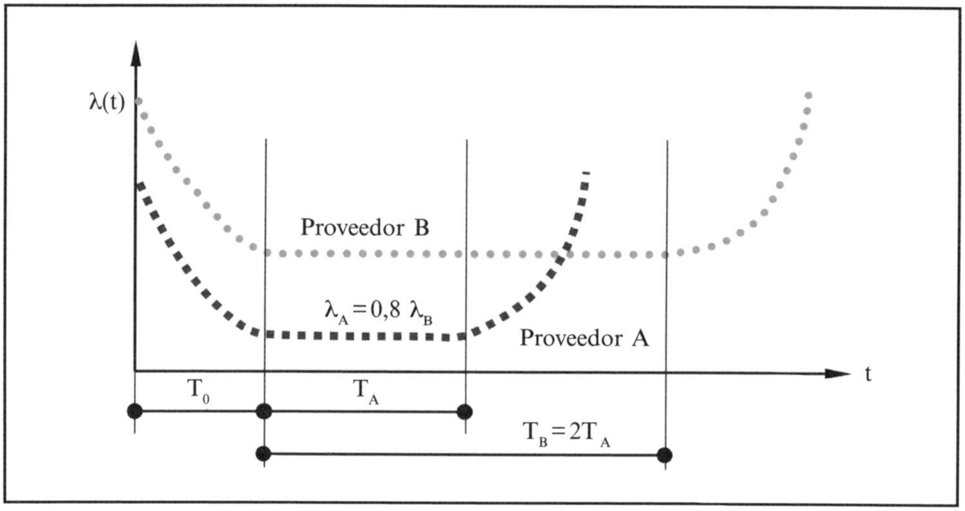

1. ¿Qué componente elegiría?
2. Elabore una política de mantenimiento para el componente elegido.

Problema MN2

Un departamento de ingeniería está diseñando una nueva máquina y debe elegir un componente para una función estética, es decir, no es una función crítica de la máquina. Existen dos proveedores de componentes similares en el mercado. Los componentes presentan las siguientes curvas bañera:

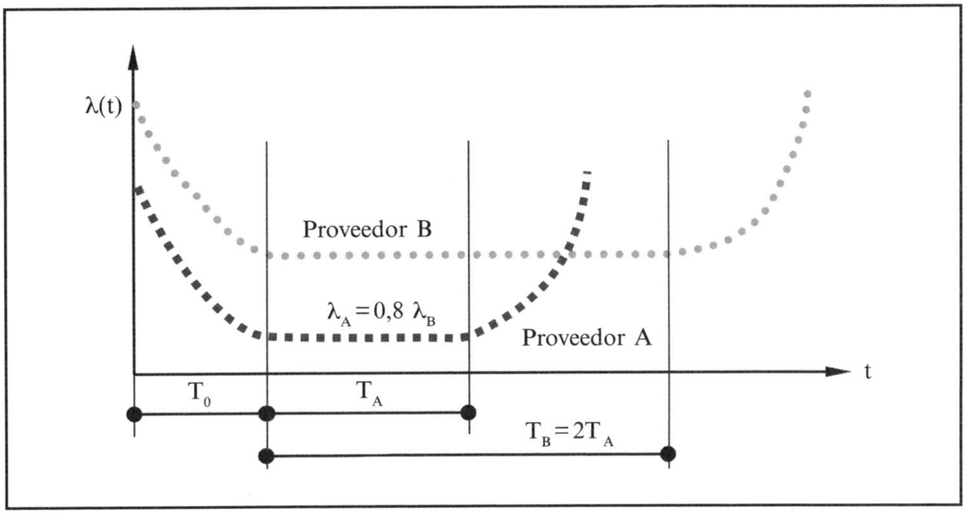

1. ¿Qué componente elegiría?
2. Elabore una política de mantenimiento para el componente.

Soluciones a los problemas numéricos

HERRAMIENTAS DE MEJORA CONTINUA

Problema HM1.

1. Se deben separar las paradas según correspondan a paradas programadas (mantenimiento preventivo y descansos) o a paradas (correctivo y preparación). Las paradas menores justificadas no deben sumarse porque aparecerán reflejadas en el indicador de rendimiento. D = 0,898; R = 0,954; Q = 0,935.
2. OEE = 80,1 por 100.

Problema HM2.

1. Producto E = 0,012 h/u; producto T = 0,023 h/u.
2. D = 0,898; R = 1,110; Q = 0,844. OEE = 84,1 por 100.
3. La primera medida que se debería tomar es calcular los tiempos de ciclo porque los actuales no son correctos dado que se basan en datos de producción total diaria y no se han descontado las paradas de esos días. Como consecuencia, los valores de ciclo son superiores a los que debería tener y por eso el rendimiento es mayor que 1.

Problema HM3.

1. Producto E = 0,01 h/u; producto T = 0,02 h/u.
2. D = 0,898; R = 0,948; Q = 0,844; OEE = 71,8 por 100.
3. La primera medida que se debería tomar es mejorar la calidad.

Problema HM4.

1. Los defectuosos son la suma de los defectuosos iniciales y los de después del reprocesado. La producción total incluye los correctos, los defectuosos y los reprocesados (correctos y defectuosos). En el indicador de rendimiento se separan los productos iniciales y los reprocesados. D = 0,898; R = 0,948; Q = 0,844.
2. OEE = 71,8 por 100.

Problema HM5.

1. Inicial OEE = 0,616; final OEE = 0,643.
2. Disponiendo de datos de los costes, se puede calcular el incremento de beneficio que ha supuesto la implantación del proyecto. La diferencia de beneficios es de 29.870 €, prácticamente la mitad de la inversión. Si bien los indicadores han aumentado, se observa un empeoramiento en la parte final, incrementando el tiempo de paradas por avería, que parece que se mantendrá en el futuro, por lo que el proyecto sólo ha producido una mejora transitoria que no permitirá mantener el coste el segundo año y por tanto la inversión no se recuperará.

Problema HM6.

1. Inicial OEE = 0,616; final OEE = 0,695.
2. Disponiendo de datos de los costes, se puede calcular el incremento de beneficio que ha supuesto la implantación del proyecto. La diferencia de beneficios es de 28.670 €, prácticamente la mitad de la inversión. Además, los indicadores han aumentado y se observa una mejora en la parte final, reduciéndose el tiempo de paradas por avería, que parece que se mantendrá en el futuro, por lo que el proyecto ha producido una mejora que permitirá mantener el coste el segundo año y por tanto la inversión se recuperará.

Problema HM7.

1. Inicial OEE = 0,731; final OEE = 0,713.
2. Según la teoría sobre *poka-yoke* e inspección en la fuente, los defectos ocultos aparecen en los primeros días, y se ve cómo van reduciéndose; por tanto la solución planteada ha sido efectiva.

Problema HM8.

1. Inicial OEE = 0,791; final OEE = 0,68.
2. El indicador se reduce porque se reduce el rendimiento. Esto puede ser debido a que el *poka-yoke* está modificando el ciclo de trabajo

de la máquina, reduciéndolo y haciendo que se produzcan menos piezas. Habría que revisar el *poka-yoke*.

Problema HM9.

1. Inicial OEE = 0,85; final OEE = 0,796.
2. El incremento de beneficio en 10 días ha sido de 21.890 €; extrapolándolo a tres años, supondría (21.890/10 × 20 × 10 × 3 = 1.313.400 €), menos que los 1,5 millones de euros de la inversión. Por tanto, no ha merecido la pena. Al aumentar la velocidad se estarán produciendo paradas menores en el ciclo del operario.
3. El beneficio teórico esperado era de 1.980.000, y teniendo en cuenta la eficiencia inicial, bajaba a 1.683.000. Por tanto, era esperable recuperar la inversión, incluso aplicando la eficiencia actual. La inversión era razonable.

Problema HM10.

1. El indicador ha aumentado del 74,1 por 100 al 85,3 por 100.
2. Ha aumentado en 600 € en el período de 10 días.
3. El rendimiento y la disponibilidad aumentan pero se producen menos piezas. Por tanto, sería conveniente reducir el número de horas de parada por mantenimiento preventivo, mejorando la forma en la que se realizan las tareas preventivas.

Problema HM11.

1. El indicador ha aumentado del 74,1 por 100 al 86,2 por 100.
2. Ha aumentado en 17.900 € en el período de 10 días.
3. El rendimiento y la disponibilidad aumentan y además se producen más piezas. Por tanto, el proyecto ha merecido la pena.

Problema HM12.

1. Inicial OEE = 0,435; final OEE = 0,604
2. Sí que ha merecido la pena porque los defectuosos se han eliminado y la disponibilidad ha aumentado un 16,3 por 100. Ése es uno de los objetivos principales del SMED, la productividad.
3. Sí es coherente porque al parecer los defectuosos se producían en la etapa de ajustes dentro del proceso de cambio. Por eso mejora el indicador de calidad. Además, se mejora el indicador de disponibilidad al reducirse las inactividades por cambio.

Problema HM13.

1. Sí que ha merecido la pena porque el tiempo de cambio se ha reducido de 6 a 2 horas. Se ha establecido un estándar porque ya no hay desviaciones en su duración y se ha reducido el número de defectuosos.
2. El resultado era esperable ya que el número de cambios aumenta (al parecer buscaban flexibilidad con el SMED) y por tanto no se ve su efecto en la eficiencia. Al ser una máquina vieja, se están produciendo más averías, lo que está perjudicando a la eficiencia y al rendimiento.
3. No es recomendable parar el proyecto, sino analizar las causas de las averías e intentar solucionarlas. El SMED está produciendo daños colaterales que deben resolverse, pero la solución no es parar su aplicación.

Problema HM14.

1. Sí que ha merecido la pena porque el tiempo de cambio se ha reducido de 6 a 2 horas. Se ha establecido un estándar porque ya no hay desviaciones en su duración y se ha reducido el número de defectuosos.
2. El resultado era esperable ya que el número de cambios aumenta (al parecer buscaban flexibilidad con el SMED) y por tanto no se ve su efecto en la eficiencia.
3. Hay que estudiar por qué se producen tantos defectuosos.

Problema HM15.

1. Primero ha aumentado, pero luego ha retrocedido.
2. No ha merecido la pena, porque no se ha conseguido mantener el valor de la eficiencia y es consecuencia de no haber conseguido inculcar el hábito de mantener el lugar de trabajo limpio y ordenado.
3. Sí es coherente porque las 5S bien aplicadas favorecen la implantación de otras herramientas, como el mantenimiento, y se observa cómo inicialmente el indicador de disponibilidad aumenta. Sin embargo, el beneficio principal es el hábito, y en este caso no se ha conseguido.

Problema HM16.

1. Ha aumentado y se ha mantenido en el tiempo.
2. Sí ha merecido la pena, porque se ha conseguido mantener el valor de la eficiencia y es consecuencia de haber conseguido inculcar el hábito de mantener el lugar de trabajo limpio y ordenado.

3. Sí es coherente porque las 5S bien aplicadas favorecen la implantación de otras herramientas, como el SMED y el mantenimiento, y se observa cómo el indicador de disponibilidad aumenta. Como el beneficio principal es el hábito y en este caso se ha conseguido, estos valores se mantienen en el tiempo.

Problema HM17.

1. El primer proyecto no ha merecido la pena porque la inversión no se recuperaría en dos años, ya que la diferencia de beneficio a los dos años (58.435 × 4 – 75.780 × 2 = 82.180) es la mitad de la inversión necesaria. Después de añadir los dispositivos, se mejora mucho en el beneficio esperado y se cubre la inversión en los dispositivos (128.700 × 3 – 58.435 × 3 = 210.795), que es de 200.000 €. El motivo es que los módulos, al parar la máquina, introducen muchas inactividades al ciclo, que afectan al rendimiento.
2. Se debería haber hecho un estudio de las consecuencias de la implantación de los módulos y de cómo afectarían al rendimiento. De hecho, si la inversión en los módulos y los dispositivos se hubiera hecho desde el principio, la diferencia en beneficio sería de (128.700 × 4 – 75.780 × 2 = 363.240 €), mayor que la inversión total, que sería de 160.000 + 200.000 = 360.000 €.

Problema HM18.

1. D = 0,898; R = 0,954; Q = 0,935.
2. OEE = 80,1 por 100.

Problema HM19.

1. Inicial OEE = 0,85; final OEE = 0,722.
2. La productividad ha aumentado, pero las inactividades han aumentado.

Problema HM20.

1. Inicial OEE = 0,67; final OEE = 0,714.
2. Sí que ha merecido la pena porque las paradas por cambio se han reducido (debido a la reducción en la variedad de productos fabricados) y la producción total casi se ha duplicado (debido a la reducción en el número de referencias).
3. Sí es coherente por lo que se ha explicado en el apartado anterior: reducción en la variedad de componentes o estandarización de funciones (tiempos de cambio) y aumento de producción total.

Problema HM21.

1. Inicial OEE = 0,809; final OEE = 0,864.
2. Aunque el indicador de la eficiencia aumenta, se producen menos piezas. Por otro lado, el rendimiento y la disponibilidad aumentan. Por tanto, sería conveniente reducir el número de horas de parada por mantenimiento preventivo, mejorando la forma en la que se realizan las tareas preventivas.

Problema HM22.

1. Inicial OEE = 0,771; final OEE = 0,808.
2. Aunque la producción total es menor después de la mejora, la producción correcta es mayor, por lo que los productos que llegan al cliente aumentan. Por tanto, el proyecto ha merecido la pena.

Problema HM23.

1. Inicial OEE = 0,580; final OEE = 0,713.
2. Sí que ha merecido la pena porque las mejoras se producen en todos los indicadores y se habrá conseguido el objetivo principal de las 5S de inculcar hábitos de orden y limpieza en los operarios de la línea.
3. Sí es coherente porque las 5S bien aplicadas favorecen la implantación de otras herramientas hasta el punto de ofrecer resultados positivos si se aplican de forma correcta. En este caso el orden reduce los tiempos de cambio, la limpieza reduce las averías y los defectos, etcétera. Además, al transcurrir dos meses desde su implantación, parece que se ha inculcado cierto hábito entre los trabajadores de la empresa.

Problema HM24.

1. Inicial OEE = 0,534; final OEE = 0,668.
2. Si bien los indicadores han aumentado, se observa un claro empeoramiento en la parte final, que parece que se mantendrá en el futuro, por lo que el proyecto sólo ha producido una mejora transitoria.
3. Sí es coherente porque las 5S conducen a situaciones de este estilo, donde se producen mejoras temporales por no conseguir el objetivo de inculcar el hábito de mantener limpio y ordenado el lugar de trabajo.

DISTRIBUCIÓN EN PLANTA

Problema DP1.

1. Respuesta gráfica.
2. Las secciones 1 y 2 se intercambiarán.

Problema DP2.

1. Mirar teoría.
2. Respuesta gráfica.

Problema DP3.

1. Respuesta gráfica.

Problema DP4.

1. Respuesta gráfica.

Problema DP5.

1. Respuesta gráfica.
2. Intercambiar CDT4 y CDT5.
3. La distancia total se reduce 1.550 m, por lo que la propuesta de cambio es recomendable.

Problema DP6.

1. Respuesta gráfica.
2. La distancia total se reduce 1.550 m.

EQUILIBRADO DE LÍNEAS

Problema EQ1.

1. 42,53 min.
2. 1,41 piezas/hora.

Problema EQ2.

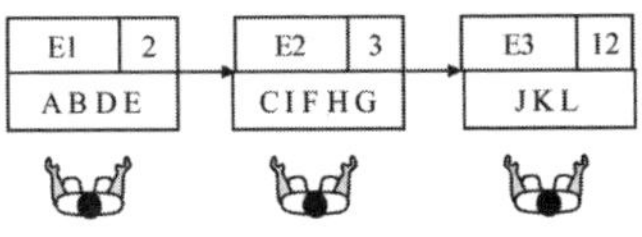

H = 2 + 3 + 12 = 17

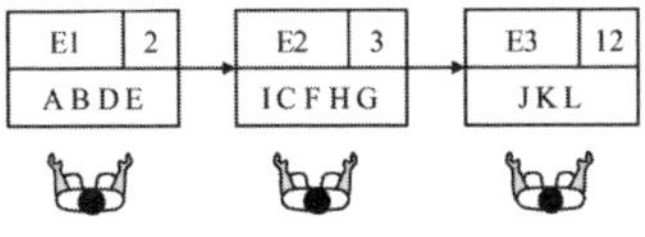

H = 2 + 3 + 12 = 17

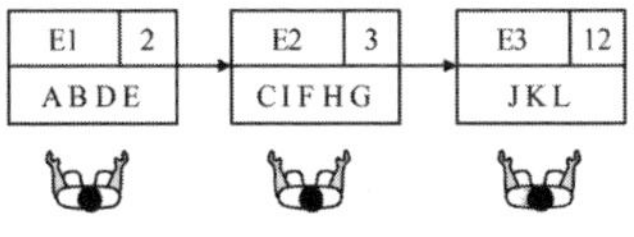

H = 2 + 3 + 12 = 17

Problema EQ3.

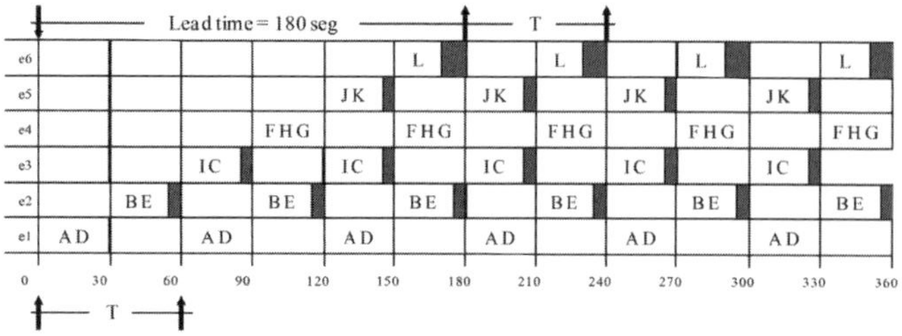

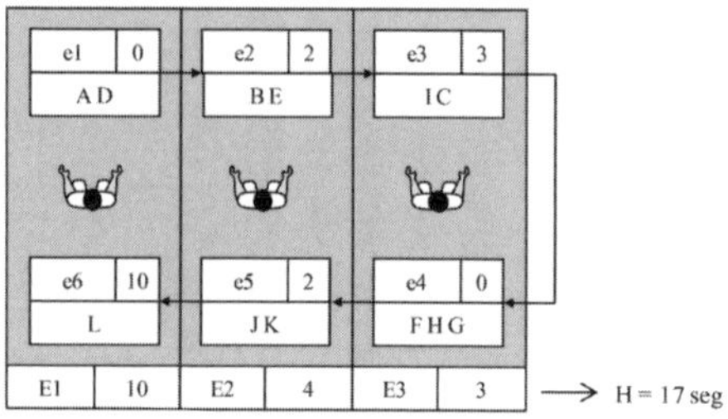

Problema EQ4.

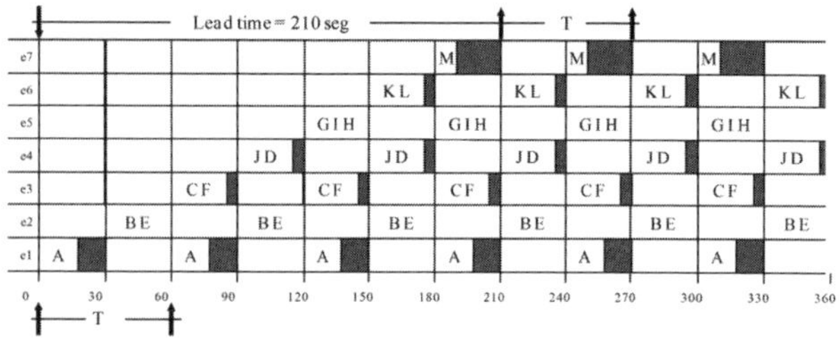

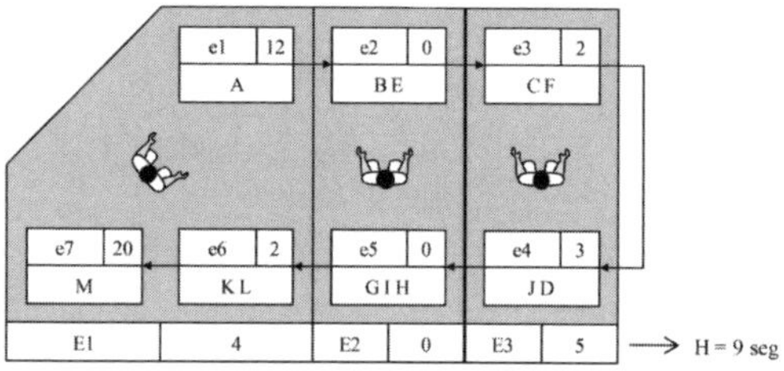

Problema EQ5.

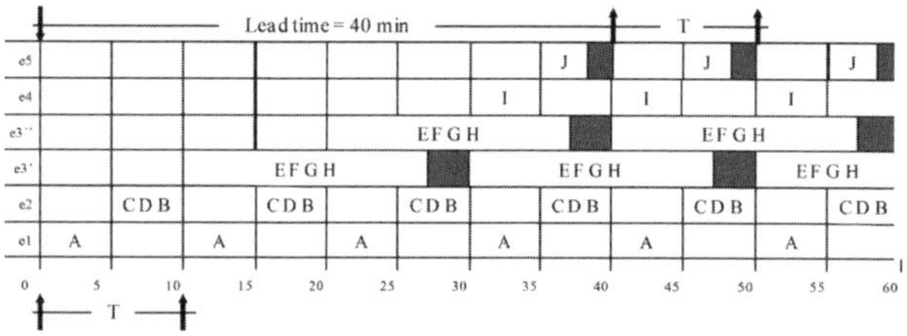

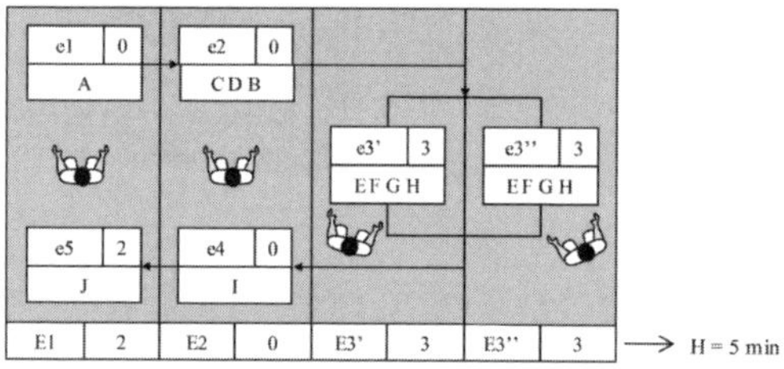

Problema EQ6.

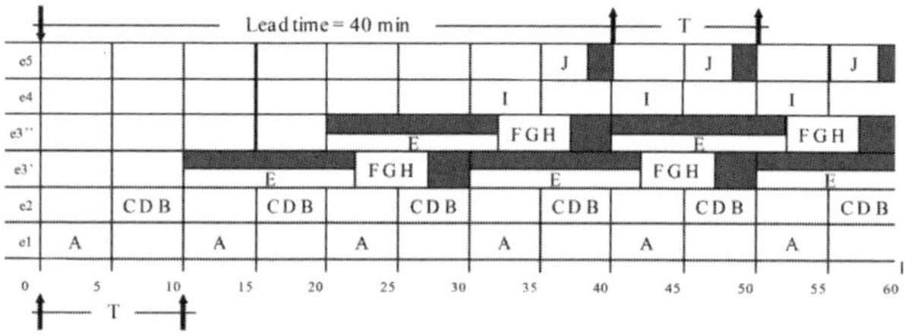

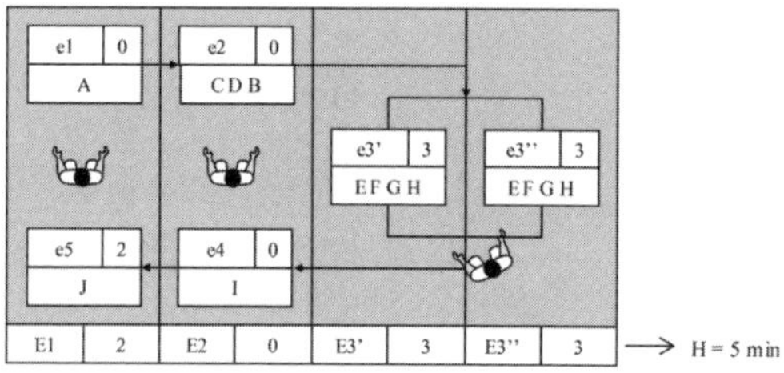

Problema EQ7.

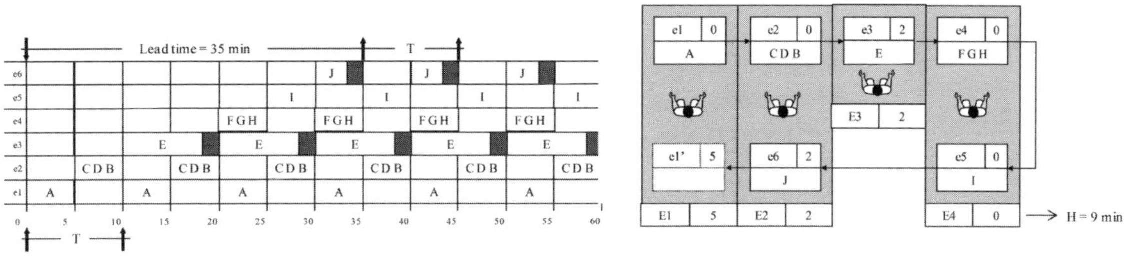

Problema EQ8.

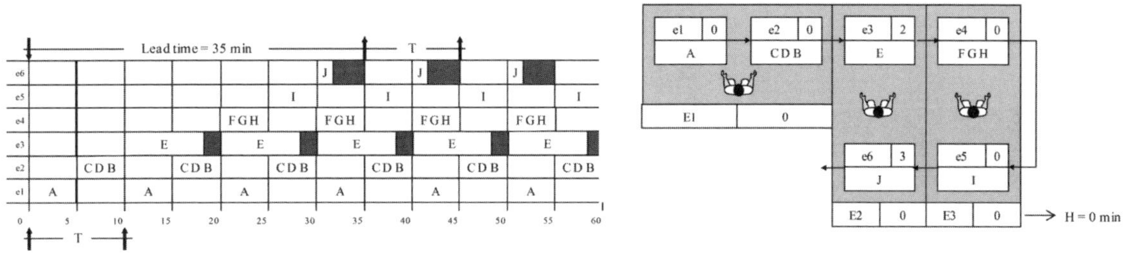

Problema EQ9.

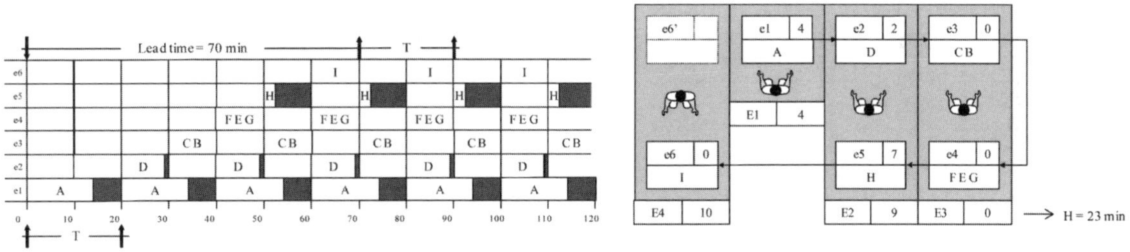

Problema EQ10.

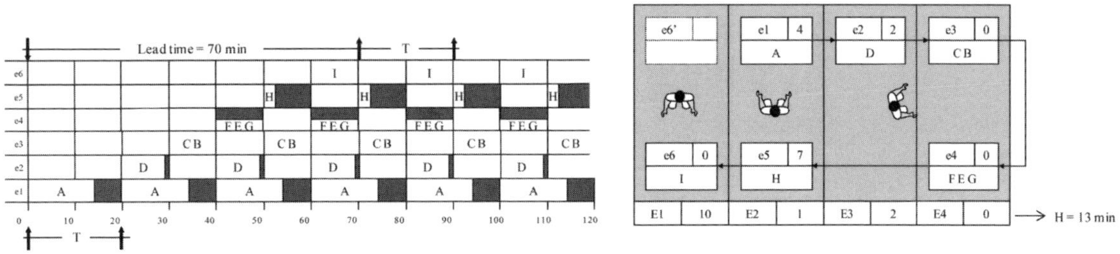

Problema EQ11.

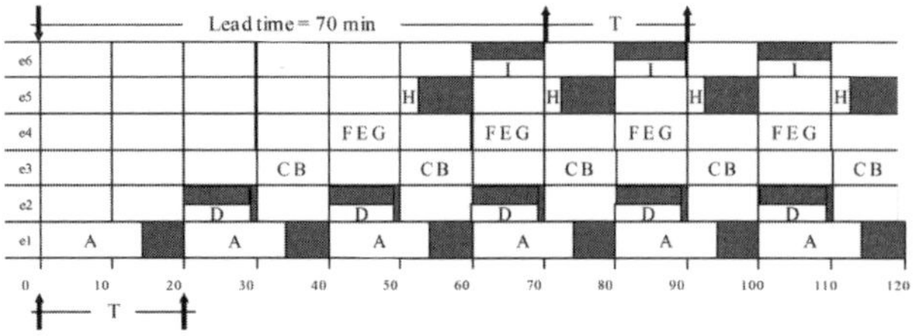

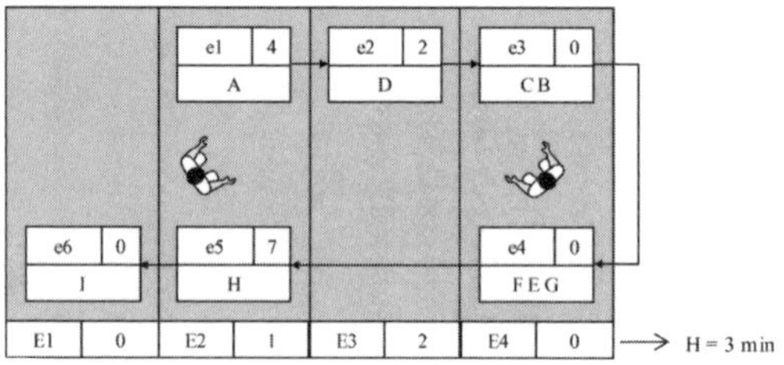

Problema EQ12.

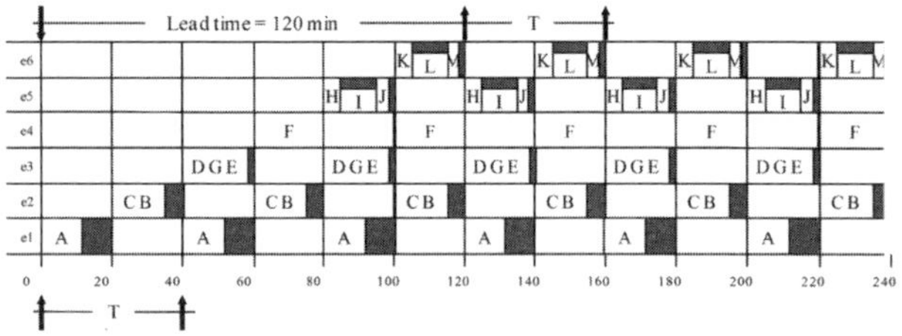

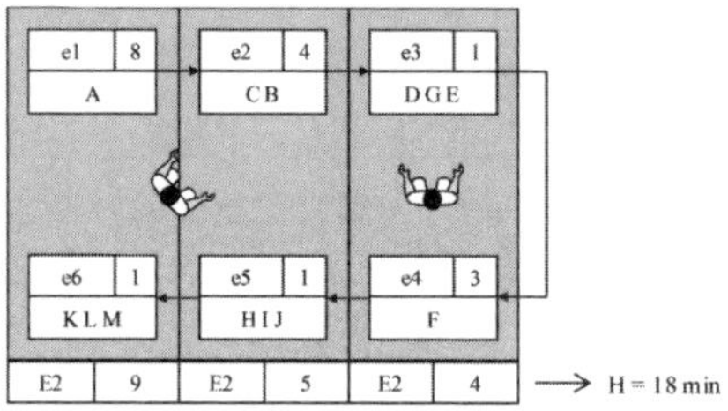

Problema EQ13.

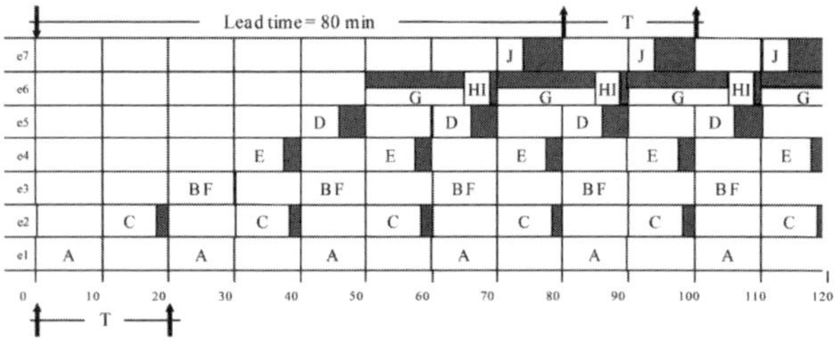

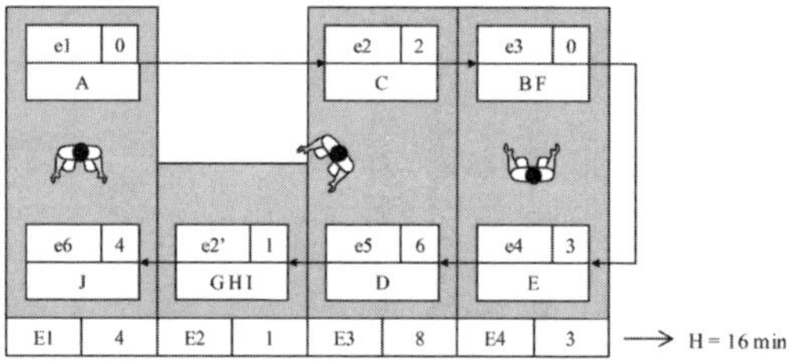

Problema EQ14.

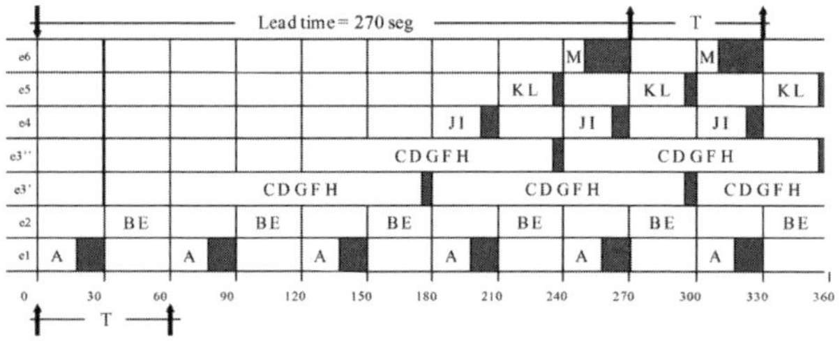

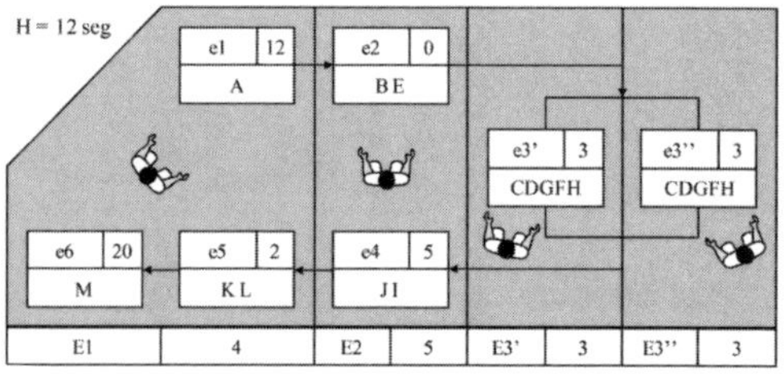

Problema EQ15.

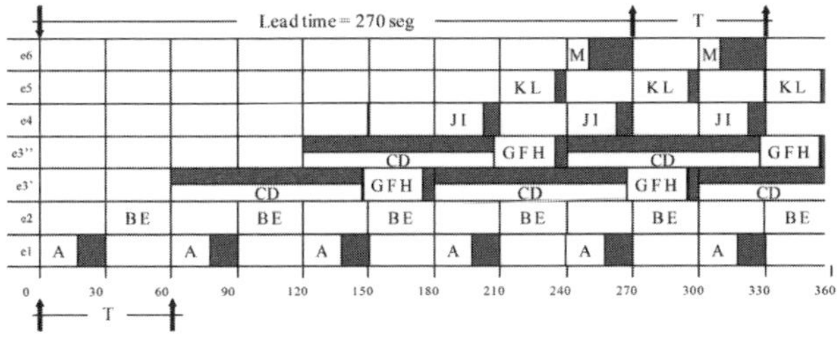

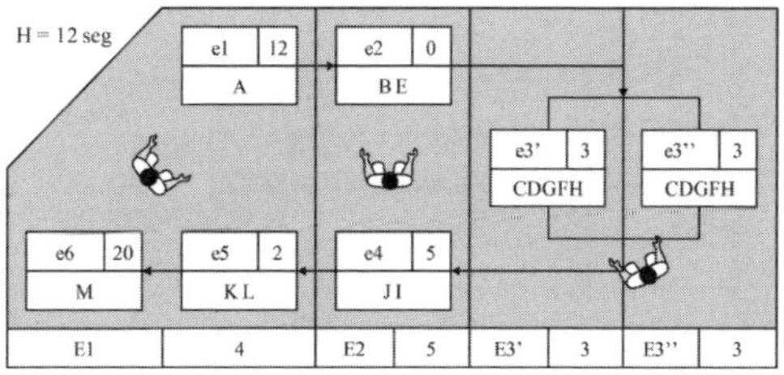

Problema EQ16.

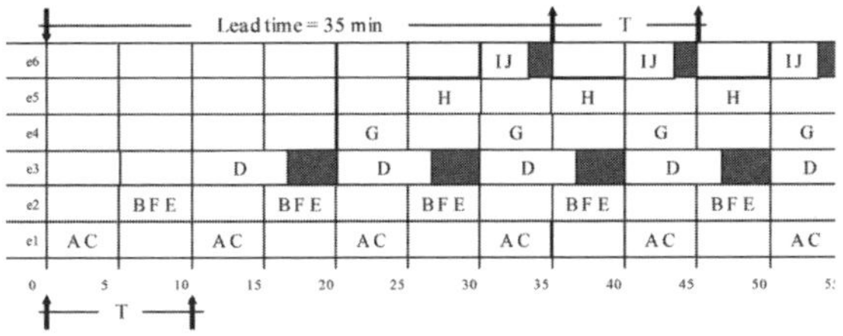

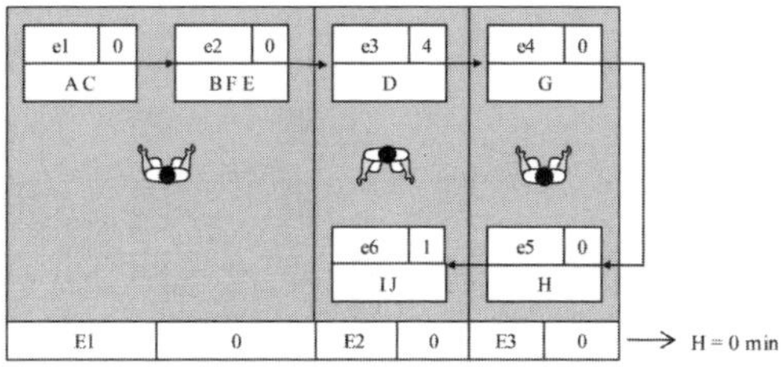

Problema EQ17.

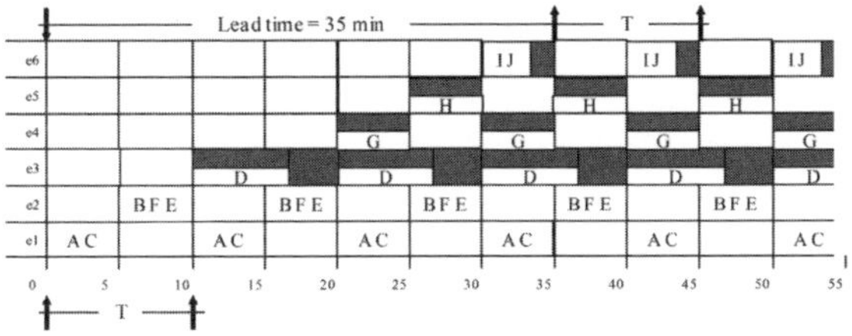

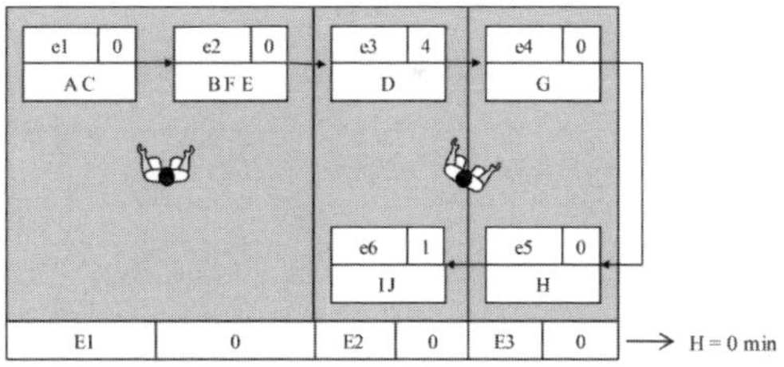

Problema EQ18.

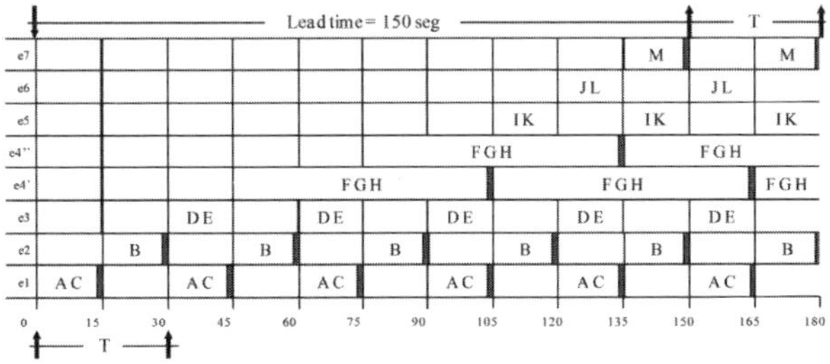

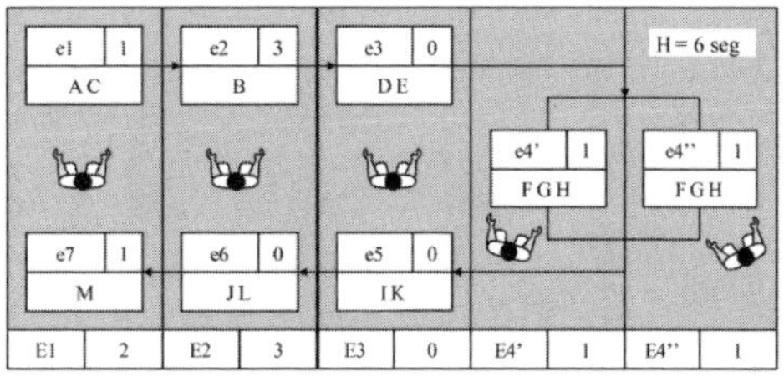

Problema EQ19.

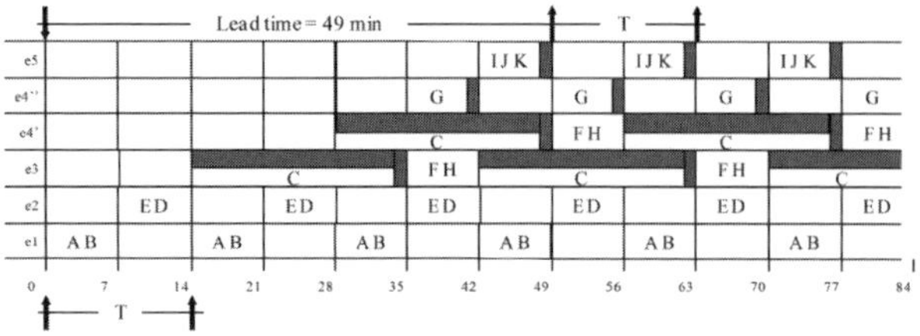

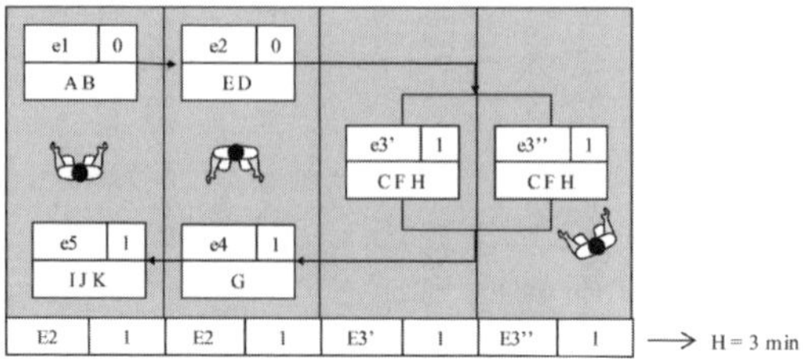

Problema EQ20.

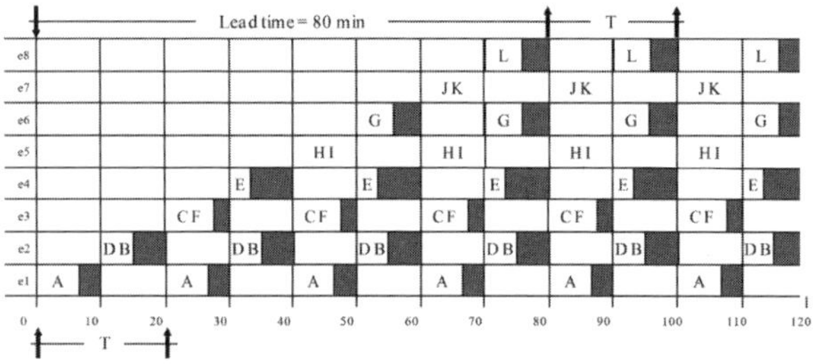

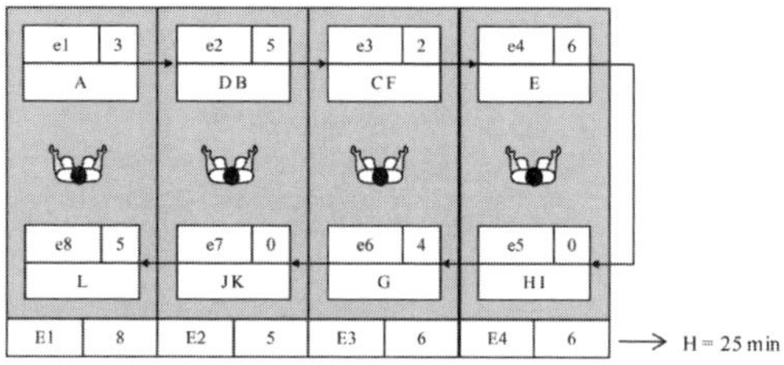

Problema EQ21.

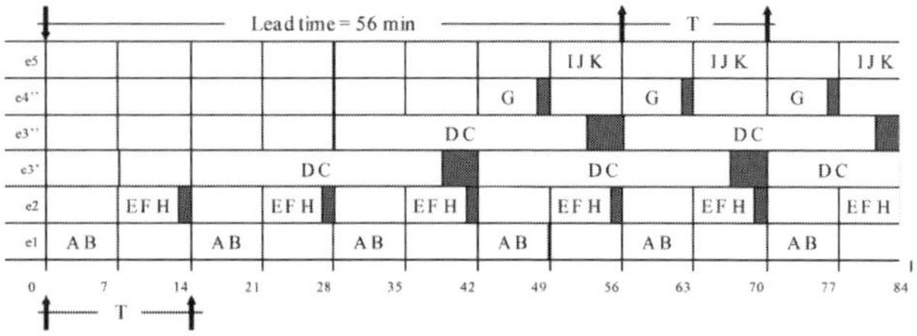

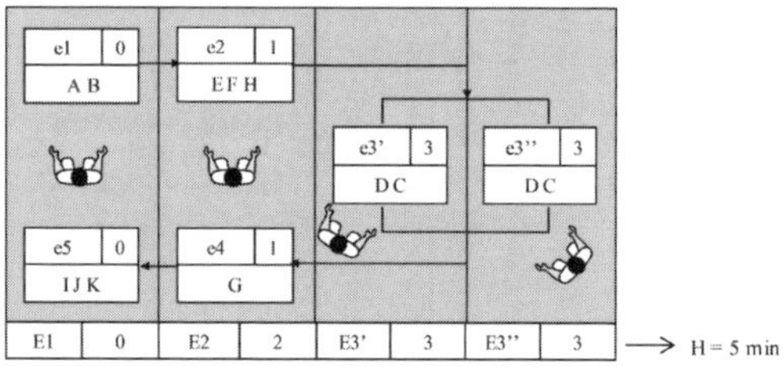

Problema EQ22.

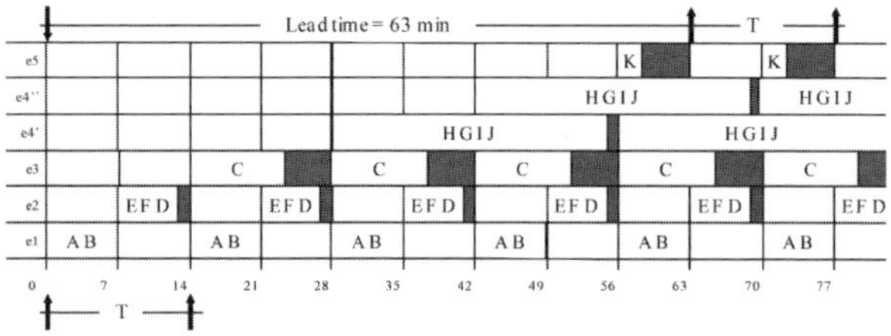

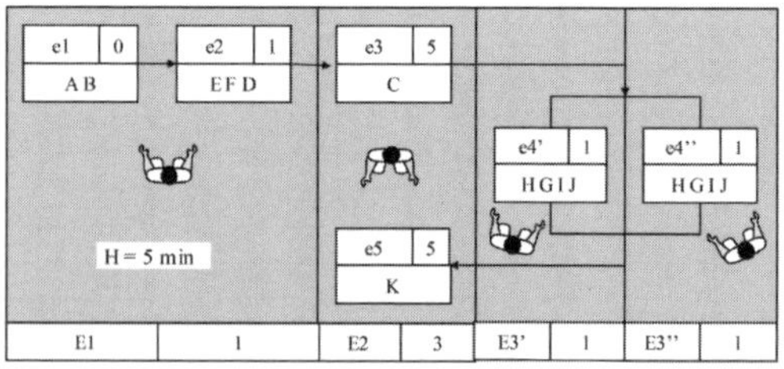

Problema EQ23.

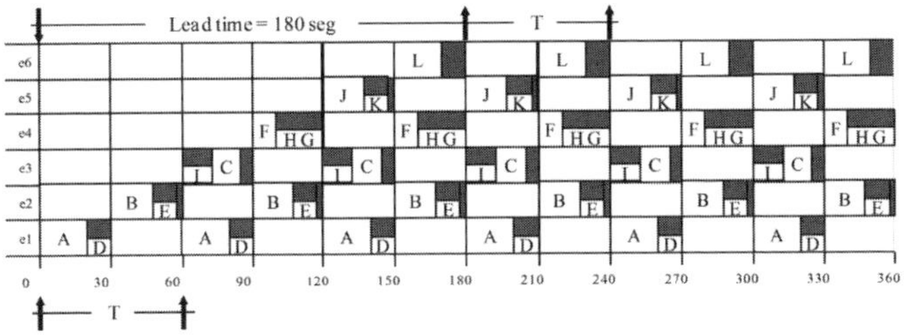

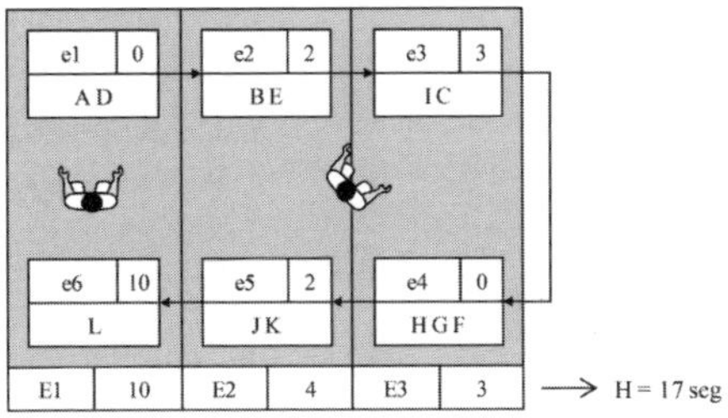

Problema EQ24.

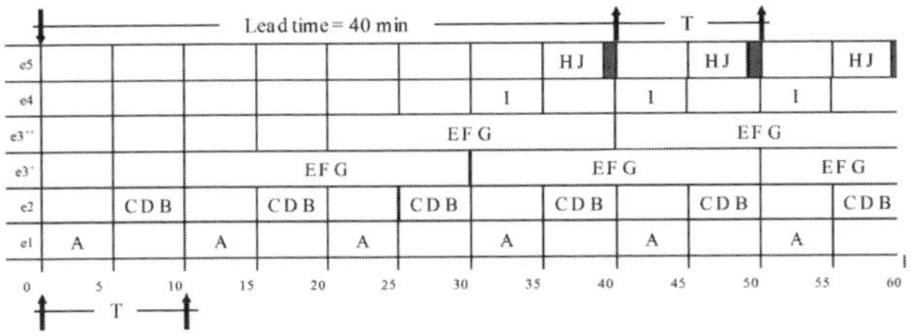

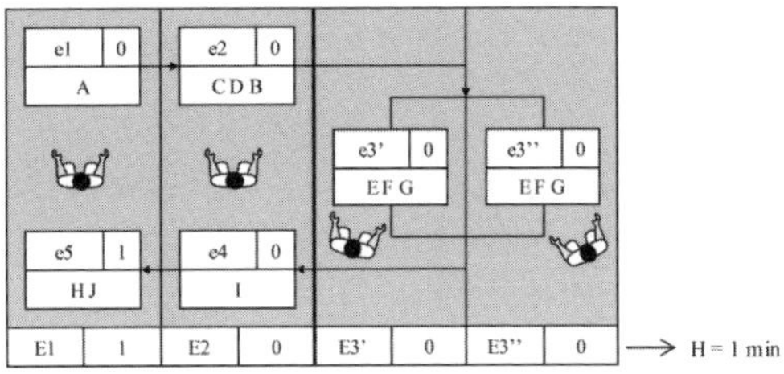

Problema EQ25.

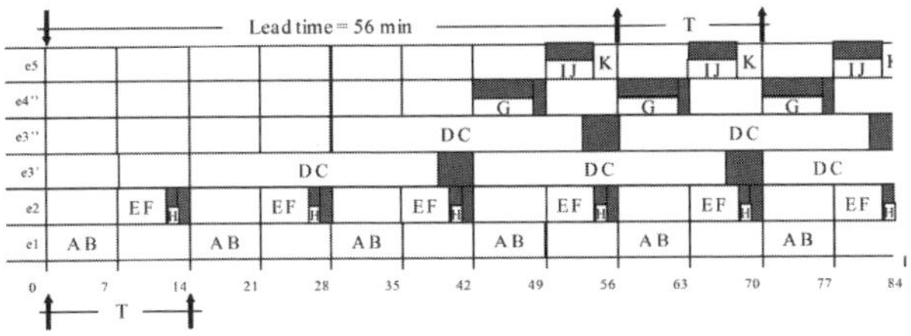

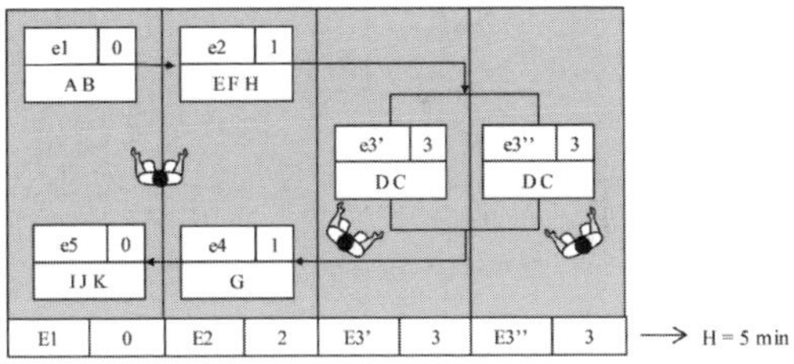

ESTUDIO DE MÉTODOS

Problema MT1.

1. 135 segundos.
2. Respuesta gráfica.

Problema MT2.

1. Dos máquinas.

Problema MT3.

1. Dos operarios en paralelo.
2. Dos operarios en paralelo.
3. Dos operarios en paralelo.

Problema MT4.

1. La inversión es rentable.
2. Se fabricarían 108.000 piezas.
3. No sería rentable.
4. Se tardarían 1,5 años en fabricar 108.000 piezas.
5. En el primer caso se tiene en cuenta que se fabrica más barato, pero también se fabrican más piezas. En el segundo caso, al limitar el ahorro al coste por pieza se elimina una de las dos fuentes de mejora.

Problema MT5.

1. 21 platos.
2. Porque si no se caen.

Problema MT6.

1. La segunda opción es mejor.
2. El beneficio de la segunda opción es 31.137,7 euros.

Problema MT7.

1. La diferencia de beneficio entre las dos opciones es de 53.486 euros a favor del ayudante. Por tanto, compensa invertir en la solución del ayudante.
2. Si se ampliara un año más la inversión, aún no estaría amortizada y por tanto seguiría siendo mejor la opción del ayudante.

Problema MT8.

1. La diferencia de beneficio entre las dos opciones es de 16.061 euros, por lo que desde el punto de vista de los costes ambas soluciones son equivalentes. En el primer caso la producción es mayor.
2. Si se ampliara un año más la inversión estaría amortizada y, por tanto, compensaría invertir en el sistema de empaquetado automático.

Problema MT9.

1. Sí es conveniente.
2. Coste actual = 4,25 €; coste futuro = 3,50 €.

Problema MT10.

1. 855,3 euros/mes.

Problema MT11.

1. 883,2 euros/mes.

Problema MT12.

1. 855,3 euros/mes.
2. 111,6 euros/prensa.

Problema MT13.

1. En la opción 2 el total de ingresos netos es de 8.921,2 euros, por lo que le reportaría un mayor beneficio, pero muy poco mayor.

Problema MT14.

1. Mejor un operario con un ayudante.
2. Mejor un operario con un ayudante.
3. Un operario con un ayudante.

Problema MT15.

1. 3,03 días.
2. Coste actual = 6 €; coste futuro = 5 €.

Problema MT16.

1. Un producto es más caro y el otro más barato.
2. Un operario en cada máquina.
3. No puede decidirse.

Problema MT17.

1. Un operario y dos máquinas.
2. 3,56 euros/pieza.

Problema MT18.

1. Mejor dos operarios en paralelo.
2. Mejor dos operarios en paralelo.
3. Mejor dos operarios en paralelo.

Problema MT19.

1. Un operario en cada máquina.
2. Un operario en cada máquina.
3. Un operario en cada máquina.
4. Sigue siendo mejor opción un operario en cada máquina.

Problema MT20.

1. No es rentable.

Problema MT21.

1. El proyecto es rentable.
2. En 0,4 años se recupera la inversión.
3. El proyecto no sería rentable y harían falta 1,52 años para recuperar la inversión.

Problema MT22.

1. La inversión es rentable, por lo que sí conviene hacer la inversión.
2. Se recupera la inversión en ese número de piezas. La reducción de coste es de 0,29 euros.

Problema MT23.

1. 9.230,77 euros.
2. La segunda oferta recupera los 9.230 euros y la primera no.

Problema MT24.

1. La diferencia de beneficio (198.514 euros) es mayor que el coste de los módulos, que es de 80.000 + 80.000 = 160.000 euros, por lo que compensa invertir en los módulos.
2. La diferencia de beneficio (149.485 euros) es menor que el coste de los dispositivos, que es de 100.000 + 100.000 = 200.000 euros, por lo que no compensa invertir en los dispositivos.

Problema MT25.

1. 77.914 euros.
2. Coste actual = 5,17 euros; coste futuro = 4,58 euros.

Problema MT26.

1. 135.270 euros.
2. 26.325 euros.

Problema MT27.

1. La opción del ayudante.
2. 181.350 euros.
3. Invertir en la máquina de lijado e inspección automática.

Problema MT28.

1. Ambos son iguales.
2. Mejor dos operarios con dos máquinas cada uno.
3. Dos operarios con dos máquinas cada uno.

Problema MT29.

1. Mejor dos operarios en paralelo.
2. Mejor dos operarios en paralelo.
3. Mejor dos operarios en paralelo.

Problema MT30.

1. 145 segundos.
2. Respuesta gráfica.

Problema MT31.

1. Mejor un operario con dos máquinas y un ayudante.
2. Mejor un operario con dos máquinas y un ayudante.

Problema MT32.

1. No se recupera la inversión en las 10.000 piezas restantes.
2. Coste actual = 5,17 euros/pieza; coste futuro = 3,7 euros/pieza.

Problema MT33.

1. La mejor opción es la de un operario y un ayudante.
2. La mejor opción es la de un operario y un ayudante.

3. Sí, se puede mejorar si el reparto de tareas libera al ayudante de fijar el ciclo, aprovechando el tiempo muerto del operario, que realizaría las tareas de empaquetar o de inspeccionar, porque en ambos casos el ciclo lo fijaría la máquina. Coste = 4,2 euros/pieza.

Problema MT34.

1. La mejor opción es la de incorporar ayudantes en las dos máquinas.
2. Esta opción es independiente del número de piezas que se fabriquen porque todos los gastos en los que se incurre son gastos fijos.
3. Esta opción es independiente del tiempo que se esté fabricando porque todos los gastos en los que se incurre son gastos fijos.

MANTENIMIENTO

Problema MN1.

1. Mirar teoría.

Problema MN2.

1. Componente B.
2. Mirar teoría.

Glosario de términos

AMFE de medios. Es una guía para analizar, de forma ordenada, los posibles modos de fallo de un equipo y proponer acciones preventivas para evitarlos.

Averías. En el ámbito del cálculo del indicador OEE, es el tiempo que la máquina está parada por reparaciones.

Control visual. Es un conjunto de herramientas de mejora que forman parte de la filosofía *just in time* y que tienen como objetivo principal hacer visibles los despilfarros.

Curva bañera. Se trata de la representación gráfica de la tasa de fallo, que se define como la probabilidad de que un componente falle en un instante de tiempo determinado. Recibe el nombre de bañera porque es la forma que adquiere la evolución temporal de la tasa de fallo.

Defectos en el arranque. En el ámbito del cálculo del indicador OEE, representan los productos de mala calidad que se producen hasta alcanzar el estado estable de funcionamiento después de un proceso de cambio de producto.

Defectos y retrabajos. En el ámbito del cálculo del indicador OEE, representan los productos de mala calidad sin incluir los defectos en el arranque.

Despilfarro. Hiroyuki Hirano lo define como cualquier cosa que no sea el mínimo absolutamente esencial. También se conoce por su palabra japonesa *muda.*

Diagrama operario-máquina. Esta herramienta gráfica posibilita optimizar el ciclo de trabajo estudiando la relación entre el ciclo del operario y el de la máquina para eliminar los tiempos muertos.

Distribución en células. Distribución en planta, donde operarios y máquinas se agrupan en células de trabajo.

Distribución fija. En este tipo de *layout* los productos no se mueven por el proceso de fabricación, sino que son los recursos los que lo hacen.

Distribución por proceso. En este tipo de *layout* las máquinas se agrupan en centros de trabajo o secciones de acuerdo con la operación que realizan.

Distribución por producto. En este tipo de *layout* las máquinas se agrupan de acuerdo con la secuencia de operaciones necesaria para producir el artículo.

Eficiencia global del equipo. También denominado ratio OEE *(Overall Equipment Efficiency),* se trata de un indicador, definido por Nakajima, que engloba todas las pérdidas que puede tener un equipo y permite priorizar las acciones de mejora.

Equilibrado de líneas. Técnica que pretende asignar todas las tareas a una serie de estaciones de trabajo, con objeto de minimizar el número de estaciones, y en la que cada tarea se asigna sólo a una estación.

Estaciones de trabajo. Cada uno de los puestos de fabricación o montaje que se definen para llevar a cabo tareas, en un proceso de montaje o fabricación.

Estudio de métodos. También conocido como «estudio de movimientos», se define como la técnica que permite reducir la cantidad de trabajo necesario en las operaciones de fabricación mejorando, principalmente, su ergonomía.

Estudio de tiempos. Técnica que se emplea para determinar el tiempo estándar de una operación.

Fabricación en flujo. Es una metodología de mejora, que forma parte de la filosofía *just in time,* cuyo objetivo final es conseguir hacer rentable el flujo de una única pieza por la planta.

Fiabilidad. Probabilidad de que un equipo funcione satisfactoriamente, durante un tiempo determinado, bajo unas condiciones operativas concretas.

Gráfico de proceso. Representa, de forma gráfica y mediante un conjunto de símbolos estándar, la ruta y las acciones que se llevan a cabo sobre un producto.

Inspección. En el ámbito del mantenimiento, el objetivo de este proceso es observar y detectar posibles anomalías en un equipo. Generalmente son chequeos frecuentes, incluso diarios.

Jidoka. Palabra japonesa, que se traduce como «autonomatización» o «autonomía de control de la máquina», que permite a ésta operar de forma autónoma e inspeccionar los productos después de procesarlos y notificar si se produce un defecto.

Just in time. Inicialmente definida como la filosofía de producción de la empresa japonesa Toyota y así se considera en este libro. Hoy en día es un término empleado para definir un sistema de logística traducido como «justo a tiempo» cuyo objeto es entregar el material adecuado, en la cantidad justa, con calidad perfecta, en el sitio correcto y un poco antes de ser necesario.

Kaikaku. Palabra en japonés que se traduce como «cambio radical» llevado a cabo mediante técnicas como la reingeniería de procesos o importantes cambios en el diseño de producto y que suelen suponer fuertes inversiones. En Estados Unidos, estas actividades radicales se denominan *kaizen blitzes.*

Kaizen teian. Palabra en japonés que se traduce como «pequeñas sugerencias de mejora continua». Es una estrategia de mejora continua basada en la participación de los operarios.

Kaizen. Término acuñado por Masaaki Imai para definir un sistema de gestión de la mejora continua en una empresa.

Kanban. Se traduce del japonés como «tarjeta» y es una herramienta de control visual, que forma parte de la filosofía *just in time* y que se emplea para el control del flujo de producción del sistema de producción Toyota.

Las «5S». Es una metodología de mejora, que forma parte de la filosofía *just in time* y que inculca en los trabajadores hábitos de respeto por la organización, el orden y la limpieza industrial. Corresponden a las iniciales de cinco palabras japonesas y también de cinco palabras inglesas.

Layout. Palabra que se traduce como «distribución en planta» y que se refiere a la forma en que están dispuestos, dentro de la fábrica, los recursos productivos.

Lead time. Tiempo de maduración de un pedido. Se emplea el mismo término para distintos intervalos: desde el pedido del cliente hasta la entrega, o desde el comienzo de su producción hasta la expedición.

Lean management. Filosofía de gestión basada en la aplicación de las ideas de eliminación sistemática del despilfarro en todas las áreas de la empresa.

Lean production. Traducido al castellano por «producción ajustada», es la filosofía de mejora continua derivada del sistema de producción Toyota. Definida así por Womack, Jones y Roos, se basa en la eliminación sistemática de despilfarro.

Lean thinking. Competencia relacionada con la mejora continua que habilita a quien la posee para identificar y eliminar los despilfarros que se producen en cualquier proceso.

Líneas de fabricación y montaje. Sistemas de producción formados por estaciones de trabajo para el ensamblaje progresivo de piezas y dispositivos de manipulación de materiales que permiten mover los artículos de una estación a otra.

Listado de medios. En el ámbito del mantenimiento, es un documento que recoge todos los equipos de la planta y sus características principales.

Lote de producción. Número de productos que corresponde a un pedido.

Lote de transferencia. Número de unidades que se mueve de una máquina a la siguiente. Se conoce también como unidad de carga.

Mantenimiento autónomo. Es una estrategia de mantenimiento que define algunas tareas, denominadas «gamas de mantenimiento de uso», que realizan los operarios de producción. Se trata básicamente de tareas de limpieza, lubricación y chequeo.

Mantenimiento correctivo. Tareas de reparación realizadas sobre un equipo que se realizan tras una avería y cuyo objetivo es volver a hacer funcionar el equipo.

Mantenimiento preventivo condicional. Tareas de sustitución de componentes en un equipo, en función de su estado, analizado tras una revisión periódica, y cuyo objetivo es evitar que se produzcan averías.

Mantenimiento preventivo predictivo. Monitorización continua de componentes en un equipo, que establece, en función de su estado, el momento de una intervención para reemplazarlo.

Mantenimiento preventivo sistemático. Tareas de sustitución de componentes en un equipo, realizadas de forma periódica, cuyo objetivo es evitar que se produzcan averías.

Matriz de transferencia. Es una representación matricial del flujo de trabajos en un taller y muestra la fracción de trabajos que se mueve desde una sección hasta todas las demás, incluyendo el almacén de materias primas y el almacén de productos terminados.

Operaciones estándar. Es una metodología de mejora, que forma parte de la filosofía *just in time,* que establece un procedimiento único para llevar a cabo cada operación de producción.

Operaciones externas. En la metodología SMED, representan aquellas operaciones que se deberían realizar con la máquina funcionando y fabricando piezas del lote anterior.

Operaciones internas. En la metodología SMED, representan aquellas operaciones que es necesario realizar cuando la máquina ya está parada, una vez finalizada la producción de un lote de productos.

Operarios polivalentes. Es una metodología de mejora, que forma parte de la filosofía *just in time* y que persigue formar a los operarios de la planta para que sean capaces de trabajar en todos los procesos o puestos de trabajo necesarios para la fabricación de un producto.

Optimización de la fuerza laboral. Es una herramienta, que forma parte de la filosofía *just in time,* cuyo objetivo es determinar el número mínimo de operarios necesarios para fabricar un producto.

Paradas menores. En el ámbito del cálculo del indicador OEE, se refiere a las inactividades ocasionadas por la aleatoriedad de los procesos o la complejidad del ciclo de trabajo operario-máquina.

Paradas programadas. En el ámbito del cálculo del indicador OEE, es el tiempo que la empresa decide detener el equipo para realizar tareas planificadas, como mantenimiento preventivo, descansos, etc.

Poka-yoke. Es una herramienta visual, quc forma parte de la filosofía *just in time,* y consiste en un dispositivo de inspección (ingenioso, simple y barato) a prueba de errores inadvertidos.

Preparación de máquina. En el ámbito del cálculo del indicador OEE, es el tiempo de cambio entre modelos, o entre productos del mismo modelo.

Principios de economía de movimientos. Son sencillas reglas que facilitan y mejoran la realización de operaciones, principalmente enfocadas a mejoras ergonómicas.

Problema. Cualquier desviación respecto al valor estándar de la variable que se estudia, normalmente calidad, coste o plazo de entrega.

Producción ajustada. Véase *lean production.*

Producción nivelada. Es una metodología de mejora, que forma parte de la filosofía *just in time,* consistente en fabricar, de forma equilibrada, todas las referencias en cada una de las células de producción de la fábrica.

Ratio máquina-operario. Relación entre el tiempo de ciclo de la máquina y el tiempo de ciclo del operario que permite determinar el número óptimo de máquinas controladas por cada operario.

Reducción de velocidad. En el ámbito del cálculo del indicador OEE, es la pérdida de tiempo causada por el desgaste de componentes.

Revisión. En el ámbito del mantenimiento, es una tarea que implica la parada programada de un equipo y la sustitución sistemática de determinados componentes con el objetivo de evitar una avería.

SMED. Siglas de *Single-Minute Exchange of Dies* (traducido literalmente como «cambio de utillajes en minutos de un solo dígito»). Se trata de una metodología de mejora, que forma parte de la filosofía *just in time,* cuyo objetivo es reducir el tiempo de preparación por debajo de los diez minutos.

Takt time. Representa el tiempo disponible para fabricar un producto al ritmo que el cliente demanda. Se calcula dividiendo el tiempo de trabajo útil de un día y la demanda del cliente de ese día.

Tarea. Corresponde a cada uno de los pasos necesarios en los que se divide un trabajo para transformar un producto.

Tecnología de grupos. Herramienta empleada por ingeniería y producción para identificar y desarrollar productos similares y agruparlos en familias.

Tiempo de calendario. En el ámbito del cálculo del indicador OEE, es el intervalo temporal en el que se realizan los cálculos.

Tiempo de cambio. Es el tiempo transcurrido desde la última pieza correcta de un lote hasta la primera pieza correcta del lote siguiente.

Tiempo de carga. En el ámbito del cálculo del indicador OEE, es el tiempo que la máquina debería estar funcionando, al menos de forma teórica, en el período que se está analizando.

Tiempo de ciclo. Es el tiempo necesario para completar las operaciones sobre un producto en cada estación de trabajo. Se calcula como la suma de las tareas que cada producto requiere en cada centro de trabajo.

Tiempo estándar. Aquel que invierte un operario cualificado en realizar una tarea, mediante un método preestablecido, trabajando a un ritmo normal, durante una jornada de trabajo.

Total productive maintenance. Traducido como «mantenimiento productivo total», es una filosofía de mejora del mantenimiento desarrollada por Nakajima, que forma parte de la filosofía *just in time* y que se centra, principalmente, en la mejora del indicador de la eficiencia del equipo.

Trabajo. En oposición a despilfarro, se define como todo aquello que aporta valor al producto.

Índice analítico

TÍTULOS RELACIONADOS